国家出版基金项目
NATIONAL PUBLICATION FOUNDATION

淮海战役史料汇编 6

将领卷

淮海战役纪念馆 编

国家图书馆出版社

《将领卷》前言

　　《淮海战役史料汇编·将领卷》收录 83 位中国人民解放军将领、29 位人民支前组织机构领导和 79 位国民党军将领的简介，重点介绍了他们在淮海战役中的经历。这 83 位参加淮海战役的中国人民解放军部队将领，以参战解放军纵队正职以上干部为依据。79 位国民党军将领，以国民党军参战部队正军职以上军官为依据。29 位人民支前组织机构领导人，以淮海战役纪念馆中陈列的人民支前组织机构一览表为依据。

　　《将领卷》中的人物顺序，解放军先按淮海战役总前委、中原野战军、华东野战军顺序排，各兵团、纵队、军区再按所属部队序列排；国民党军按照徐州"剿总"，第二、六、七、八、十二、十三、十六兵团，第三绥靖区，第一绥靖区，第二十、六十六、二十八军，第一八一师顺序排列；人民支前领导以华东、华中、鲁中南、渤海、胶东、豫皖苏、豫西、冀鲁豫支前组织机构为序。

　　《将领卷》需要说明的几点：一、淮海战役中，有部分将领在参战部队中担任职务，但因为种种原因，没有参加淮海战役，本卷按照他们的时任职务收录书中。二、有极个别人后来成为林彪、"四人帮"反党集团成员，为了实事求是、相对完整地记述淮海战役的历史，本卷也将他们收录书中。三、张克侠等起义将领仍按他们起义前所属部队番号排列。四、本卷选用的将领照片优先选用其在淮海战役中的照片，即使有些老照片不够清晰，但为了保存历史记忆也予以收录；没有查找到当时照片的，则选用其他时期照片。五、本卷关于将领的介绍，经过多方努力核实、比对、确认，力图准确。受资料的限制，部分将领，特别是一些国民党军将领的介绍篇幅较短，还有待军事史专家和有关方面加大研究力度。

　　本卷主要参考了《中国人民解放军将帅名录》（解放军出版社 2006 年版）、《中国人民解放军高级将领传》（解放军出版社 2008 年版）、《民国高级将领列传》（解放军出版社 1990 年版）、《淮海战役》（中共党史资料出版社 1988 年版）、《中国国民党百年人物全书》（团结出版社 2005 年版）等书。在此，我们向上述图书的作者和出版社表示感谢。我们在编辑过程中，还得到了各地地方史志办公室、档案馆和政协文史委员会的大力支持和热心帮助，在此一并致以衷心的感谢。

由于编者水平有限，本卷中难免会有疏漏、错误之处，敬请批评指正。

编　者

2013 年 3 月

目录

第二篇　国民党军参战部队将领

第三篇　人民支前组织机构领导

第一篇

中国人民解放军参战部队将领

刘伯承

淮海战役总前委常委、中原野战军司令员

刘伯承（1892—1986），原名刘明昭。1892 年 12 月 4 日出生，四川开县（今属重庆）人。1911 年参加响应辛亥革命的学生军。1912 年考入重庆军政府将校学堂。1914 年加入中华革命党。在反对北洋军阀的护国、护法战争中，历任连长、旅参谋长、团长。1916 年 3 月在攻打丰都时，头部中弹，右眼致残。1923 年任东路讨贼军第一路前敌指挥官，被誉为川中名将。1926 年 5 月加入中国共产党，后任中共重庆地方委员会军事委员会委员。同年 12 月参加泸（州）顺（庆）起义，任国民革命军四川各路总指挥。1927 年春，任暂编第十五军军长。同年，参与领导南昌起义，任中国国民党革命委员会参谋团参谋长。1927 年底留学苏联。1930 年夏毕业于伏龙芝军事学院。回国后任中共中央军委委员、长江局军委书记。1932 年任工农红军学校校长兼政委、中央革命军事委员会总参谋长，参与指挥第四、五次反"围剿"作战。长征中，1934 年 12 月，担任军委总参谋长兼军委纵队司令员。1935 年 1 月，参加遵义会议，参与指挥中央红军四渡赤水，后率部抢占皎平渡口。进入大凉山时，与彝族部落首领小叶丹"歃血为盟"，保证全军通过彝族聚居区，在当地留下民族团结的佳话。后率部强渡大渡河。1936 年 12 月，任中央革命军事委员会委员、总参谋长、红军大学副校长。1937 年 2 月，任红军援西军司令员。

抗日战争爆发后，任八路军第一二九师师长，指挥所部进行了夜袭阳明堡，七亘村伏击战，长生口、神头岭、响堂铺战斗，取得反"九路围攻"和反十一路"扫荡"的胜利，创建了晋冀豫抗日根据地。1940 年率一二九师参加百团大战。1943

年在延安参加整风运动。1945 年出席中共七大。后任中共晋冀鲁豫中央局常委、晋冀鲁豫军区司令员。

解放战争时期，1945 年 9 月至 11 月指挥上党战役和平汉战役。1946 年指挥所部取得陇海、定陶、巨（野）金（乡）鱼（台）、鄄南、滑县和豫北反攻等战役的胜利。1947 年 6 月率部进入鲁西南，千里跃进大别山。1948 年 5 月任中原军区司令员。

1948 年 10 月淮海战役发起前夕，刘伯承率中原野战军两个纵队和地方武装，坐镇豫西，拖住出援淮海战场的国民党军主力兵团。11 月初，向中央军委提出首先"斩断徐蚌线"的建议，得到中央军委认可后，刘伯承从宝丰赶赴淮海战场前线，与陈毅、邓小平一起指挥攻占宿县截断徐蚌路，至 16 日宿县被攻克。16 日，中央军委决定成立淮海战役总前委，刘伯承担任总前委常委。淮海战役第二阶段，刘伯承和陈毅、邓小平一起指挥中原野战军将黄维兵团包围在双堆集地区。在围歼黄维兵团的作战中，刘伯承成功总结推广近迫作业的作战经验，倡导战士们大挖野战交通壕，"在地平线下前进"，这种在江淮平原上用大规模交通壕困死国民党军的战法，是淮海战役中的一个创举。同时，刘伯承还布置部队大规模集中使用炸药抛掷筒，这种利用迫击炮、汽油桶做装具抛射炸药包的简易武器，近距离使用杀伤力极大，给国民党军造成重创。面对黄维兵团被包围，蚌埠李延年、刘汝明兵团被阻击，杜聿明集团在陈官庄被合围的局面，刘伯承对此作了形象的比喻："我们现在是吃一个，挟一个，看一个，胜利在握，只要靠最后的努力了。"

淮海战役胜利后，1949 年 4 月刘伯承参与指挥渡江战役，率领第二野战军解放皖南、浙西、赣东北、闽北等地区。指挥西南战役，解放四川、云南、贵州、西康等地。1949 年 12 月任西南军政委员会主席。1950 年底，组建人民解放军军事学院，并任院长，后兼任政委。1954 年以后，先后担任中央人民政府人民革命军事委员会副主席，国防委员会副主席，军委训练总监部部长。1957 年 9 月任高等军事学院院长兼政委。1966 年 1 月任中共中央军委副主席。1982 年辞去党、政、军领导职务。主要军事论著收入《刘伯承军事文选》。

1955 年被授予中华人民共和国元帅军衔和一级八一勋章、一级独立自由勋章、一级解放勋章。

是中共第七届至第十一届中央委员会委员、第八届至第十一届中央政治局委员，第二届至第五届全国人大常委会副委员长。

1986 年 10 月 7 日在北京逝世。

陈毅

淮海战役总前委常委、华东野战军司令员兼政委、中原野战军
第一副司令员

　　陈毅（1901—1972），原名世俊，小名秋江，字仲弘，笔名曲秋。1901 年 8 月 26 日出生，四川乐至人。1916 年入读成都甲种工业学校。1919 年赴法国勤工俭学，1921 年 10 月回国。1922 年加入中国社会主义青年团。1923 年任《新蜀报》文艺副刊主笔。同年入北京中法大学学习，加入中国共产党，任中共中法大学支部书记。1925 年任北京市学生联合会中共党团书记。

　　1926 年 8 月赴四川开展兵运工作，参加组织泸顺起义。1927 年 5 月任中央军事政治学校中共委员会书记。后任南昌起义军第十一军二十五师七十三团政治指导员。1928 年 1 月任工农革命军第一师党代表、湘南苏维埃政府执行委员，兼任中共郴县县委书记。后随朱德率部与毛泽东率领的工农革命军在井冈山会师，组建中国工农红军第四军，担任红四军第十二师师长、中共红四军军委书记、前委书记、中共湘赣边界特委委员。1929 年 6 月任红四军政治部主任、前委书记。1930 年起任红六军政治委员、中共赣西南特区委员会书记、红二十二军军长、江西军区总指挥兼政治委员。1934 年 10 月起任中共苏区中央分局委员、中华苏维埃共和国中央政府办事处主任。

　　抗日战争中，在新四军成立后，任中共中央东南分局委员、中央军委新四军分会副书记、新四军第一支队支队长。1938 年率部与第二支队协力创建苏南抗日游击根据地，并组织了新丰、新塘、句容、珥陵等战斗。1939 年率部在南京、上

海一带与日伪军作战，取得了东湾、延陵等战斗的胜利，攻占浒墅关，截断京沪铁路，火烧虹桥机场。后任江南指挥部指挥。1940年任苏北指挥部指挥，与粟裕等指挥了黄桥战役。11月，担任华中新四军、八路军总指挥部副总指挥、代理总指挥。皖南事变后，任新四军代理军长、中共中央华中局委员、中央军委华中分会委员。1942年任代理军委分会书记。1944年3月赴延安参加整风学习。1945年6月当选中共第七届中央委员。8月任新四军军长、中共中央华中局副书记。

抗日战争胜利后，任中共中央华东局副书记、新四军军长兼山东军区司令员、山东野战军司令员。1945年10月指挥津浦路阻击战。1946年6月率部解放德州、泰安、枣庄、周村、张店、胶县、高密、即墨。1947年1月任华东野战军司令员兼政治委员、华东军区司令员。领导指挥宿北、鲁南、莱芜、泰蒙、孟良崮、沙土集等战役。1948年5月兼任中共中央中原局第二书记、中原军区第一副司令员、中原野战军第一副司令员。

淮海战役中，除上述职务外，还担任淮海战役总前委常委，统一指挥华东、中原野战军作战。战役开始时，和邓小平一起指挥中原野战军4个纵队和华东野战军两个纵队，从西面沿陇海路向徐州进攻，迫使徐州剿总司令刘峙误以为解放军的主攻方向是徐州，故将兵力向津浦铁路徐蚌线两侧收缩，有力地配合了华野切断徐州以东李弥兵团与黄百韬兵团的联系。11月11日指挥中野主力开赴宿县，11月16日攻克宿县，切断徐蚌线，阻断国民党军在徐州和南京之间重要的军事补给渠道，完成了对徐州的战略合围。11月16日淮海战役总前委成立，陈毅担任总前委常委。战役第二阶段，参与指挥中野7个纵队围歼黄维兵团，鉴于中野在大别山作战中重武器装备损失严重，陈毅充分发挥身兼华野司令员兼政委的优势，要求华野特纵集中炮兵火力攻打黄维兵团，而后命令华野各纵将在双堆集战场缴获的重武器装备全部交给中野。12月17日刘伯承、陈毅、邓小平和粟裕、谭震林在安徽萧县蔡洼村见面，召开了淮海战役总前委第一次全体会议，讨论渡江作战事宜。淮海战役中，人民支前的力量为战役的胜利突显出极为重要的作用。陈毅曾高度评价说，淮海战役的胜利，是人民群众用小车推出来的。

1949年1月任第三野战军司令员兼政治委员、中共中央华东局常委、第三书记。参与指挥渡江战役，解放南京、杭州、上海等地区。5月兼任上海市军管会主任和市长。

中华人民共和国成立后，担任华东军区司令员、第三野战军司令员、上海市市长。1954年9月任国务院副总理、国防委员会副主席。1958年2月兼任外交部部长。1966年1月任中共中央军委副主席。"文化大革命"中，遭到迫害。

1955年被授予中华人民共和国元帅军衔和一级八一勋章、一级独立自由勋章、一级解放勋章。

是中共第八届中央政治局委员、第九届中央委员，第三、第四届全国政协副主席。

1972年1月6日在北京逝世。

邓小平

淮海战役总前委书记、中原野战军政委

邓小平（1904—1997），原名邓先圣，学
名邓希贤。1904 年 8 月 22 日出生，四川广安
人。1920 年赴法国勤工俭学。1922 年加入旅
欧中国少年共产党，1924 年转为中国共产党党
员。1926 年到苏联中山大学学习。1926 年底回
国，被派往西安冯玉祥国民联军从事政治工作。
1928 年至 1929 年任中共中央秘书长。1929 年 8
月，赴广西开展统战工作，先后参与领导发动
百色起义、龙州起义，后任红七军、红八军总
政治委员和中共前敌委员会书记。1931 年 8 月
起，先后担任中共瑞金县委书记、会昌县委书记、会昌中心县委书记兼江西军分
区政治委员、江西省委宣传部长。后任红军总政治部秘书长、总政治部机关报《红
星》报主编。1934 年 10 月随中央红军长征。1935 年 1 月参加遵义会议，后任红
一军团政治部宣传部部长。1936 年 12 月 12 日，任红一军团政治部主任。1937 年
6 月任红军前敌总指挥部总政治部副主任。

抗日战争爆发后，任国民革命军第八路军政治部副主任。1938 年 1 月 18 日任
八路军一二九师政治委员。1942 年 9 月任中共中央太行分局书记，1943 年 10 月
任中共北方局代理书记。1945 年 4 月在中共第七次全国代表大会上当选为中央委
员。

抗日战争胜利后，1945 年 8 月 20 日任中共晋冀鲁豫中央局书记。

解放战争中，与刘伯承一起指挥了陇海、定陶、豫皖边、鲁西南等战役。
1947 年 8 月与刘伯承一起指挥刘邓大军千里跃进大别山，在中原地区站稳了脚。

1948 年 5 月担任中原中央局第一书记，中原军区、中原野战军政委。10 月，和陈毅一起指挥中野一部解放郑州。

淮海战役中，第一阶段，1948 年 11 月 6 日，邓小平和陈毅一起建议先打从商丘向蚌埠开进的刘汝明兵团，虽然刘汝明兵团主力已经先行向蚌埠撤退，但中野依然首歼了商丘张公店地区的刘汝明兵团后尾之一八一师。11 月 16 日，和其他中野首长一起指挥中野攻克宿县，邓小平讲"宿县是关键，占了宿县，就把徐州和南面切断了。实际上形成了对徐州的战略包围"。同日，中央决定成立淮海战役总前委，邓小平任总前委常委、总前委书记。第二阶段，和刘伯承、陈毅一起提出"先打黄维"的建议，并起草先打黄维的请示报告报中央军委。在双堆集取得围歼黄维兵团作战的胜利，中野付出了沉重的代价，邓小平说过：只要歼灭了黄维兵团，只要歼灭了南线敌军主力，中原野战军就是打光了，全国各路解放军还可以取得全中国的胜利，这个代价是值得的。

淮海战役胜利后，1949 年 2 月中野改编为第二野战军，邓小平任第二野战军政委。3 月，任中共华东局第一书记，后参与指挥渡江战役。

中华人民共和国成立后，任中共中央西南局第一书记、西南军政委员会副主席、西南军区政治委员，与刘伯承一起率部解放大西南，指导剿匪和和平解放西藏。1952 年 8 月，任中央人民政府政务院副总理。1954 年 4 月任中共中央秘书长，9 月任国防委员会副主席，后任中共中央军事委员会委员。1956 年 9 月在中共八大上当选为中央委员，在八届一中全会上当选为中央政治局委员、中央政治局常委、中央委员会总书记。1959 年任中央军委常委。

"文化大革命"开始后，失去一切领导职务。1973 年 3 月重新恢复工作，先后出任国务院副总理、中央委员、政治局委员。1975 年 1 月任中央军委副主席兼中国人民解放军总参谋长、中共中央副主席、国务院副总理。由于"四人帮"的诬陷，1976 年 4 月再次被撤销党内外一切职务。

1977 年 7 月在中共十届三中全会上，恢复了原来担任的党政军领导职务。1977 年 8 月在中共第十一次全国代表大会上，当选为中共中央副主席。1978 年当选为中国人民政治协商会议第五届全国委员会主席。积极推动思想和政治上的拨乱反正，支持开展真理标准问题大讨论。

1981 年 6 月在中共十一届六中全会上当选为中央军委主席。1982 年 9 月在中央顾问委员会第一次全会上当选为中顾委主任。1987 年 10 月中共十三大同意邓小平等中央领导同志退出中央委员会。1989 年 11 月在中共十三届五中全会上主动辞去中央军委主席职务。

从 1978 年 12 月中共十一届三中全会开始，邓小平领导党和国家重新确立解放思想、实事求是的思想路线，确定把党和国家工作的中心转移到经济建设上来，作出实行改革开放的决策，确立四项基本原则。1987 年 10 月中共十三大根据邓小平的思想，系统论述了社会主义初级阶段的理论，完整地概括了党在社会主义初级阶段的基本路线。后领导制定了三步走基本实现现代化的发展战略，全面部署改革开放。支持并推进以家庭联产承包责任制为主的农村改革，提出并推进社会主义市场经济体制改革，提出判断工作是非得失的"三个有利于"的根本标准。创立了有中国特色社会主义理论体系。创造性地提出了"一个中国，两种制度"的构想。提出独立自主的和平外交政策。

1992 年邓小平视察南方发表重要讲话，从理论上深刻地回答了长期困扰和束缚人们思想的诸多重大认识问题，推进中国社会主义改革开放和现代化建设进入新阶段。1997 年 9 月的中共十五大，将建设有中国特色社会主义理论概括为邓小平理论，并在党章中明确规定，中国共产党以马克思列宁主义、毛泽东思想、邓小平理论作为自己的行动指南。

主要著作收入《邓小平文选》。

1997 年 2 月 19 日在北京逝世。

粟裕

淮海战役总前委委员、华东野战军代司令员、代政委

粟裕（1907—1984），1907 年 8 月 10 日出生，湖南会同人，侗族。1926 年 11 月加入中国共产主义青年团。1927 年 6 月转为中国共产党党员。1927 年 8 月 1 日参加南昌起义。1929 年 4 月任红四军第一纵队第一支队第三大队政委，9 月任红四军第一纵队第二支队党代表。1930 年 6 月任红十二军第五支队支队长，12 月任红二十二军六十五师师长、六十四师师长。1931 年 11 月任红四军参谋长。1932 年 12 月任红一军团教导师师长。1933 年 1 月任红十一军参谋长，11 月任红七军团参谋长兼第二〇师师长。参加了历次反"围剿"的重要战役和战斗。1934 年 7 月红七军团组成红军北上抗日先遣队，先遣队保留军团体制，粟裕任军团参谋长，11 月红十军团成立，任闽浙赣军区参谋长、红十军团参谋长。1935 年 2 月，在先遣队基础上组建挺进师，任师长，率部挺进浙江。10 月任闽浙边临时省军区司令员、中共闽浙边临时省委组织部部长。

抗日战争中，1937 年 10 月挺进师改编为国民革命军浙闽边抗日游击总队，任司令员，并成立抗日救亡干部学校，任校长。1938 年 3 月抗日游击总队编为新四军第二支队第四团第三营，粟裕任第二支队副司令员、先遣支队司令员，8 月任第二支队代司令员。1939 年 11 月新四军江南指挥部成立后，任副指挥。1940 年 7 月新四军苏北指挥部成立后，任副指挥兼参谋长。1941 年 1 月"皖南事变"后，任新四军第一师师长兼政委、苏中军区司令员兼政委。2 月 18 日任讨逆军总指挥，

率部讨伐企图投降日军的国民党鲁苏皖边游击总指挥部副指挥李长江部。1942 年秋季，兼任抗大九分校校长，11 月任中共苏中区委书记。1945 年 1 月苏浙军区成立，任司令员兼政委。在中共七大上当选为中共中央候补委员。8 月任中共苏浙区委书记。曾参与指挥韦岗、黄桥、车桥等重要战役和战斗。

抗日战争胜利后，1945 年 10 月任华中军区副司令员兼华中野战军司令员。

解放战争中，1947 年 1 月任华东野战军副司令员，负责战役指挥。曾指挥苏中战役，取得七战七捷的胜利。先后参与指挥宿北、鲁南、莱芜、孟良崮等重要战役战斗。1948 年 5 月任华东野战军代司令员、代政委，6 月兼任豫皖苏军区司令员。指挥豫东战役和济南战役。

1948 年 9 月 24 日粟裕向中央军委提出进行淮海战役的建议，得到中央军委批准。在中原野战军和华东野战军由战略配合演变为战役上协同作战的情况下，粟裕于 10 月 31 日向中央军委提出："此次战役规模很大，请陈军长、邓政委统一指挥。"得到中央军委同意。

淮海战役原定于 11 月 8 日发起，11 月 6 日粟裕发现驻守海州的国民党第四十四军有西撤动向，即当机立断于当日晚指挥华东野战军发起对驻守在徐州以东新安镇地区的黄百韬兵团的作战。华野 5 个纵队迅速南下向新安镇攻击，两个纵队抢占新安镇以西运河铁路桥，山东兵团向万年闸、台儿庄方向攻击，苏北兵团等经宿迁、睢宁地区向徐州以东迂回包围。获悉黄百韬兵团已于 11 月 7 日从新安镇向西收缩，大部渡过运河后，粟裕指挥华野主力向西追击，并以两个纵队歼灭尚未渡过运河的黄百韬兵团残部。11 月 8 日驻守贾汪、台儿庄地区的国民党军第三绥靖区副司令官何基沣、张克侠举行战场起义，华野山东兵团迅速通过该部防区，直插陇海线，截断了黄百韬兵团与徐州的联系。11 月 8 日，粟裕与华东野战军副参谋长张震联名提出将南线国民党军主力抑留于徐州及其周围逐步歼灭的重要建议，被中央军委采纳，对扩大淮海战役规模，发展成为南线的战略决战起到了积极作用，至此战局由"小淮海"发展成了"大淮海"。11 月 11 日华野将黄百韬兵团包围在碾庄圩地区。粟裕及时调整作战部署，以 6 个纵队围歼黄百韬兵团，以 8 个纵队在徐州以东坚决阻击由徐州向东增援黄百韬的邱清泉和李弥兵团。11 月 14 日晚，粟裕召集担负围歼黄百韬兵团的纵队首长开会。他指出，黄百韬兵团已由运动变化为驻守，我军的战法必须由运动战转为村落阵地攻坚战，用近迫作业的方法，突袭黄百韬兵团的防御阵地。11 月

22 日黄百韬兵团被全部歼灭。11 月 16 日淮海战役总前委成立，粟裕任总前委委员。

战役第二阶段，从 11 月 20 日开始粟裕即根据中央军委和总前委部署，派华野两个纵队陆续南下增援在双堆集战场围歼国民党军黄维兵团的中野。25 日又部署 8 个纵队在徐州以南阻击由徐州南下增援黄维兵团的国民党军，部署 5 个纵队赴固镇地区阻击李延年、刘汝明兵团北上，有力地协同配合了中野围歼黄维兵团的作战。11 月 30 日晚杜聿明集团放弃徐州，向西南方向撤逃。12 月 1 日粟裕命令豫皖苏军区地方部队在砀山、夏邑、商丘等地组织阻击杜聿明集团向西南撤逃，同时部署华野主力追击杜聿明集团。通过追击、截击、堵击的战法，于 12 月 4 日将杜聿明集团合围在河南永城陈官庄地区。此后，粟裕指挥华野多次成功阻击了杜聿明集团的突围企图，不断围攻压缩对杜聿明集团的包围圈。面对复杂局面，粟裕妥善处理南北两个钳制方向及钳制的主攻方向之间的关系。12 月 10 日，在中野、华野已分成 3 个战场作战，兵力均感不够的情况下，粟裕建议华野再抽出一部分兵力，以求先解决黄维兵团。中央军委和中野同意这个建议。粟裕在以相当的兵力包围北线和阻击南线国民党部队的同时，先后从华野抽出 5 个纵队，参加中野围歼黄维兵团的作战。

战役第三阶段，12 月 16 日开始，进入为期 20 天的战场休整，恢复军队组织，补充兵员，并开展了慰问官兵、强化思想教育和形势教育等工作。同时，根据中央军委要求，组织部队对杜聿明集团开展政治攻势。粟裕和总前委首长一起联名给杜聿明集团高级军官写了劝降书信。1949 年 1 月 6 日粟裕指挥华野分为东、北、南三个突击集团发起对杜聿明集团的总攻，至 1 月 10 日将杜聿明集团全部歼灭，取得了淮海战役的全面胜利。

1949 年 1 月任第三野战军副司令员兼第二副政治委员，并代理司令员、政治委员职务。2 月兼任华东军区副司令员。3 月任中共中央华东局常委。指挥所部取得渡江战役、上海战役的胜利。后兼任上海市军管会副主任、南京市市委书记、南京市军管会主任、南京市市长、华东军政委员会副主席。

中华人民共和国成立后，1951 年 11 月任中央人民政府人民革命军事委员会副总参谋长。1952 年 12 月任华东行政委员会副主席。1954 年 9 月任中华人民共和国国防委员会委员，11 月任中国人民解放军总参谋长。1958 年 9 月任军事科学院副院长兼国防部副部长。1972 年 11 月任军事科学院第一政委、党委第一书记。

1955 年被授予大将军衔，获一级八一勋章、一级独立自由勋章、一级解放勋章。

是第三届至第五届全国人大常委会委员、第五届全国人大常委会副委员长、第一届至第三届国防委员会委员、中共第七届中央候补委员、中共第八届至第十一届中央委员、中共第十二届中央顾问委员会常委。

1984 年 2 月 5 日在北京逝世。

谭震林

淮海战役总前委委员、华东野战军副政委兼山东兵团政委

谭震林（1902—1983），1902 年 4 月 24 日出生，湖南攸县人。1925 年参加革命，1926 年加入中国共产党。1927 年，担任中共茶陵县县委书记、县工农兵政府主席。1928 年任中共湘赣边界特委书记。1929 年，任红四军第二纵队政治委员、第四纵队党委书记兼政治部主任、红四军前委委员。1930 年起，任红十二军政委、中国革命军事委员会委员、红一方面军军委委员、福建军区司令员兼政委。1935 年任闽西南军政委员会军事部长，1936 年任闽西南军委副主席。

抗日战争中，1938 年，任新四军第二支队副司令员、第三支队副司令员，第三支队政委。1940 年，江苏的江南抗日义勇军第一、二支队组建为江南抗日义勇军司令部，任司令员兼政委。1941 年任新四军第六师师长兼政委，苏南区党委书记。1943 年 1 月任新四军第二师政委兼中共淮南区委书记。1945 年 6 月在中共七大上当选为中央委员。

抗日战争胜利后，任中共中央华中分局副书记、华中军区副政委兼政治部主任、华中野战军政委。

解放战争中，1946 年参与指挥苏中七战七捷。1947 年 1 月任华东野战军第一副政委，参与指挥莱芜、孟良崮等战役。10 月兼任东线兵团政委。先后参与指挥胶东保卫战、潍县战役、兖州战役、济南战役。

淮海战役中，担任淮海战役总前委委员、华东野战军副政委兼山东兵团政委，

同刘伯承、邓小平、陈毅、粟裕一起指挥淮海战役。山东兵团下辖第七纵队、第九纵队、第十三纵队和鲁中南纵队、渤海纵队。战役第一阶段，11 月 9 日率山东兵团越过国民党军第三绥靖区防区，直插陇海线，截断黄百韬兵团向徐州收缩的退路，同时迫使李弥兵团不等黄百韬兵团向其靠拢即从曹八集向徐州撤退，使黄百韬兵团更加孤立。11 月 14 日，和山东兵团副司令员王建安一道指挥第四、第六、第八、第九、第十三纵队组成攻击兵团，攻击黄百韬兵团。战役第二阶段，黄维兵团被包围后，和王建安一起指挥一、三、四、八、九、十二纵队、鲁中南纵队、两广纵队负责北线战事，阻击可能南援及沿徐萧路向西南增援的邱清泉、李弥、孙元良兵团。12 月 10 日起和王建安一起指挥第一、第四、第九纵队和渤海纵队新编第七师由北向南积极攻击被围的杜聿明集团。战役第三阶段，率山东兵团参加围歼杜聿明集团，并取得最后的胜利。

1949 年 2 月任第三野战军第一副政委、渡江战役总前委委员，参与指挥渡江战役。5 月任中共浙江省委书记，7 月任省人民政府主席。

中华人民共和国成立后，任浙江省委书记、省人民政府主席。1951 年 11 月调入华东局工作，任华东局、华东军政委员会领导成员，华东工业委员会书记。1952 年 11 月兼任江苏省人民政府主席。1954 年 12 月任中共中央副秘书长兼中央书记处第一办公室主任，1956 年 9 月在中共八届一中全会上当选为中央书记处书记。1958 年 5 月在中共八届五中全会上增选为中央政治局委员。1959 年 4 月任国务院副总理。

1973 年 8 月在中共十大上当选为中央委员，1977 年 8 月在中共十一大上当选为中央委员。曾任第四、五届全国人大常委会副委员长。1982 年 9 月在中共十二大上，主动退居二线，当选为中央顾问委员会副主任。

1983 年 9 月 30 日在北京逝世。

李先念

中原野战军副司令员

李先念（1909—1992），1909 年 6 月 23 日出生，湖北黄安（今红安）人。1926 年加入中国共产主义青年团。1927 年 11 月率家乡工农武装参加黄（安）麻（城）起义，12 月加入中国共产党。1928 年李先念率领的游击队编入红十一军第三十一师第五大队。1929 年任中共高桥区委书记、苏维埃政府主席、中共（黄）陂（黄）安县委书记、苏维埃政府主席。1931 年 10 月任红四方面军第十一师第三十三团政委。1932 年 7 月任红十一师政委。1933 年 7 月任红四方面军第三十军政委。率部参加鄂豫皖苏区反"围剿"和川陕苏区反"围攻"战斗。1935 年 3 月参加长征，8 月当选为中共中央候补委员。1936 年 11 月红四方面军到达黄河以西的部分部队改称西路军，任西路军军政委员会委员。1937 年率部转战新疆，年底回到延安，进入抗日军政大学、中央马列学院学习。

抗日战争中，1938 年 9 月任中共豫鄂边区区委军事部部长。1939 年 1 月任新四军独立游击大队司令员，6 月任新四军豫鄂独立游击支队司令员。1940 年 1 月任豫鄂挺进纵队司令员。1941 年 2 月任新四军第五师师长兼政委、师军政委员会书记。1943 年 2 月兼任中共鄂豫边区区委书记。1945 年 6 月在中共七大上当选为中央委员。在开辟和巩固鄂豫边区抗日根据地中做出重要贡献。

抗日战争胜利后，1945 年 10 月任中原军区司令员、中共中央中原局副书记。

解放战争中，1946 年 6 月率部实施中原突围，进入陕南地区。1947 年 5 月中共中央成立新的中原局，任第二副书记、晋冀鲁豫野战军副司令员，率部转战河南，与跃进大别山的刘邓大军会师中原。1948 年 5 月中共中央重建中原军区，任第二副司令员。

淮海战役中，担任中原野战军副司令员，参与领导淮海战役的后勤保障工作。

1949 年 5 月任中共湖北省委书记、省人民政府主席、湖北军区司令员兼政委。1949 年 8 月兼任湖北革命大学校长。

中华人民共和国成立后，1952 年 2 月兼任武汉市委书记、市长，9 月任中共中央中南局第三副书记，10 月任中南军政委员会副主席。1953 年 1 月改任中南行政委员会副主席，5 月兼任中南财经委员会主任。

1954 年 9 月任国务院副总理兼财政部部长，10 月兼任国务院第五办公室主任，参与领导财经工作。1956 年 9 月在中共八届一中全会上当选为中央政治局委员，在八届五中全会上当选为中共中央书记处书记。后连续当选为中共第九至十二届中央政治局委员。1957 年 10 月任中央经济工作五人小组成员。1962 年 4 月任中央财经小组副组长。1971 年 10 月任中央军委办公会议成员。粉碎"四人帮"之后，分工主持国务院日常工作。1979 年 3 月任国务院财政经济委员会副主任。1983 年 6 月在第六届全国人民代表大会第一次会议上当选为中华人民共和国主席。1988 年 4 月当选为第七届全国政协主席。

1992 年 6 月 21 日在北京逝世。

邓子恢

中原野战军副政委

邓子恢（1896—1972），曾用名邓建中。1896 年 8 月 17 日出生，福建龙岩人。1917 年 3 月赴日本留学，1918 年 5 月回国。1921 年在龙岩参与组织"奇山书社"，在青年中传播进步思想。1926 年 12 月加入中国共产党。1927 年 5 月参与组织江西崇义县"五一"暴动，任崇义县临时行政委员会委员，11 月任中共崇义县临时县委宣传部长。1928 年 3 月参与领导龙岩后田暴动，4 月任中共上杭县委宣传部部长，7 月任中共闽西特委宣传部部长、闽西暴动委员会副指挥。1929 年 3 月任中共闽西特委书记，6 月任龙岩县革命委员会主席，7 月主持召开中共闽西第一次代表大会，改选新的特委，并任书记。1930 年 3 月任闽西苏维埃政府主席，4 月任红军第九军政委，6 月任红二十一军政委，10 月赴福建莆田，任中共莆属特委书记。1931 年 11 月任中华苏维埃共和国中央执行委员兼财政人民委员，12 月任中共厦门中心市委巡视员。1932 年 4 月任中华苏维埃共和国临时政府财政部部长，后兼任代理土地部长。1933 年 2 月兼任苏维埃政府国民经济部部长。主持建立和统一中央苏区的财政制度，制定发展苏区经济的各项政策和措施。1934 年 10 月中央红军长征后，在苏区任中央分局委员，参与领导敌后游击战争。1935 年 2 月返回闽西，3 月任闽西南军政委员会财政部部长兼民运部部长。1936 年 1 月任闽西军政委员会副主席，参与领导多次反"清剿"战斗。

抗日战争中，1937 年 10 月任中共闽粤赣省委宣传部部长。1938 年 1 月任新四军政治部副主任，3 月兼任新四军民运部部长、中共中央东南分局民运部部长。

1939 年 5 月任新四军江北指挥部政治部主任，12 月任中共中央中原局委员。1940 年 8 月任津浦路东人民抗日联防办事处主任。1941 年 1 月皖南事变后，任重建的新四军政治部主任，5 月任中共中央华中局委员，8 月任淮北党政军委员会书记、新四军第四师政委。1945 年 6 月在中共七大上当选为中央委员。

抗日战争胜利后，1945 年 9 月任中共中央华中分局书记、华中军区政委。

解放战争中，1947 年 1 月率领华中局领导机关赴山东，任华东局副书记，负责领导华东军区后勤支前工作，并参与指挥高邮、苏中、宿北等战役。1948 年 5 月任中共中央中原局第三书记，主持中原局日常工作，兼任中原军区副政治委员、中原区财经办事处主任，负责后勤和财经工作。

淮海战役中，担任中原野战军副政治委员。战役第一阶段，在河南宝丰主持中原局日常工作，参与主管淮海战役后勤和支前工作。11 月 11 日率中原局移至禹县，15 日主持中原局发出《关于全力支援淮海战役的紧急指示》，动员一切力量全力支援战役所需的粮食、民力、副食品、交通等。战役第二阶段，11 月 24 日主持颁布《关于加强后勤保障的命令》，具体部署了交通、粮弹、伤员转运等各方面的支前工作。还曾和李达一起将截获的关于杜聿明企图与黄维兵团会合的情报报告给了总前委，为刘、陈、邓下令向黄维兵团发起总攻提供了重要依据。积极发展地方武装，为战役中两大野战军及时补充新兵员创造了良好的条件。战役第三阶段，邓子恢率中原局和中原军区机关移至郑州，后赴开封，并组织征调煤炭、粮食，修复陇海铁路郑州开封段，确保支前运输通畅。1949 年元旦根据中央军委和总前委的要求，组织中原各地慰问前线将士和民工，提供了大批慰问物资。

1949 年 3 月当选为中原临时人民政府主席，5 月兼任中共中央华中局第三书记、第四野战军兼华中军区第二政治委员。

中华人民共和国成立后，1949 年 10 月任中央人民政务委员会委员，12 月任中共中央中南局第二书记兼中南军区第二政治委员。1950 年 2 月任中南军政委员会副主席。1952 年 11 月任国家计划委员会副主席。1953 年 1 月任中共中央农村工作部部长。1954 年 9 月任国务院副总理兼国务院第七办公室主任。1962 年 11 月调任国家计委副主任。1964 年 12 月当选为第四届全国政协副主席。

是中共第八、第九届中央委员。

1972 年 12 月 10 日在北京逝世。

张际春

中原野战军副政委兼政治部主任

　　张际春（1900—1968），1900 年 12 月 20 日出生，湖南宜章人。1922 年开始参加学生运动和农民运动。1926 年加入中国国民党。1926 年 11 月加入中国共产党。1927 年任宜章县立女子初级师范学校党小组组长。1928 年 1 月任中共宜章县委农民运动委员会书记、县农民协会秘书长，参加湘南起义。4 月所部编入红军第四军。1929 年任红四军第二纵队政治部宣传科科长。1930 年 6 月任红四军秘书长，8 月任红一方面军政治部宣传处处长，12 月任中央军委总政治部组织部机关党支部书记。1931 年任红三军秘书长，5 月任红四军第十一师政委兼政治部主任、师党委书记，9 月任红四军第十三师政委兼政治部主任、师党委书记。1932 年 3 月任第四十五师政委兼政治部主任、师党委书记，8 月任红一军团第三十一师政治委员兼政治部主任，12 月任红一军团政治部宣传部部长。1933 年兼任红一军团军事裁判所所长。1934 年任红军第二步兵学校政委兼政治处主任、红五军团政治部宣传部部长。参加历次反"围剿"斗争。随红五军团长征后，1935 年 10 月任红军大学政治教员。1936 年 12 月任红军大学第二分校政治部主任。1937 年 1 月入中国抗日军政大学第二期第二队学习，任党支部书记。3 月任中国抗日军政大学步兵学校政治部主任。

　　抗日战争中，1937 年 8 月任八路军后方政治部副主任。11 月任绥德河防警备区政治部主任、中共绥德特别区委委员。1938 年 1 月任抗日军政大学政治部主任。1938 年 5 月任抗日军政大学党务委员会书记，1942 年 9 月任抗日军政大学代理政治委员兼军政委员会主席。1943 年 1 月任中共中央北方局委员、宣传部部长。1943 年 9 月任八路军野战政治部副主任。1945 年 6 月在中共七大上当选为中央候补委员。

抗日战争胜利后，1945 年 8 月任中共晋冀鲁豫中央局常务委员、晋冀鲁豫中央局宣传部部长、晋冀鲁豫军区副政治委员。

解放战争中，1946 年 7 月兼任晋冀鲁豫军区政治部主任。1947 年 5 月任中共中央中原局常务委员。1948 年 5 月任中原军区第二副政治委员兼政治部主任、中原野战军副政委兼政治部主任。曾参与领导上党、邯郸、进军大别山等战役战斗。

淮海战役中，协助邓小平领导中原野战军思想政治工作，着力统一干部思想，提高干部战士思想认识水平，在思想上深入贯彻中央军委和总前委的战略意图和野战军的作战计划，激励全军干部战士树立敢于打硬仗、打胜仗的信心和决心，强化服从命令、遵守纪律、团结一致、密切协同、顾全大局的意识，弘扬不怕牺牲局部利益、艰苦顽强、持续作战的精神，为中野在双堆集围歼黄维兵团攻坚战中不惜一切代价取得最后的胜利提供了坚强的政治保障。同时，张际春还十分注重军事民主建设，并不断提升干部战士自觉的战斗勇气。重视部队建制的完整性，发挥党的基层组织优势和选拔任用干部工作。1949 年 2 月毛泽东主席高度评价了张际春撰写的《中原野战军政治部关于淮海战役中部队主要思想情况向中央军委的综合报告》。

1949 年 2 月起任中国人民解放军第二野战军副政治委员兼政治部主任、第二野战军前线委员会委员、中共中央华东局委员、华东军区政治部主任、中共南京市委常委兼宣传部部长。参与领导渡江战役和解放大西南等重大战役的政治工作。

中华人民共和国成立后，1949 年 11 月起任中共中央西南局常委、西南局办公厅主任、西南局组织部部长、西南局纪律检查委员会书记、西南局第二副书记、西南局党校校长、西南局保密委员会主任、西南局农村工作委员会书记、西南人民武装委员会主任、西南局农村工作部部长，西南军政委员会委员、西南军政委员会土地改革委员会主任、西南行政委员会人民监察委员会主任，西南军区副政委、政治部主任、党委第一副书记、干部管理部部长，重庆市军事管制委员会主任等职。1954 年 1 月任中共中央宣传部副部长。1957 年 6 月任国务院第二办公室副主任。1958 年 6 月任中共中央文教小组成员。1959 年 6 月任国务院文教办公室主任。

是第二、第三届全国政协常务委员，中共第八届中央委员。

"文化大革命"中受迫害，1968 年 9 月 12 日逝世。1979 年 1 月中共中央为张际春举行了平反昭雪追悼大会。

李达

中原野战军参谋长

李达（1905—1993），原名李德三。1905 年
4 月 19 日出生，陕西眉县人。1926 年 1 月考入
国民军西北陆军第二军官学校，毕业后分配到
国民军第十四师任军需官。后在国民革命军第
二集团军中任排长、旅部少校参谋、连长等职。

1931 年 12 月，参加宁都起义，加入中国工
农红军。1932 年 1 月在红五军团红十五军任连长，
2 月任湘赣独立第一师第二团四连连长、红八军
独立第一师第三团团长，不久后升任独立第一
师参谋长兼三团团长。9 月加入中国共产党，10
月任红八军参谋处处长，11 月任红八军参谋长。1933 年任红六军团第十七师参谋
长兼第五十团团长。曾参加中央苏区第四、第五次反"围剿"斗争。1934 年 8 月
任红六军团参谋长兼第十七师参谋长，10 月调任红二军团参谋长。1936 年 7 月任
红二方面军参谋长。1937 年 2 月红四军、红三十一军、红二十八军、红三十二军
等组成援西军，任援西军参谋长。率部参加了红军长征和西征。

抗日战争中，1937 年 8 月任八路军第一二九师参谋处处长。1938 年 4 月任
第一二九师代理参谋长，12 月任参谋长。1940 年 8 月兼任晋冀豫区交通司令员。
1943 年 10 月任太行军区司令员。参与晋冀豫、冀南、太行等抗日根据地创建工作，
参与指挥反日军"九路围攻"、百团大战等，指挥道清、安阳等战役。

抗日战争胜利后，1945 年 8 月任晋冀鲁豫军区参谋长，参与指挥上党战役。

解放战争中，1946 年 6 月晋冀鲁豫野战军成立后，和刘伯承、邓小平、张际
春组成晋冀鲁豫野战军指挥部，参与指挥定陶、巨野、甄城、滑县、巨金鱼、豫

皖边、鲁西南等战役，参与指挥晋冀鲁豫野战军千里跃进大别山。1948 年 5 月任中原军区参谋长、中原野战军参谋长，9 月增补为中共中央中原局委员。淮海战役发起前，和刘伯承一起指挥中野一部在豫西牵制华中地区国民党军，配合华东战场华东野战军作战，后将张淦、黄维兵团引向平汉路以西，抑制黄维兵团东进增援淮海战场。

淮海战役中，战役第一阶段，11 月 10 日与刘伯承一道赴豫东中野指挥部，与陈毅、邓小平会合后，参与研究攻打宿县和截断徐蚌线的作战计划。淮海战役总前委成立后，李达不仅负责掌握中野作战情况，提出作战建议，还负责及时掌握并向总前委首长报告华东野战军作战情况。战役第二阶段，参与研究部署围歼黄维兵团作战，支持并推广部队自行研制的"飞雷"、"土发射筒"等攻坚武器。根据中野首长指示，李达协助邓子恢分工负责部队后勤和地方支前工作，在粮弹筹集、组织民工、保障交通运输等方面做了大量工作，曾兼任交通司令部司令员兼政委，不仅对于中野的装备和粮草供应提供了保障，还有力地支持了华野的后勤保障工作。

淮海战役胜利后，1949 年 2 月任第二野战军参谋长、第二野战军特种兵纵队司令员兼政委，参与指挥渡江战役，解放皖南、浙西、赣中、闽北等地作战。

中华人民共和国成立后，1950 年 2 月任西南军区副司令员兼参谋长，6 月任西南军政委员会委员、西南铁路筑路委员会主任委员。1951 年 4 月兼任云南军区司令员。1953 年 1 月任西南行政委员会委员。曾参与指挥解放大西南和解放军进驻西藏。1953 年 4 月任中国人民志愿军参谋长，参与指挥抗美援朝战争。1954 年 4 月回国，10 月任国防部副部长、解放军训练总监部副部长兼计划和监察部部长。1956 年 5 月任解放军训练委员会委员。1958 年 8 月任国家体委副主任兼国防体育协会主任。1972 年 10 月任中国人民解放军副总参谋长、全国武器技术鉴定委员会领导小组副组长。1974 年任尖端武器定型小组组长。1975 年 1 月任中共总参谋部常委。1982 年 9 月任中央顾问委员会委员。

1955 年被授予上将军衔和一级八一勋章、一级独立自由勋章、一级解放勋章。1988 年 7 月被授予中国人民解放军一级红星功勋荣誉章。

是中共第十、第十一届中央委员，第三届全国人大常委会委员，第二、三届国防委员委员。

1993 年 7 月 12 日在北京逝世。

曾希圣

中原野战军副参谋长兼豫西军区司令员

曾希圣（1904—1968），又名曾勉。1904 年 10 月 11 日出生，湖南兴宁人。1920 年秋考入湖南省立第三师范学校，参加学生运动。1922 年加入中国社会主义青年团。1924 年考入黄埔军校。1926 年 2 月考入中国国民党政治讲习班，参加北伐，后任第八军第三师营政治指导员。北伐军攻占武汉后，任第八军第三师团政治指导员。1927 年 7 月加入中国共产党，从事兵运工作。1930 年 6 月任中央军委武汉长江办事处参谋、中共中央长江局军委秘书长。1931 年 12 月任工农红军第一方面军参谋部侦查科长。1932 年任中共中央军委总参谋部情报局局长，10 月任红一方面军司令部二局局长。1933 年 5 月任中革军委二局局长兼红一方面军二局局长。1936 年 12 月任中央军委二局局长。1937 年 2 月入抗日军政大学学习。作为红军情报工作领导人，为红军历次反"围剿"和长征中的胜利作出了重要的贡献。

抗日战争中，从抗大回到中央军委二局工作。1938 年 12 月调入中央社会部。1940 年 10 月任新四军渡江指挥部指挥长。皖南事变后，任新四军第七师政委、中共皖江区区委书记。参与指挥创建和巩固皖南抗日根据地。

解放战争中，先后任晋冀鲁豫野战军副参谋长，中原野战军副参谋长，1948 年 5 月兼任豫西军区司令员。

淮海战役中，第一阶段，宿县被攻克后，豫西军区调派 2 个团在中野九纵的指挥下进入固镇北任桥地区，参加阻击由蚌埠北援的刘汝明、李延年兵团。第二阶段，豫西军区1个独立旅参加作战，在围歼黄维兵团作战中，豫西军区调派5个团在华野六纵统一指挥下在固镇一带阻击刘汝明、李延年兵团北援。

1949年3月任第三野战军皖北军区司令员兼政委，4月任中共皖北区委书记。

中华人民共和国成立后，任中共安徽省委书记、第一书记、安徽省人民政府主席。1956年9月在中共八大上当选为中央委员。1960年9月任中共中央华东局第二书记，10月任中共山东省委第一书记。1965年任中共中央西南局书记处书记。

"文化大革命"中受到迫害，1968年7月15日在北京逝世。1978年7月18日，中共中央为曾希圣举行追悼会平反昭雪。

刘岱峰

中原野战军供给部部长

刘岱峰（1913—1990），曾用名刘岳魁。1913 年 2 月 27 日出生，山西盂县人。先后毕业于太原第一师范附小、进山中学初中班、北京师大附中高中。后入北京大学经济和历史系学习。1927 年加入中国共产主义青年团，1932 年 10 月加入中国共产党。1935 年在太原被捕。1945 年 10 月经邓小平、薄一波同志介绍，重新入党。

曾在山西参与筹建"山西牺牲救国同盟会"，任牺盟会常委、执委。抗日战争中，曾任国民党军第二战区司令长官行营政治处副主任、山西新军第二○九旅司令。1940 年率部赴八路军总部，后任太行行署主任、晋冀鲁豫边区贸易总局局长。

淮海战役中，担任中原野战军供给部部长，兼任在郑州设立的中原军区办事处主任，负责中原野战军的后勤供应工作。

1949 年任第二野战军后勤司令部副司令员兼供给部长，华东区财委副主任兼财政部部长。

中华人民共和国成立后，曾任西南区财委副主任、云南省副省长、国家经委副主任、国家建委副主任、国家计委副主任、国家物价委员会副主任等职。十一届三中全会以后，曾任国家计委顾问。

1990 年 7 月 27 日在北京病逝。根据他的遗愿，遗体献给祖国医学科研事业。

齐仲桓

中原野战军卫生部部长

齐仲桓（1910—1970），1910 年 8 月出生，辽宁法库人。1929 年 6 月考入奉天医科大学，1936 年 2 月在北平卫生局第三卫生事物所任技士，5 月任平汉铁路汉口卫生科保健主任。

抗日战争中，1937 年 8 月任职于河南戒烟医院。1938 年 2 月参加新四军，任新四军军医处保健科长。1941 年 3 月任新四军卫生部医务主任，10 月任新四军第三师卫生部部长，12 月兼任第三师第一期苏北卫校校长。1942 年 1 月加入中国共产党。1942 年 5 月任新四军卫生部医务主任。1943 年 10 月任新四军第四师卫生部部长兼淮北行署卫生局局长，12 月兼任淮北卫生学校副校长。为新四军部队卫生勤务建设和卫生干部人才培养作出重要贡献。

抗日战争胜利后，1945 年 11 月任华中军区卫生部部长，积极推进部队卫生工作正规化、集体化和事业化建设。

解放战争中，任华中军区、华中野战军卫生部部长。1946 年 8 月兼任第四国际和平医院院长。1947 年 1 月任华东军区、华东野战军卫生部副部长。1948 年 8 月任中原军区、中原野战军卫生部部长。在苏中战役、涟水战役、宿北战役、孟良崮战役中领导参战部队医疗保障、野战医院建设和伤员转运工作。

淮海战役中齐仲桓组织了 10 余个后方医院，在解放军阻击黄维兵团突围的作战中，领导将后方医院建在距离主战部队几华里处，为参战部队提供及时的医疗卫生保障。领导强化医政、卫生行政领导和卫生教育工作，注重对作战部队的公共卫生和个人卫生教育，在做好伤员救治的同时，注重干部战士和人民群众的疾病防治和精神治疗。

1949 年 2 月任第二野战军卫生部部长，参加渡江战役。1949 年 4 月参与人民海军卫生处的筹建工作。南京解放后，兼任南京市卫生局局长，创建第二野战军医科大学。

中华人民共和国成立后，1949 年 11 月任中南军政委员会卫生部副部长兼第四野战军后勤卫生部第二部长。1952 年 8 月任中南军政委员会卫生部部长兼中南文化教育委员会委员。1953 年 3 月任中南文化教育委员会副主任兼中南行政委员会卫生局局长。1955 年任国家卫生部部长助理，11 月任中央防治血吸虫病领导小组成员。1956 年 1 月任中央防治血吸虫病九人小组办公室主任，3 月任中央防治血吸虫病科学研究委员会主任委员。

1958 年被错划为"右派分子"，到河北省承德医学专科学校当教员。"文化大革命"中受迫害，1970 年 4 月 25 日逝世。1979 年 6 月，国务院卫生部为齐仲桓召开了平反昭雪追悼会。

杨勇

中原野战军第一纵队司令员

杨勇（1913—1983），原名杨世峻。1913 年 10 月 28 日出生，湖南浏阳人。1926 年参加儿童团，并任团长。1927 年 4 月加入中国共产主义青年团。1929 年参加区苏维埃政府工作。1930 年 2 月进入中国工农红军第五军随营学校学习，同时加入中国共产党，6 月任红八军政治部宣传队分队长，8 月任大队长，10 月任红三军团第八军第四师第一团第一连副政治委员，11 月任第二团第三连政治委员。1931 年 9 月任红三军团第二师安远独立营营长兼政委，12 月任第二师第五团政治处主任、政治部政务处处长。1933 年 6 月任中共红三军团第五师第十四团总支部书记。率部参加红军历次反"围剿"作战。1934 年 10 月随红三军团长征。1935 年 9 月任中国工农红军陕甘支队第二纵队第十大队政委。1936 年 5 月任红一军团第一师政委。1937 年 1 月任红一军团第四师政委。长征中，率部参加"四渡赤水"、渡过大渡河、翻越夹金山、穿越大草地，参加直罗镇战役和红军的东征、西征等战役。

抗日战争中，1937 年 8 月任八路军第一一五师三四三旅六八六团副团长、政委。1938 年 3 月任第六八六团团长兼政委。1939 年 9 月任鲁西军区司令员。1940 年 3 月任第一一五师第三四三旅旅长兼鲁西军区副司令员、鲁西行政公署专员，6 月任第三四三旅旅长兼鲁西军区司令员、政委，10 月任第一一五师教导第三旅旅长兼鲁西军区司令员。1941 年 4 月入延安军事学院高干队学习，7 月任冀鲁豫军区副司令员。1942 年任中共中央党校高干队党支部书记，参加延安整风学习。1944 年

5月任中共冀鲁豫分局常委、军事部部长、财经委员会书记、冀鲁豫军区副司令员。曾率部参加平型关战役，转战晋西、鲁西、冀鲁豫地区，参与指挥创建和巩固鲁西、冀鲁豫抗日根据地。

抗日战争胜利后，1945年11月任晋冀鲁豫军区第七纵队司令员，率部连克巨野、嘉祥、济宁、汶上等城。

解放战争中，率部攻克陇海路徐州、开封段城镇据点，参加定陶、滑县、巨金鱼、豫皖边战役。1947年3月任晋冀鲁豫野战军第一纵队司令员，随刘邓大军千里跃进大别山，取得鲁西南战役胜利。1948年5月任中原野战军第一纵队司令员，率部参加宛东、郑州等战役。

淮海战役中，第一阶段，率部首先由中牟地区出发进至夏邑县会亭集地区，在商丘东南发现国民党军第四绥靖区仍在商丘，奉命由会亭集向西北攻击张公店、马牧集。中野一纵分两路围攻第四绥靖区第一八一师。在中野三纵一部的配合下，于11月8日全歼第一八一师5600余人，缴获大量军用物资，俘获师长米文和。11月16日率部进至蒙城、板桥集地区，以涡河、浍河为屏障阻击迟滞黄维兵团东援徐州。在涡河、浍河和板桥集一带展开了激烈的阻击战，至11月22日急于开进的黄维兵团仅向前推进了30余公里，一纵胜利完成阻击任务，为中野主力集结并形成袋型部署赢得了宝贵时间。第二阶段，黄维兵团进入中野预设的口袋型阵地，一纵于11月24日开始坚决阻击当面之黄维兵团第十八军强敌。在包围黄维兵团的作战中，一纵利用汽油桶改装成的炸药发射筒重创黄维兵团阵地。12月5日对黄维兵团的总攻开始，中野分东、西、南三个集团发起总攻，一纵编入西集团，参加向双堆集以西进攻，首歼小马庄之国民党军，面对黄维兵团的强大火力，采取近迫作业战法，利用炸药发射筒、火烧坦克等创新方法攻击黄维兵团的坚固阵地和先进装备。12月15日歼灭黄维兵团最后向西突围的残部，缴获大量汽车。第二阶段一纵共歼灭国民党军1.6万余人。

1949年2月任第二野战军第五兵团司令员，率部参加渡江战役，直出浙赣线，解放婺源、景德镇、江山、上饶、浦城等20余座城镇。

中华人民共和国成立后，率部进军西南。1950年1月任贵州省人民政府主席、贵州军区司令员兼第五兵团司令员。11月进入南京军事学院高级速成系学习，1952年4月任总高级步兵学校副校长，10月任第二高级步兵学校校长、党委书记。1953年4月任中国人民志愿军第二十兵团司令员，率部参加抗美援朝作战。1954

年 2 月任志愿军副司令员兼参谋长。1955 年任志愿军司令员。1958 年 9 月任北京军区司令员、北京军区党委第一书记。1959 年 10 月任解放军副总参谋长兼北京军区司令员。1965 年 1 月兼任北京地下铁道筹建领导小组组长。1972 年 7 月任沈阳军区副司令员。1973 年 6 月任新疆军区司令员兼新疆维吾尔自治区党委第二书记。1977 年 9 月任解放军副总参谋长，10 月任中央军委战略委员会第二主任。1979 年 2 月任中央军委副秘书长。1980 年 1 月任中央军委常委，8 月任解放军总参谋部党委第二书记。1981 年 12 月任中央边防工作领导小组组长。

1955 年被授予上将军衔，获一级八一勋章、一级独立自由勋章、一级解放勋章。

是第一至第三届国防委员会委员，中共第八届中央候补委员、第十至第十二届中央委员、第十二届中央书记处书记，第五届全国人大常务委员会委员。

1983 年 1 月 6 日在北京逝世。

苏振华

中原野战军第一纵队政委

苏振华（1912—1979），原名苏七生。1912 年 6 月 12 日出生，湖南平江人。1926 年参加儿童团。1927 年参加少年先锋队。1928 年参加赤卫队。1929 年参加共产党领导的游击队，8 月加入中国共产主义青年团。1930 年 6 月在中国工农红军第三军团第五军第一师三团三连参军，11 月转入中国共产党，并任连士兵委员会委员长。1931 年 5 月任排长。1932 年 3 月任红三军团第一师一团三连政委。1933 年 6 月任红三军团第四师第十二团党总支书记、政治处主任。1934 年 4 月任红三军团第五师第十三团政委。参加中央苏区历次反"围剿"。1934 年 10 月随红军主力长征。1935 年 2 月任红三军团第十二团政治处主任。1936 年 5 月进入中国人民抗日红军大学学习，12 月任红军大学第二期第二科科长。

抗日战争中，1937 年 8 月任中国人民抗日军政大学第三期第二大队大队长。1938 年任抗大第四期第一大队大队长。1939 年 6 月任八路军第五纵队第一团团长。1940 年 5 月任八路军第一一五师三四三旅政委、鲁西军区政委、鲁西军政委员会主席，9 月任八路军第二纵队政委兼冀鲁豫军区政委。1941 年 7 月任冀鲁豫军区军政委员会书记、军区政委。1943 年初任精兵简政后的冀鲁豫军区副政委。1944 年 5 月任新组建的冀鲁豫军区副政委兼中共平原分局党校校长。参与领导创建和巩固鲁西、冀鲁豫抗日根据地建设。

抗日战争胜利后，1945 年 10 月任晋冀鲁豫军区第一纵队政委。

解放战争中，率部参加邯郸、巨金鱼、鲁西南等战役。1947 年 8 月随刘邓大军千里跃进大别山，兼任中共豫东南区工委书记。1948 年 5 月任中原野战军第一纵队政委。参加宛东、豫东、郑州战役。

淮海战役中，和司令员杨勇一道指挥中野一纵于战役第一阶段在商丘张公店地区全歼国民党军第四绥靖区一八一师，俘获师长米文和。依托涡河、浍河阻击迟滞黄维兵团东进，为中野大部集结和口袋型展开部署创造了良好的条件。第二阶段，面对黄维兵团突围的强大火力，顽强阻击，和中野其他各部一起将黄维兵团包围在双堆集地区。12 月 5 日起，参加中野西集团作战，从双堆集以西向黄维兵团发起总攻，首攻小马庄。中野一纵连续作战，而且阻击战斗非常激烈，部队十分疲劳，伤亡也比较大，苏振华积极领导做好部队政治工作，宣传教育干部战士明确使命、不怕牺牲、坚决完成战斗任务。亲自赴阵地前沿组织部队火线整编，从机关抽调人员补充战斗前沿。充分发挥党员干部的模范带头作用，组织杀敌立功竞赛等，激励部队英勇作战的士气。组织政治攻势，分化瓦解国民党军。

1949 年 2 月任第二野战军第五兵团政治委员，参加渡江战役，参与指挥第五兵团直出浙赣线，解放衢州、景德镇、上饶等二十余座城镇。曾兼任中共赣东北区委书记。

1949 年 12 月贵州解放后任中共贵州省委书记，兼任贵州军区政委、贵州军区司令员兼政委、贵阳市军事管制委员会主任。1954 年 5 月任海军副政委兼政治部主任。1957 年 2 月任海军政委。1959 年 9 月任中央军委副秘书长。1972 年 5 月任海军第一副司令员。1973 年 3 月任海军第一政委、中共海军委员会第一书记。1975 年 2 月任中央军委常委。1976 年 10 月任中共上海市委第一书记、革命委员会主任。

1955 年被授予上将军衔，获二级八一勋章、一级独立自由勋章和一级解放勋章。

是第一至第三届国防委员会委员；中共第八届中央候补委员，第十届中央委员、中央政治局候补委员，第十一届中央委员、中央政治局委员。

1979 年 2 月 7 日在北京逝世。

陈再道

中原野战军第二纵队司令员

陈再道（1909—1993），原名程再道。1909年1月24日出生，湖北麻城人。1926年参加农民义勇军。1927年4月参加麻城农民自卫军，相继参加"九月暴动"、黄麻起义。后随农民自卫军编为中国工农革命军鄂东军。1928年1月加入中国共产党。1930年10月任红一军第一师第三团第九连第二排排长。1931年1月任红四军第十一师第三十一团排长，6月任连长，9月任第十一师第三十二团三营营长。1933年1月任第十一师第三十一团团长，6月任红四军第十一师师长。1936年3月进入红军大学高级班学习，8月任红四军副军长、军长。参加了鄂豫皖苏区历次反"围剿"作战、川陕苏区反"围攻"作战和长征。

抗日战争中，1938年8月任八路军第一二九师第三八六旅副旅长，11月任八路军东进纵队司令员。1940年4月任冀南军区司令员。1943年4月进入中共中央北方局党校学习，10月进入延安中共中央党校学习。率部参加七亘村、黄崖底、长生口战斗和百团大战。参与领导创建和巩固冀南平原抗日根据地。

抗日战争胜利后，1945年8月任晋冀鲁豫军区冀南纵队司令员，10月任晋冀鲁豫军区第二纵队司令员。率部参加上党、邯郸等战役。

解放战争中，1948年任中原野战军第二纵队司令员。曾率部参加定陶战役、龙固集防御战、鄄南战役、滑县战役、巨金鱼战役、鲁西南战役、千里跃进大别山作战、宛东战役等。

淮海战役前夕，中野二纵奉命在桐柏、江汉地区牵制张淦、黄维兵团，防止其东进。陈再道因病暂留桐柏地区。

淮海战役中，11 月中旬陈再道率二纵教导团和后方机关从豫西东进赶赴淮海战场。战役第二阶段，率二纵在澥河两岸阻击由蚌埠向西北开进的国民党军李延年兵团。李延年兵团奉命和刘汝明兵团一道由蚌埠向双堆集战场开进，试图增援黄维兵团，遭到二纵和兄弟部队的坚决阻击。二纵在包家集、高庄集一带与李延年部展开激战，面对国民党军的飞机、坦克和迂回包围，率二纵采取运动防御、逐村抵抗、节节阻击的战法，连续击溃李延年兵团的进攻，在十余天的阻击战中，李延年兵团只前进 10 余华里，距离黄维兵团尚有 70 华里，有力地配合了中野主力和华野一部全歼黄维兵团，迫使李延年兵团逃回蚌埠。

1949 年 2 月任河南军区司令员。

中华人民共和国成立后，1954 年 3 月任中南军区副司令员兼河南军区司令员，10 月兼任解放军武装力量监察部副部长。1955 年 3 月任解放军武装力量监察部副部长兼武汉军区司令员、军区党委第二书记。1972 年 8 月后任福州军区副司令员。1975 年 8 月任中央军委顾问。1977 年 8 月任中央军委委员，9 月任解放军铁道兵司令员。1982 年 9 月在中共十二大上，当选为中央顾问委员会委员。1983 年 6 月任全国政协副主席。

1955 年被授予上将军衔。荣获一级八一勋章、一级独立自由勋章、一级解放勋章。1988 年 7 月荣获一级红星功勋荣誉章。

是第一、二、三届国防委员会委员，第五届全国人民代表大会常务委员会委员，中国人民政治协商会议第六届全国委员会副主席，中国共产党第十一届中央委员。

1993 年 4 月 6 日在北京逝世。

王维纲

中原野战军第二纵队政委

　　王维纲（1903—1984），河北磁县人。早年投身革命，1930年5月加入中国共产党，曾任中共磁（县）（临）漳中心县委组织部部长。1932年8月任中国工农红军直南游击队支队长，10月领导磁县暴动，后被捕入狱，在狱中创建党组织。1936年7月被国民党判处死刑，后成功越狱。1937年5月在延安进入中共中央党校学习。

　　抗日战争中，1938年2月任中共冀豫特委组织部部长，12月任八路军独立第三大队大队长、八路军先遣支队第三大队政委。1939年2月任中共晋冀豫区冀豫地委书记，9月任中共晋冀豫区委员会委员，10月任中共晋冀豫区第四地委书记。1941年9月任中共晋冀豫区第五地委书记。1942年3月任太行军区第五军分区政委。1943年3月任中共晋冀豫区委委员兼组织部部长、城工部部长。参加创建和巩固晋冀豫区抗日根据地。1943年10月进入延安中共中央党校学习。

　　抗日战争胜利后，1945年8月任太行军区副政委、中共太行区委员会委员、中共太行区委宣传部部长。

　　解放战争中，1947年2月任中共太行区委副书记。1948年1月任晋冀鲁豫野战军第二纵队政委，5月任中原野战军第二纵队政委、纵队党委书记。率部参加鲁西南战役，随刘邓大军千里跃进大别山。

　　淮海战役前夕，参与指挥中野二纵在桐柏、江汉地区吸引张淦、黄维兵团，将其抑留在豫西。

淮海战役中,第一阶段,11月6日黄维兵团在确山、驻马店地区集结完毕,向阜阳地区开进,王维纲奉命率二纵由大别山出发向北急进至淮北地区,超越黄维兵团,又奉命东进开赴淮海战场。二纵由大别山进至淮北地区,天气寒冷,部队尚无棉衣,王维纲扎实做好部队政治工作,带领部队克服寒冷、疲劳的困难,保证急行军遵守时间,不误行动,并且保持良好的军纪。第二阶段,率二纵进至涡河与浍河之间参加围歼黄维兵团。王维纲给纵队做了深入思想动员,指出围歼黄维兵团将是一场硬仗,一定要充分做好思想准备,准备打硬仗、打恶仗,极大地鼓舞了士气。11月27日黄维兵团组织4个主力师突围,在廖运周师起义后,率中野二纵在双堆集以西发起对黄维兵团的猛攻。在强大的思想政治保证下,二纵指战员以顽强的战斗意志与黄维兵团展开了激烈的阵地据点争夺战,多次击退黄维兵团突围。12月4日,奉命率二纵南移,参加阻击蚌埠西北的李延年兵团,配合主力围歼黄维兵团。在攻歼黄维兵团即将胜利时,改变作战任务,部队很多同志思想上有意见,王维纲做了深入细致的政治工作,强调淮海战役大局,强调阻击李延年兵团的重要意义,保证部队干部战士统一思想,积极应战。后参与指挥二纵在蚌埠西北进行激烈的阻击战。

1949年2月任第二野战军第三兵团第十军政委、军党委书记,率部参加渡江战役。

中华人民共和国成立后,率部参加解放大西南,曾担任中共川南区委委员、区委职工运动委员会书记、西南军政委员会委员、西南人民监察委员会副主任、川南军区政委、军区党委副书记、中共自贡市市委书记、自贡市人民政府市长、自贡市警备司令部政委、川南各界人民代表会议协商委员会副主席、自贡市各界人民代表会议协商委员会主席、中华全国总工会西南办事处副主任、中共重庆市委第三书记、重庆市委企业部部长、市委工人工作委员会书记、重庆市工会主席等职。1953年5月起任全国总工会执委会执委、第二机械工会全国委员会主席、中共中央监察委员会副秘书长、中央监察委员会候补委员、中央监察委员会委员、中央监察委员会秘书长、中央监察委员会常务委员会候补委员。1958年10月任司法部副部长。1959年5月任最高人民法院副院长。1965年1月任最高人民法院党组副书记。"文化大革命"中受迫害。1977年12月任最高人民法院党组副书记、副院长。1978年12月在十一届三中全会上当选为中央纪律检查委员会常委。

是第四、第五届全国政协常委。

1984年3月21日在北京逝世。

陈锡联

中原野战军第三纵队司令员

陈锡联（1915—1999），又名陈锡廉，字廉甫。1915年1月4日出生，湖北黄安（今红安）人。1929年4月参加游击队，8月参加中国工农红军。1930年8月加入中国共产党。1931年11月任红四方面军团政治处通讯班班长。1932年8月任特务连政治指导员。1933年初任红四方面军第三十团第一营政委，7月任红四方面军第三十军八十八师二六三团政委。1934年11月任红三十军第十一师副师长。1935年8月任红三十军第十师师长。1936年2月任第十一师政委，11月回第十师任师长。率部参加历次鄂豫皖苏区反"围剿"和川陕苏区反"围攻"作战，参加红军长征。

抗日战争中，1937年8月任八路军第一二九师三八五旅七六九团团长。率部参加夜袭阳明堡、神头岭、响堂铺、反"九路围攻"等战役战斗。1938年4月任太行山地区第一二九师三八五旅旅长，率部粉碎了日军在太行山地区数次"大扫荡"。参加了百团大战。1943年3月任太行军区第三军分区司令员，8月赴延安参加中央党校学习。

抗日战争胜利后，任晋冀鲁豫军区太行纵队副司令员，率部参加上党战役。10月任晋冀鲁豫军区第三纵队司令员，率部参加邯郸战役。

解放战争中，任晋冀鲁豫军区和晋冀鲁豫野战军第三纵队司令员，率部参加定陶、鄄城、滑县、巨金鱼、豫北、鲁西南、千里跃进大别山、宛西、宛东等战役和战斗。1948年5月任中原野战军第三纵队司令员，10月率部参加郑州战役。

淮海战役前夕，率中野三纵从郑州沿陇海路以南东进，至永城西北地区。战役第一阶段，11 月 11 日，陈锡联接到以三纵为主，九纵一部配合攻取宿县的命令，立即率部日夜兼程、冒雨开进，直扑宿县。11 月 14 日亲自进行现地勘察，选定突破口，具体部署攻城的组织指挥、火力配备和协同动作。11 月 15 日傍晚，指挥围城部队发起总攻，以南、北关佯攻，东、西关主攻，在密集火力配合下，组织部队与守城国民党军展开激战，甚至白刃战。攻入城内后，又与国民党军展开激烈巷战，战斗相当惨烈。11 月 16 日，全歼宿县国民党军 1.29 万余人，俘虏国民党交警第十六总队中将司令张绩武，缴获大量武器弹药和装备。切断了国民党军徐州和蚌埠之间唯一的陆上军事补给线，阻断徐州与南京之联系，控制了津浦线徐蚌段两侧的广大地区。战役第二阶段，指挥所部合围黄维兵团，三纵从西北向东南方向猛力合围，于 11 月 25 日完成包围黄维的作战任务。后从浍河南岸多路向东南方向攻击被围的黄维兵团。三纵从运动战转为阵地攻坚战，起初出现急躁情绪，突击准备不足，面对黄维兵团的强大火力压制，部队伤亡大，收效小。陈锡联亲自带领干部深入战斗一线，勘察战场，总结"小兵群"攻击战术等歼敌方法和稳步攻击，近迫作业的方法，与黄维兵团开展逐房争夺、反复争夺的近距离作战，阻击了黄维兵团多次突围。12 月 5 日参加对黄维兵团最后的总攻，陈锡联统一指挥中野一纵、三纵、华野十三纵组成西集团，负责歼灭双堆集以北、以西之马围子、三官庙、葛庄、许庄、后周庄之敌，并占领上述各村，和东集团、南集团一起围歼黄维兵团。由西集团进攻的马围子，是黄维兵团防御圈北面的一个重要支撑点，东西长不足 500 米，南北宽仅 100 余米，分为东、西两个小村庄，中间有 100 余米开阔地。防守该要点的是号称"猛虎团"的黄维兵团第十军第十八师的第五十二团和第五十三团第三营及第三四二团 1 个营，其装备好，战斗力强，是骨干部队。"猛虎团"被围后，陈锡联充分发扬军事民主，征求西集团各纵队首长意见，率领各级干部研究制定攻坚方案，改造工事和阵地配置，确保通讯畅通，保障协同动作，扭转了开始时准备不足、进展不顺的局面，开展了大规模的土工作业，依托村落，构筑工事，形成以地堡为骨干，用堑壕相连接的多层次的三角形和梅花形的网络阵地和纵横交错、攻防兼备的阵地，经过 4 次进攻，终于将马围子守军全部歼灭。12 月 15 日，指挥西集团配合南集团、东集团全歼双堆集战场的黄维兵团，三纵俘获第十二兵团司令官黄维以下 6300 余人。战役第三阶段，指挥中野三纵在宿县、蒙城、涡阳地区集结，作为总预备队，进行战备整补。

1949 年 2 月任第二野战军第三兵团司令员，率部参加渡江战役，后直出浙赣线，解放县城 30 余座。

中华人民共和国成立后，率部参加解放大西南作战。1949 年 11 月兼任中共重庆市委第一书记、市长、军管会副主任。1950 年 1 月当选为重庆市第一届各界人民代表会议协商委员会主席，4 月任解放军炮兵司令员。1951 年 11 月兼任中央军委军械部部长。1957 年 7 月兼任解放军炮兵学院院长。1959 年 10 月任沈阳军区司令员。1961 年 1 月任中共中央东北局书记处书记。1968 年 6 月任辽宁省革命委员会主任。1971 年 1 月任中共辽宁省委第一书记、省革命委员会主任。1973 年 12 月任北京军区司令员。1975 年 1 月任国务院副总理。曾协助叶剑英主持中央军委工作。

1955 年被授予上将军衔。荣获一级八一勋章、一级独立自由勋章、一级解放勋章。1988 年荣获一级红星功勋荣誉章。

是中共第八届中央候补委员、中央委员，第九至十一届中央政治局委员，第十二、十三届中顾委常委；第一、二、三届国防委员会委员。

1999 年 6 月 10 日在北京逝世。

彭涛

中原野战军第三纵队政委

彭涛（1913—1961），原名定乾。1913 年 11 月出生，江西鄱阳人。1927 年 2 月担任县儿童团总团长，加入中国共产主义青年团，后任团县委宣传部长。1932 年加入中国共产党，参加中国左翼作家联盟北方分盟，任北大附中共青团组织书记。1933 年任共青团张家口市委书记。1934 年考入北平辅仁大学。1935 年任中共北平临时工作委员会宣传部长、北平学联党团书记、北平学生联合会南下宣传团总指挥部党团书记，参与组织和领导一二·九运动。1936 年 1 月任中共天津市委委员。

抗日战争中，1937 年 7 月任中共正太特委书记。1938 年 2 月任中共晋冀特委书记。1943 年 3 月任太行军区第三军分区政委。1944 年任中共冀南工委副书记。

抗日战争胜利后，1945 年 10 月任晋冀鲁豫军区第三纵队政委，参与指挥邯郸战役。

解放战争中，1947 年 6 月任中共皖西区委书记兼军区政委。淮海战役中担任中原野战军第三纵队政委，后任南京市军管会办公室主任兼工委书记。

中华人民共和国成立后，历任中共川南区委第二书记、川南军区政委兼财经委主任。1952 年 8 月任中共重庆市委第二书记、市委工业部部长。1954 年 10 月任国家计划委员会副主任。1956 年 5 月任化学工业部部长。

是中共第八届中央候补委员。

1961 年 11 月 14 日在北京逝世。

陈赓

中原野战军第四纵队司令员

陈赓（1903—1961），原名陈庶康。1903 年 2 月 27 日出生，湖南湘乡人。1916 年底参加湘军，1921 年退役。1922 年加入社会主义青年团，12 月加入中国共产党。1924 年 5 月进入黄埔军校第一期学习，学习中曾任军校步科第一至四期中共党支部候补干事、支部书记、连长、副队长、蒋介石侍从参谋等职。曾被誉为"黄埔三杰"之一。1926 年 9 月被中共中央派往苏联学习。1927 年任国民革命军第八军军部特务营营长，7 月参加南昌起义，8 月任起义军第二十军第三师第六团第一营营长、中共第三师师委委员。1928 年 4 月任中共中央特科情报科科长。1931 年 10 月任中国工农红军第四军第十三师第三十八团团长，11 月任红四方面军第十二师师长。1933 年 10 月任红军第一步兵学校校长。1934 年 10 月参加长征，任干部团团长。1935 年 9 月任红军陕甘支队第二纵队第十三大队大队长，10 月任红一军团第十三团团长。1936 年 1 月任红一军团一师师长。参加直罗镇、东征、西征、山城堡等战役和战斗。1937 年 1 月进入中国人民抗日军政大学学习。

抗日战争中，1937 年 8 月任八路军第一二九师军政委员会委员，9 月任第一二九师第三八六旅旅长。1940 年 6 月兼任太岳军区司令员。参与指挥神头岭、响堂铺、长乐村、百团大战等战役战斗，参与创建和巩固晋冀豫和冀南抗日根据地。1943 年 10 月赴延安，进入中共中央党校学习。1945 年 4 月在中共七大上当选为中央候补委员。

抗日战争胜利后，1945 年 8 月任太岳纵队司令员，率部参加上党战役，10 月任晋冀鲁豫军区第四纵队司令员。

解放战争中，率部在晋南地区取得六战六捷。1947年率部强渡黄河，挺进豫西，相继参加平汉战役、洛阳战役、宛西战役、宛东战役。1948年5月任中原野战军第四纵队司令员。率部参加豫东阻击战解放郑州、开封作战。从1948年5月以后，陈赓和陈毅、邓小平在一起协助指挥中野作战。

淮海战役中，第一阶段，1948年11月13日，陈赓奉命统一指挥中野四纵、华野三纵、两广纵队进迫徐州，钳制邱清泉、孙元良兵团，配合华野主力在徐州以东围歼黄百韬兵团。中野四纵在山城堡地区歼灭国民党军第三绥靖区拒绝参加起义的残部。11月18日，指挥四纵进至浍河南坪集地区。陈赓准确把握形势，认为中野四纵比中野其他部队条件好，应当承担艰苦的作战任务，在思想、物质和组织上为大战做好准备，并表示要以破釜沉舟的决心，不惜一切牺牲承担艰巨任务，即使打到只剩下一个班，也甘心当班长，坚持到最后的胜利。第二阶段，奉命统一指挥中野四纵、九纵、豫皖苏军区独立旅利用浍河阻击黄维兵团，四纵奉命坚守南坪集据点。陈赓亲自带领指挥员勘察地形，根据他丰富的战斗经验，做出了依托浍河，构筑宽正面、大纵深，以班排为单位的集团工事，严密控制宿蒙公路及其两侧的部署。11月23日开始，率中野四纵坚决阻击，粉碎了黄维兵团从南坪集正面的多路进攻和东面渡过浍河的企图。总前委为了分割黄维兵团，决定放弃南坪集，陈赓率四纵和九纵一部在浍河北岸部署口袋型阵地，诱敌深入。11月24日黄维兵团先头部队渡过浍河，遭到四纵坚决阻击。当日，黄维急令浍河北岸部队南撤，总前委命令陈赓指挥部队渡过浍河攻击黄维兵团，四纵担负攻击撤退中的国民党军侧背的任务。黄维兵团被包围后，试图组织4个主力师突围，由于廖运周师战场起义，导致突围失败，四纵就势全力攻击黄维兵团第十四军，击溃其军部，曾俘虏军长熊绶春（后逃跑）。在围歼黄维兵团的作战中，陈赓认真分析战场形势，认为黄维兵团装备精良，有较强的防御能力，因而指挥部队构筑坚固的攻防兼备的阵地，开展工程浩大的近迫作业，组织部队在平原地区的地下推进，压缩黄维兵团包围圈。主张与国民党军斗战术、技巧，组织步炮协同，周密部署作战计划。11月30日，陈赓指挥中野四纵、九纵、十一纵、豫皖苏独立旅和华野3个连的炮兵组成的东集团和西集团一起，发起压缩包围圈的作战，展开了和黄维兵团激烈的争夺战，反复争夺阵地据点。12月5日，总前委下达了总攻黄维兵团的作战命令，陈赓率东集团从双堆集以东地区突击，与黄维兵团第十四军、十军作战，四纵负责攻坚第十四军。陈赓亲自到主攻一线激励士气，要求采取抵近进攻战术，集中火力，集中优势开展猛攻。经过激烈的作战，12 月 11 日四纵全歼黄维兵团第十四军，击毙军长熊绶春等，陈赓专门派人找到熊绶春的尸体，埋葬后立下"第十四军军长熊绶春之墓"的木牌，以便其亲属查找。战至 12 月 15 日，黄维兵团被全部歼灭。

1949 年 2 月任第二野战军第四兵团司令员兼政委，率部参加渡江战役，随二野直出浙赣线。5 月第四兵团划归第四野战军指挥，率部参加两广作战。

中华人民共和国成立后，1950 年 2 月任西南军区副司令员，3 月任云南省人民政府主席，4 月任云南军区司令员。1950 年 7 月应邀赴越南，帮助越军抗法战争，取得边界战役的胜利。1951 年 3 月任中国人民志愿军第三兵团司令员兼政委，6 月兼任志愿军第二副司令员，8 月赴朝指挥作战。1952 年 7 月任解放军军事工程学院院长兼政委。1954 年 10 月任解放军副总参谋长兼军事工程学院院长、政委。1958 年 10 月兼任国防科学技术委员会副主任。1959 年 9 月任国防部副部长。

1955 年被授予大将军衔。荣获一级八一勋章、一级独立自由勋章、一级解放勋章。

是中共第八届中央委员。

1961 年 3 月 16 日在上海逝世。

谢富治
中原野战军第四纵队政委

谢富治（1909—1972），湖北黄安（今红安）人。1930年参加中国工农红军第一军。1931年加入中国共产党。从1932年起任红四方面军宣传队队长、连政治指导员、团政治处主任、红九军二十六师政治部主任、红四方面军总政治部组织部部长、中共川陕省委组织部部长等职。参加鄂豫皖苏区反"围剿"和川陕苏区反"围攻"的斗争。1935年起任红九军政治部主任、中共懋功中心县委书记，参加长征。

抗日战争中，1937年8月任一二九师三八六旅七七二团政训处主任、团政委。后任一二九师三八五旅政委、太行军区第六分区政委、太岳军区副司令员等职。

抗日战争胜利后，1945年9月任太岳纵队政委，参加上党战役，10月任晋冀鲁豫军区第四纵队政委。

解放战争中，随司令员陈赓一起指挥四纵强渡黄河，挺进豫西。1948年5月任中原野战军第四纵队政委。

淮海战役中，第一阶段，随陈赓一起指挥所部近迫徐州牵制邱清泉、孙元良兵团。第二阶段，参与指挥由中野四纵、九纵、十一纵和豫皖苏独立旅等组成的东集团，围歼双堆集以东地区黄维兵团部队。

1949年2月，任第二野战军第三兵团政委。参加渡江战役。

中华人民共和国成立后，历任西南军区第三兵团司令员，中共川东区委书记、川东军区司令员兼政委、中共云南省委第一书记、云南省人民政府主席、西南军区副政委、云南军区司令员兼政委、昆明军区司令员兼政委、解放军公安部队司令员兼政委、公安部部长、国务院副总理兼公安部部长等职。

1955 年被授予上将军衔，获一级八一勋章、一级独立自由勋章、一级解放勋章。

1956 年 9 月在中共八大上，当选为中共中央委员。

"文化大革命"开始后，先后担任中央书记处书记、政治局候补委员、北京市革委会主任、北京军区政委、北京卫戍区第一政委、中央军委委员、中央政治局委员、北京市委第一书记、北京军区第一政委。参与了林彪、江青反革命集团的阴谋活动。1972 年 3 月 26 日在北京去世。1980 年 10 月 16 日中共中央决定开除其党籍。1981 年 1 月 25 日中华人民共和国最高人民法院特别法庭确认他为林彪、江青反革命集团的主犯。

王近山

中原野战军第六纵队司令员

王近山（1915—1978），原名王文善。1915年10月出生，湖北黄安（今红安）人。1930年6月参加中国工农红军，9月加入中国共产主义青年团。1931年2月起先后任红四军第十师第三十团机枪连班长、排长。1932年加入中国共产党，曾任红四军第十师三十团机枪排长、连长、副营长，同年11月任红四方面军第十师第三十团第一营营长。1933年2月任第三十团第二营营长，7月任红四军第十师第二十九团第一营营长，9月任第二十九团团长。1934年6月任第十师第二十八团团长。1935年9月任红四军第十师副师长。1936年11月任红三十一军第九十三师师长。曾参加鄂豫皖根据地历次反"围剿"和川陕根据地历次反"围攻"作战，率部参加长征，转战川康地区。

抗日战争中，1937年8月后任八路军第一二九师第三八六旅第七七二团副团长、第七六九团团长、第三八五旅副政委。1940年5月后任第一二九师新编第八旅副旅长、冀南军区第三军分区副司令员。1942年5月任第一二九师第三八六旅旅长。1943年3月兼任太岳军区第二军分区司令员、太岳纵队副司令员。1944年任八路军陕甘宁晋绥联防军新编第四旅旅长、陕甘宁晋绥联防军关中警备区司令部副司令员。1945年在延安参加中共中央党校学习。曾率部参加神头岭、响堂铺、晋东南反"九路围攻"等重要战役战斗。

解放战争中，1946年7月任晋冀鲁豫野战军第六纵队司令员。1948年5月任中原野战军第六纵队司令员。率部参加上党、邯郸、定陶、千里跃进大别山、襄樊等战役战斗。

淮海战役前夕，1948 年 10 月指挥中野六纵和兄弟部队一起伪装中野主力，迷惑国民党军张淦、黄维兵团，牵制其向西，防止其东援。王近山指挥部队采用"打快板"式的袭击，主动诱敌来攻，适时摆脱敌人，与敌人保持不即不离的态势，迫使敌人犹豫不决，成功地完成了在豫西牵制黄维兵团的作战任务。

淮海战役中，第一阶段，率六纵沿方城、漯河和周口店向涡阳、蒙城急进，超越黄维兵团，同时追击、截击行进中的黄维兵团。11 月 18 日先于黄维兵团到达涡阳地区。第二阶段，根据总前委的部署，六纵等中野 5 个纵队担负侧击黄维兵团，实施合围的作战任务。王近山等纵队首长向总前委表明决心，请求担负最艰苦的任务，不叫苦、不怕伤亡，仗打不好，甘愿接受纪律制裁。并给纵队指战员树立了决一死战，战斗必胜的信心和决心。11 月 24 日，率部由蒙城西北向双堆集攻击前进，完成从南面合围任务，将黄维兵团包围于双堆集地区，并与黄维兵团展开了激烈的阵地争夺战，构筑了攻防兼备、纵横沟通、互为犄角的警戒阵地，将主阵地推进到黄维兵团阵地前沿。11 月 27 日，王近山组织部队掩护廖运周师实施战场起义，待廖运周师通过六纵防区后，立即组织部队封锁通道，对黄维兵团实施突围的其余 3 个师予以坚决阻击，粉碎其突围企图。12 月 5 日总前委下达总攻黄维兵团的作战命令，王近山和纵队政委杜义德一起统一指挥中野六纵、陕南十二旅、华野七纵组成南集团，和东、西集团一起围歼黄维兵团。王近山指挥部队充分做好总攻准备，修筑工事，实施近迫作业，合理安排各参战部队协同，与黄维兵团展开了激烈战斗。11 月 13 日华野参谋长陈士榘率华野三纵、十三纵和特纵一部加强南集团作战，以南集团为主，东、西集团配合围歼黄维兵团残部。14 日南集团攻占黄维兵团临时机场南部阵地和尖谷堆阵地，使黄维兵团兵团部完全暴露，中野六纵之"襄阳营"和华野三纵之"洛阳营"并肩作战，勇猛突入敌阵，与敌反复厮杀，战胜了黄维兵团的"威武团"精锐部队，攻克了"威武团"据守的距离黄维兵团部仅 1 公里的稠密火网和环形防御体系。15 日中野六纵占领双堆集，截住黄维兵团残部最后的突围，当日夜，黄维兵团被全部歼灭。

1949 年 2 月任第二野战军第三兵团副司令员兼第十二军军长、政委。

中华人民共和国成立后，率部参加进军解放大西南。曾任重庆市委常委、重庆市军管会委员、重庆警备司令部司令员兼政委、中共川东区委员、川东军区副司令员、西南军政委员会委员、川东军区司令员、解放军西南军政大学川东分校校长。1951 年 2 月起任中国人民志愿军第三兵团副司令员、代司令员，第三兵团第一副司令员，参加抗美援朝战争。1953 年 5 月起任山东军区副司令员、代司令员，中共山东省委委员、常委。1955 年 3 月任北京军区副司令员。1960 年 7 月任公安部副部长。1970 年 8 月起任南京军区副参谋长、军区顾问等职。

1955 年 9 月被授予中将军衔。荣获一级八一勋章、一级独立自由勋章、一级解放勋章。

是第五届全国政协常务委员会委员。

1978 年 5 月 10 日在南京逝世。

杜义德

中原野战军第六纵队政委

杜义德（1912—2009），1912 年 5 月 16 日出生，湖北黄陂人。1927 年加入农民协会。1928 年参加赤卫军并加入中国共产主义青年团。1929 年 4 月加入中国工农红军，任红十一军三十一师四大队战士、宣传队长，红一师三大队班长。1930 年 3 月加入中国共产党。1931 年任红四军第三团机枪连连长，红三团三营营长。1932 年 1 月任红四军第十师三十团三营政治委员。1933 年 1 月任红四方面军第十师二十九团政治委员。1933 年 7 月任红三十军八十九师政治委员。1934 年任红三十一军第九十一师政治委员。1935 年 1 月任红四方面军总指挥部参谋，5 月任红四方面军总指挥部第四局局长，6 月任红四方面军直属纵队司令员。1936 年 2 月任红军骑兵师师长，11 月任红军西路军总部警卫团团长。1937 年 1 月进入红军大学学习。曾参加鄂豫皖苏区第一至四次反"围剿"，红军西征、创建川陕革命根据地、反"三路围攻"和"六路围攻"等战役战斗和红军长征。

抗日战争中，在抗日军政大学学习，毕业后任抗大五大队一队队长、抗大一分校支队长。1938 年 10 月任八路军第一二九师随营学校副校长。1940 年 10 月任八路军第一二九师新四旅副旅长。1941 年起任冀南军区第二军分区司令员、政委。1943 年 3 月兼任冀南区第二地委书记。1944 年 6 月任冀鲁豫军区第二分区司令员兼政委。1945 年 6 月任冀南指挥部副司令员。率部参加百团大战，巩固发展冀南抗日根据地和敌后游击战争，反"扫荡"、反"蚕食"斗争。

抗日战争胜利后，1945 年 9 月任冀南纵队副司令员，11 月任冀南军区司令员。

率部参加上党、邯郸战役，解放衡水。

解放战争中，1946年7月任晋冀鲁豫野战军第六纵队政委。1948年5月任中原野战军第六纵队政委。率部参加陇海、定陶、鲁西南、千里跃进大别山、襄樊等战役战斗。

淮海战役前夕，1948年10月与中野六纵司令员王近山一起在豫西指挥所部牵制张淦、黄维兵团，阻其东进。

淮海战役中，第一阶段，参与指挥六纵东进，对黄维兵团尾击、侧击、阻击，并超越黄维兵团，先至涡阳地区。第二阶段，根据总前委的部署，中野六纵参加歼灭黄维兵团作战，和司令员王近山一道指挥部队作战，扎实做好六纵的思想政治工作和战斗动员工作。杜义德号召全体指战员要树立必胜的信心和决心，敢于打前所未有的大仗、恶仗，发扬政治、军事民主，积极调动了广大指战员的积极性和主动性。在围歼黄维兵团的作战中，及时传达贯彻总前委提出的"围师不阙"、持久围困、紧缩包围、逐点攻击、层层剥皮的方针指示。针对部队在围歼战初期存在的轻敌急躁情绪，组织各级干部开展军事民主，研究制定在平原地区打攻坚战的战法，深入做好宣传教育。同时，组织对敌政治攻势，通过阵前喊话、树标语、发传单等多种形式，震慑瓦解国民党军。杜义德还和王近山一起缜密考虑，慎重对待黄维兵团之廖运周师战场起义，成功策应了廖运周师起义，并加强防范，坚决阻击了黄维兵团突围部队其余三个师的进攻，粉碎了黄维兵团的突围企图。后与王近山一起指挥中野六纵、华野七纵和陕南第十二旅组成的南集团在兄弟部队配合下，全歼双堆集以南的黄维兵团部队。

1949年2月任第二野战军第三兵团副司令员兼第十军军长、政委。

中华人民共和国成立后，率部参加解放大西南作战。1950年1月兼任川南军区司令员。1950年至1951年在中国人民解放军军事学院学习。1951年9月任中国人民志愿军第三兵团副政委，赴朝鲜参加抗美援朝战争，后兼任朝鲜东海岸防御指挥部副政委。1955年至1957年在中国人民解放军军事学院战役系学习。1957年10月任中国人民解放军第三兵团政治委员。1959年9月任中国人民解放军旅大警备区政委。1959年11月任沈阳军区副政委兼旅大警备区第二政委、军区党委常委。1960年7月任海军副政委、海军党委副书记。1973年7月任海军副政委。1977年10月任海军第二政委。1980年1月任兰州军区司令员、军区党委第二书记、军区纪律检查委员会书记。

1955 年 9 月被授予中将军衔。曾获一级八一勋章、一级独立自由勋章、一级解放勋章。1988 年 7 月被中央军委授予中国人民解放军一级红星功勋荣誉章。

是中共第十一届中央委员，第十二、十三届中央顾问委员会委员，第十一届中央军委委员。

2009 年 9 月 5 日在北京逝世。

秦基伟

中原野战军第九纵队司令员

秦基伟（1914—1997），1914年11月16日出生，湖北黄安（今红安）人。1927年参加赤卫队，曾参加黄麻起义。1929年8月加入中国工农红军，1930年4月加入中国共产党，曾任红一军军部经理处监护连排长、手枪营二连排长、红四方面军总部手枪营二连连长。1933年春任红四方面军总部警卫团团长。1934年任红三十一军九十二师二七四团团长、红四方面军总部参谋、总部补充师师长。1935年任红四方面军总供给部梯队长。1936年任红四方面军总部第四局参谋、城防总指挥，后参加红军援西军教导团学习。曾参加鄂豫皖苏区历次反"围剿"斗争、保卫川陕根据地斗争、红军长征、西渡黄河作战等。

抗日战争中，奉命到山西太谷组织游击武装，1937年11月成立太谷县人民抗日游击支队，任指挥长，12月改称八路军太谷游击支队，任司令员。八路军在太行山区第一支游击武装"秦赖支队"成立后，任司令员。1938年4月任晋冀豫军区第一军分区司令员。1939年任八路军独立支队副司令员、冀鲁豫军区作战科科长、参谋处处长。1940年6月任八路军第一二九师新编第十一旅副旅长。1941年3月任太行军区第一分区司令员兼地委书记。参与创建和巩固太行抗日根据地，参加粉碎日军"六路围攻"和"九路围攻"，参加百团大战、反"封锁"、反"蚕食"等作战。

抗日战争胜利后，1945年8月任太行军区司令员。

解放战争中，1947年8月任晋冀鲁豫野战军第九纵队司令员。1948年5月任中原野战军第九纵队司令员。率部参加强渡黄河、挺进豫西、开辟豫西解放区、平汉、陇海、洛阳、郑州等战役战斗。

淮海战役中，第一阶段，率中野九纵主力开赴徐蚌之间。11 月 15 日九纵一部配合中野三纵攻取宿县，主力南下固镇以北地区阻击企图北援的李延年、刘汝明兵团。第二阶段，和中野四纵一起吸引黄维兵团渡过浍河，进入中野设置的口袋型阵地。黄维兵团有所察觉，退至浍河南岸后，秦基伟指挥九纵和豫皖苏独立旅，强渡浍河，参加围歼黄维兵团，在广阔的平原战场上和国民党军飞机的轰炸下，与黄维兵团展开犬牙交错的勇猛拼杀，坚决阻击了黄维兵团北援徐州。黄维兵团被围后构筑了梯次配备、火力强、布局紧密的防御工事，采取"硬核桃"战术，使解放军攻不动、打不下。秦基伟率九纵及时总结村落攻坚战的经验和教训，提出爱惜战士生命，以勇敢加智慧，砸碎黄维兵团的"硬核桃"。在攻坚黄维兵团第十军一部据守的小张庄据点战斗中，因小张庄据点地堡密集、堑壕交错、防御坚固，九纵首创"依沟夺沟、依堡夺堡"的近迫攻击法，利用夜间向敌军阵地挖掘交通壕，接近敌军阵地，12 月 1 日经过顽强进攻，攻克小张庄，打破了与黄维兵团僵持的局面。首创攻坚作战经验，得到总前委的赞扬和推广。12 月 5 日，总前委下达了总攻黄维的作战命令，秦基伟率九纵攻坚黄维兵团第十军七十五师二二三团据守的张围子，该团曾被胡琏命名为"青年团"，战斗力强且有强大的炮火支援，九纵继续深入发挥近迫攻坚的战术优势，将交通壕和攻击火力向敌阵地进一步推进，逐村攻克，攻占张围子，协同中野四纵、十一纵打开双堆集东北部缺口，暴露黄维兵团部侧背，于 12 月 15 日直捣双堆集，参与完成全歼黄维兵团的作战任务。

1949 年 2 月，任第二野战军第四兵团第十五军军长，率部参加渡江战役、解放闽北、进军两广。

中华人民共和国成立后，率部参加解放大西南作战。1950 年 11 月进入南京军事学院高级系学习。1951 年 2 月，任中国人民志愿军第十五军军长，率部参加抗美援朝战争。1953 年 8 月起任云南军区副司令员、昆明军区副司令员。1955 年 7 月进入南京军事学院战役系学习。1957 年 7 月任昆明军区司令员、中共云南省委常委兼书记处书记。1973 年 7 月任成都军区司令员。1975 年 10 月起任北京军区第二政委、第一政委、司令员。1988 年 4 月任国务委员、国防部部长。1993 年 3 月当选为第八届全国人大常委会副委员长。

1955 年被授予中将军衔。1988 年被授予上将军衔。曾获中华人民共和国二级八一勋章、一级独立自由勋章、一级解放勋章，朝鲜民主主义人民共和国一级国旗勋章、二级国旗勋章。

是中国共产党第十一至十三届中央委员、第十二届中央政治局候补委员、第十三届中央政治局委员，中央军委委员、常委，第三届国防委员会委员。

1997 年 2 月 2 日在北京逝世。

李成芳

中原野战军第九纵队政委

李成芳（1914—1984），1914 年 4 月 28 日出生，湖北麻城人。1929 年 3 月参加中国工农红军。1930 年 7 月加入中国共产主义青年团，1931 年加入中国共产党。曾任红四军第十师二十九团三营七连战士、班长、排长。1933 年 3 月起任三营八连指导员。1934 年 7 月任三营教导员。1935 年 3 月任红四方面军第三十一军第九十三师第二七一团政委。1936 年 4 月任红四方面军总指挥部通讯营政委。1936 年 11 月进入红军大学学习。曾参加鄂豫皖苏区历次反"围剿"，川陕苏区反"围攻"和红军长征。

抗日战争中，1937 年 11 月任山西青年抗敌决死队军政干部学校游击教官。1938 年 3 月起任决死队第一纵队第三总队副团长、团长。1939 年 12 月任决死队第一纵队参谋主任。1941 年 3 月任太岳军区第一军分区副司令员兼决死第一旅参谋长。1943 年 9 月任太岳军区第一军分区司令员、太岳纵队第一旅旅长。曾率部参加粉碎日军"九路围攻"作战、沁源围困战。

抗日战争胜利后，1945 年 10 月任晋冀鲁豫野战军第四纵队第十一旅旅长。率部参加上党战役。

解放战争中，1947 年 8 月任豫西军区副司令员，后又任军区代司令员、豫西区党委常委。1948 年 5 月任中原野战军第九纵队政治委员。率部参与创建豫西解放区，参加解放郑州作战等。

淮海战役中，与中野九纵司令员秦基伟一起指挥九纵，在第一阶段配合中野三纵攻取宿县，而后南下固镇地区阻击北进的李延年、刘汝明兵团。第二阶段，参与指挥所部吸引、包围、围歼黄维兵团。在战斗中，李成芳深入贯彻总前委关于歼灭黄维兵团不惜"拼老命"的政治口号，树立部队决战的信心。在作战初期，有个别干部错误地认为："打仗还能不死人？命是公家的，拼完就算！"指挥部队硬打硬拼，造成一定伤亡。李成芳及时做好思想政治工作，扭转部队的急躁情绪，积极贯彻稳步攻坚的作战思想。在战斗中，广泛宣传推广"用工事和敌人作战"、"多流汗、少流血，工事做得好，歼灭敌人伤亡少"、"谁在前面挖，谁的功劳大"等口号，提高指战员对于近迫攻坚战的思想认识。针对指战员体力消耗大的情况，李成芳组织各级政治机关强化指战员战斗意志，采取检查战斗意志、评议作战效果、火线记功入党、同突击队员谈话等等方法，将指战员敢打敢拼的勇猛精神和提高生存能力的战术思想有机统一起来。对于被围的黄维兵团，九纵还组织了强有力的政治攻势，分化瓦解国民党军。

1949 年 2 月，任第二野战军第四兵团第十四军军长，率部进军中南，参加两广战役。

中华人民共和国成立后，1950 年起任中共滇西工委书记、滇西卫戍区司令员兼政委。1953 年 5 月任中国人民志愿军第三兵团第十五军代理军长，率部参加抗美援朝作战。1954 年 5 月任西南军区副参谋长。1955 年 9 月进入解放军军事学院战役系学习。1957 年 10 月任武汉军区副司令员、军区党委常委。1962 年 9 月起任昆明军区第二政委、军区党委第三书记、军区党委第二书记、中共中央西南局委员、中共云南省委常委、云南省委书记处书记。1973 年 7 月任第五机械工业部党的核心小组组长。1975 年 1 月任第五机械工业部部长兼党的核心小组组长、党组书记。1977 年 12 月起任武汉军区第一政委、军区党委第二书记、军区党委第一书记。

1955 年 9 月被授予中将军衔。曾获二级八一勋章、一级独立自由勋章、一级解放勋章。

是中共第十一届中央候补委员、第十二届中央顾问委员会委员，第三届国防委员会委员。

1984 年 1 月 23 日在北京逝世。

王秉璋

中原野战军第十一纵队司令员

王秉璋（1914—2005），1914 年 1 月 14 日出生，河南安阳人。1929 年 9 月考入西北军无线电学校报务班。1931 年 12 月参加宁都起义，随起义部队编入红军红五军团。1932 年加入中国共产主义青年团。1935 年加入中国共产党。先后任红五军团通信队队长、红一军团第一师司令部参谋、红一军团补充团团长、红一军团教导营副营长、红一军团司令部教育科代科长、红一军团第二师司令部参谋、陕甘支队第五大队参谋、红一军团司令部作战科科长。曾参加红军长征。

抗日战争中，1937 年 8 月任八路军第一一五师司令部作战科科长。1938 年 4 月任一一五师参谋处处长。1940 年 9 月任一一五师教导第三旅副旅长，后任教导第三旅代旅长、教导第四旅旅长、冀鲁豫军区湖西军分区司令员、冀鲁豫军区豫东指挥部司令员。参与创建和巩固山东抗日根据地，参加粉碎日军"九路围攻"作战。

解放战争中，曾任冀鲁豫军区副司令员兼参谋长、冀鲁豫军区司令员、晋冀鲁豫军区第十一纵队司令员，1948 年 5 月任中原野战军第十一纵队司令员。率部参加鲁西南、沙土集、陇海、豫东、睢杞等战役战斗。

淮海战役中，第一阶段，王秉璋率中野十一纵归属华东野战军苏北兵团指挥，担负分割包围阿湖、前后古墓、高潭沟，切断黄百韬兵团东撤海州的退路。11 月 8 日，黄百韬由新安镇向西收缩后，指挥中野十一纵由皂河、窑湾之间渡过运河，向睢宁与徐州间急进，以迂回包围黄百韬兵团。11 月 13 日进击陈桥地区追击国民党军第一〇七军二六一师，14 日和兄弟部队一起将二六一师全部歼灭。同时，派中野十一纵 2 个团在陈桥以西参加阻击由徐州东援的邱清泉、李弥兵团。后奉命率部南下至宿县以南，担负分割黄维兵团与李延年兵团之间联系的作战任务。第二阶段，11 月 24 日中野十一纵归还中野指挥，率部参与在双堆集东南地区合围黄维兵团。在攻击双堆集东南据点张围子作战中，中野十一纵一部从张围子东南方向进攻，王秉璋一面鼓励部队树立不怕牺牲，勇猛再战的勇气，一面带领各级干部研究战术，开展军事民主，开"诸葛亮会"，明确"谁带谁，谁帮谁，干部负伤或牺牲了谁代理"等细节问题。由于张围子是黄维兵团防御核心东侧的重要支撑点，工事坚固，且形成了两侧有屏障，背面无顾虑的良好防御系统，十一纵开始进攻时，在兵力部署和动作协同方面都出现了问题，突击部队向纵深攻击同时，压制敌军阵地两侧火力不够，导致突击部队完成突破后，两侧敌军反击重新封锁突破口，突击效果不好，伤亡大。王秉璋及时总结经验教训，调整部署，一是继续加强火力，二是将炮火延伸成扇形，掩护突击部队正面和两侧，阻止敌军反冲击，三是继续推进前沿突击点，四是加强突击部队两侧力量，减轻突击正面还需兼顾两侧的顾虑，五是加强思想动员。12 月 8 日经过激烈战斗，十一纵从东面攻入张围子，与中野九纵形成对敌夹击，攻克张围子。在总攻黄维兵团的作战中，中野十一纵编入东集团，王秉璋指挥十一纵协同九纵一部又相继攻克了双堆集东面的杨子全、杨老五、杨四麻子据点，战至 12 月 15 日黄维兵团被全部歼灭。

1949 年 2 月任第二野战军第五兵团第十七军军长，率部参加渡江战役。

中华人民共和国成立后，1949 年 10 月任解放军空军参谋长。1953 年 2 月任空军第一副司令员兼参谋长。1958 年 11 月任空军第一副司令员。1960 年 4 月任空军第一副司令员兼国防部第五研究院第一副院长。1962 年 6 月任空军第一副司令员兼国防部第五研究院院长。1964 年 12 月任空军第一副司令员兼国务院第七机械工业部部长。1967 年 7 月任空军第一副司令员。1968 年 12 月兼任国防科委第一副主任。

1955 年被授予中将军衔。获二级八一勋章、一级独立自由勋章、一级解放勋章。

是中共第九届中央委员，第一、第二、第三届国防委员会委员。

2005 年 9 月 25 日在北京逝世。

张霖之

中原野战军第十一纵队政委

张霖之（1908—1967），原名张福筠，又名张朝明。1908 年 2 月出生，河北南宫人。1929 年考入国民党陆军第二十一师军官教导队，12 月加入中国共产党，并任教导队地下中共支部书记。1932 年 9 月任中共南宫县委组织部长，1933 年 11 月任中共南宫中心县委书记。1935 年任中共直南特委民运部部长、中共直南特委书记。1936 年 4 月任中共冀南特委组织部部长。曾参与并组织直南农民武装暴动。

抗日战争中，1937 年任中共山东省委组织部部长。1939 年 1 月任中共鲁西区党委书记。1941 年 7 月任中共冀鲁豫区委书记。1942 年 10 月任中共冀鲁豫区委副书记兼组织部部长。1943 年 11 月任中共冀鲁豫中央分局组织部副部长、民运部部长、冀鲁豫工委书记。参与创建和巩固鲁西、冀鲁豫地区抗日根据地。

抗日战争胜利后，1945 年 10 月任中共冀鲁豫区委书记、冀鲁豫军区政委。

解放战争中，1946 年 11 月任晋冀鲁豫军区第七纵队政委。1947 年 8 月任晋冀鲁豫军区第十一纵队政委。1948 年 5 月任中原野战军第十一纵队政委。曾率部参加陇海、定陶、睢杞等战役战斗。

淮海战役中，第一阶段，和中野十一纵司令员王秉璋一起指挥十一纵在华野苏北兵团指挥下，参加从皂河、窑湾一带渡过运河进至徐州、睢宁之间迂回追击向徐州收缩的黄百韬兵团。尔后，南下宿县以南地区切断黄维兵团与蚌埠的李延年兵团之联系。第二阶段，中野十一纵归属中野指挥，参加在双堆集东南地区围歼黄维兵团作战。在指挥中野十一纵攻克双堆集东面外围多个据点的作战中，组织各级政工干部激励纵队指战员斗志，强调为人民立功，"只能进，不能退，不怕苦，不怕累"的作战思想，同时针对有些干部的轻敌思想，开展了细致的政治工作，宣传推广抵近攻击、协同一致、攻防兼顾的战术方法。通过火线立功激励、干部伤亡后下级逐级代理上级指挥作战、及时整顿组织、自觉服从指挥等多种方法为围歼作战提供强有力的思想和组织保障。还组织开展了战地政治攻势，通过对敌喊话、政治宣传，动摇黄维兵团军心。

1949 年 2 月任第二野战军第五兵团副政委，率部参加渡江战役。1949 年 4 月任南京市副市长。

中华人民共和国成立后，任中共中央西南局委员、重庆工委书记、重庆市委第二书记、重庆市委第一书记、西南军政委员会委员等职。1952 年 8 月任第二机械工业部副部长。1955 年 1 月任中央人民政府城市建设总局局长兼国家建设委员会副主任，4 月任第三机械工业部部长、党组书记。1956 年 5 月任电机制造工业部部长、党组书记。1957 年 9 月任煤炭工业部部长、党组书记。

是中共第八届中央候补委员。

"文化大革命"中受迫害，1967 年 1 月 22 日在北京被毒打身亡。1975 年 10 月 28 日，在八宝山革命公墓举行了张霖之骨灰安放仪式。1979 年 1 月 24 日，中共中央为张霖之等 8 位同志举行了联合追悼大会，平反昭雪，恢复名誉。1992 年 12 月 2 日国家民政部批准张霖之为革命烈士。

张国华

豫皖苏军区司令员

　　张国华（1914—1972），曾用名张福桂、李亚霖。1914 年 12 月 22 日出生，江西永新人。1929 年 3 月参加中国工农红军。1930 年 3 月加入中国共产主义青年团。1931 年 3 月加入中国共产党，11 月任红四军第十一师三十三团团部政治指导员。1933 年 6 月任红一军团第二师五团连政治指导员、连长、连党总支书记。1933 年 10 月进入红军大学学习。1934 年 1 月任福建军区汀州教导团政委。1934 年 10 月后任红一军团政治部巡视团主任、红一军团第二师六团党总支书记。1935 年 10 月任红一军团政治教导大队政委。1936 年 2 月任晋西游击支队政治部主任。曾参加中央苏区历次反"围剿"、红一方面军长征和直罗镇、东征、西征等战役战斗。

　　抗日战争中，参加中国人民抗日军政大学学习。1938 年 2 月任八路军第一一五师直属队政治处主任。1939 年 3 月任鲁西军区第七支队政委。1940 年 1 月任黄河支队政委，11 月任八路军第一一五师教导第四旅政委。1941 年任八路军第一一五师教导第四旅政委兼鲁西军区湖西军分区政委、湖西区党委书记。1944 年 1 月任中共冀鲁豫区第四地委书记、冀鲁豫军区第四军分区政委。1944 年 6 月任中共冀鲁豫区第九地委书记、第九军分区政委。参加开辟鲁西抗日根据地，巩固冀鲁豫抗日根据地和抗日游击战争。

　　抗日战争胜利后，1945 年 9 月任晋冀鲁豫军区第一纵队副政委兼政治部主任、晋冀鲁豫军区第七纵队副政委。

解放战争中，1946年12月任豫皖苏军区司令员。

淮海战役中，第一阶段，黄百韬兵团被包围在碾庄之后，中野首长命令张国华指挥豫皖苏军区部队和中野一纵二十旅等，阻击迟滞黄维兵团东进增援徐州，豫皖苏军区部队利用洪河、泉河、颍河三道防线，迟滞黄维兵团，使其日行不到5公里，至11月18日才进至浍河地区。第二阶段，豫皖苏军区独立旅进至浍河以北配合中野四纵、九纵形成口袋型阵地，吸引黄维兵团渡过浍河，黄维兵团发现地形不利后，撤回浍河南岸，豫皖苏军区独立旅奉命由中野十一纵指挥参加围歼黄维兵团。12月8日，张国华率领豫皖苏军区3个团和豫西军区2个团从商丘进至怀远双桥地区，接替华野六纵防务，参加阻击李延年兵团。张国华要求部队高度重视所部防区正面是李延年兵团驰援黄维的必经之路，要克服地方部队缺乏打阻击经验、武器装备较差的困难，不怕苦、不怕牺牲，坚决阻击李延年兵团。豫皖苏军区所部在阻击战中，与李延年兵团展开了激烈的厮杀，坚决阻击了李延年兵团北上，配合了中野主力全歼黄维兵团。同时，豫皖苏军区各分区在徐州以西萧县、永城地区，蚌埠西北蒙城、固镇地区等地配合中野、华野主力作战，构建情报网，截获重要情报，组织党政军民全力开展支前工作。

1949年2月，任第二野战军第五兵团第十八军军长，率部参加渡江战役。

中华人民共和国成立后，率部参加解放大西南，和平解放西藏。后任川南行政公署主任、中共西藏工作委员会书记、西南军政委员会委员、西藏军区司令员、中共西藏自治区委员会第一书记、中共西南局委员、西藏公学校长、西藏自治区第二届政协主席、西藏民族学院院长、中共西南局书记处书记、中共四川省委第一书记、省革命委员会主任、成都军区第一政治委员。

1955年9月被授予中将军衔。曾获二级八一勋章、一级独立自由勋章、一级解放勋章。

是中共第九届中央委员，中央军委委员，中华人民共和国第一、二、三届国防委员会委员。

1972年2月21日在成都逝世。

吴芝圃

豫皖苏军区政委

吴芝圃（1906—1967），原名吴殿祥，字芝圃。1906 年 4 月 9 日出生，河南杞县人。1920 年考入杞县县立甲种农校。1923 年考入北平励群学院。1924 年入开封培文学校学习英文，接受马克思主义等进步思想，参与创立社会科学研究会。1925 年回杞县参加农民运动，创办农民协会，加入中国共产主义青年团，后转入中国共产党。1926 年任中共杞县县委民运部部长、县委书记。1927 年 5 月任杞县革命政权县长。1929 年任中共开封市委组织部部长。1930 年任中共考城县委书记。1932 年任中共偃师县工委书记。1936 年任中共洛阳中学支部书记、豫西工委书记。参与领导豫东农民武装起义，参与河南地区党组织恢复与创建工作。

抗日战争中，1937 年任中共河南省委委员、中共豫西特委书记。1938 年 4 月任中共河南省委组织部长，5 月任中共豫东特委书记，7 月任豫东抗日游击第三支队司令员，10 月任新四军游击支队副司令员。1939 年 2 月任中共豫皖苏省委副书记，8 月任中共豫皖苏边区区委书记、区行政公署主任，11 月任豫皖苏边区联防委员会主任。1940 年 3 月任中国人民抗日军政大学第四分校副校长。1941 年 6 月任新四军第四师政治部代主任，8 月任淮北苏皖边区军政委员会委员、中共淮北苏皖边区委员会委员。1942 年 7 月任新四军第四师政治部主任。1944 年 11 月任中共淮北津浦路西地委书记。参与豫皖苏地区抗日游击战争和抗日根据地创建工作。

抗日战争胜利后，1945 年 10 月任华中军区第八分区政委兼地委书记、华中分

局委员。

解放战争中，1946年任中共华中分局宣传部部长，9月任中共豫皖苏边区区委书记、行政委员会主任、豫皖苏军区政委。1948年11月任中共开封市委书记兼市长。

淮海战役中，吴芝圃组织领导豫皖苏军区各地党政军民积极踊跃参军参战，动员各方面力量参加支前工作。战役第二阶段，吴芝圃领导豫皖苏军区独立旅进至浍河以北，配合中野四纵、九纵形成口袋型阵地，吸引黄维兵团渡过浍河，黄维兵团先头部队渡过浍河后发现地形不利，撤回浍河南岸，吴芝圃领导独立旅配属中野九纵向黄维兵团发起突击。包围黄维兵团后，独立旅在双堆集东北配属中野十一纵指挥参加围歼黄维兵团，粉碎了黄维兵团打开缺口突围与李延年、刘汝明兵团会合的企图。独立旅在双堆集东北先后攻克小张庄据点和小杨庄据点，英勇奋战八天八夜，毙伤黄维兵团部队2100余人，俘获2400余人，缴获大量物资。随后，独立旅又参加了对黄维兵团的总攻。

1949年3月，任中原临时人民政府副主席，5月任中共河南省委常委、河南省人民政府主席、河南大学校长。

中华人民共和国成立后，1949年12月任中南军政委员会委员。1950年10月起先后担任河南省委副书记、河南省委书记、河南省委第二书记、河南省委第一书记、河南省省长、河南军区政委。1962年5月任中共中央中南局书记处书记。

是中共第八届中央委员。

1967年10月19日在广州逝世。1979年1月24日中共中央在北京为吴芝圃等8位同志举行了平反昭雪追悼大会。

张玺

豫西军区政委

张玺（1912—1959），原名王常珍，字子璧。1912 年 3 月 19 日出生，河北平乡人。1929 年考入河北邢台省立第四师范学校，接受革命思想。1931 年加入中国共产主义青年团，任第四师范学校团支部书记，邢台四师、女三师、十二中三个学校的团总支书记，组织领导学生运动。1932 年被捕，被关押在"北平军人反省分院"。1934 年在狱中加入中国共产党。1936 年出狱后，任中共直鲁豫特委宣传部长、特委书记。参与领导直鲁豫地区党组织恢复和发展工作。

抗日战争中，1938 年 2 月任中共冀豫地委书记，同年秋任中共太南区委书记。1940 年 4 月任中共冀鲁豫区委副书记、书记。1941 年 7 月任中共冀鲁豫区委副书记。1943 年任中共冀鲁豫边区第四地委书记，11 月任中共冀鲁豫中央分局常委、秘书长。1944 年 5 月任中共冀鲁豫分局党校秘书长。参与创建和发展冀鲁豫抗日根据地，参与领导粉碎日军在冀鲁豫地区的多次"扫荡"。

抗日战争胜利后，1945 年 11 月任中共冀鲁豫区区委书记兼冀鲁豫军区政委。

解放战争中，率部在国民党统治区开展游击战争，配合刘邓大军与国民党军的作战。1948 年 6 月任中共豫西区区委第一书记兼豫西军区政委。

豫西区是新开辟的解放区，国民党溃军、散兵游勇、土匪恶霸较多，社会不稳定，张玺抓住重点，首先解决老百姓关心的问题，掀起了反匪反霸的斗争高潮，对土匪恶霸开展了强大的军事和政治攻势，稳定了豫西的社会秩序，深得老百姓拥护，为淮海战役中豫西地区军民踊跃参战和支前创造了良好的条件。战役第二阶段，豫西军区派出 2 个团配属豫皖苏军区指挥在蚌埠西北参加阻击李延年兵团。

1949 年 3 月任河南省委副书记，4 月任省委书记兼河南省军区政委。1952 年调国家计划委员会工作，1954 年 11 月任国家计委副主任、党组副书记。

是中共第八届中央候补委员。

1959 年 1 月 8 日在北京逝世。

刘金轩

陕南军区司令员

刘金轩（1908—1984），原名刘发宏。1908年9月18日出生，湖南祁阳人。1926年6月参加国民革命军第八军，1930年随军参加对中央红军第一次"围剿"，失败后，刘金轩自愿参加中国工农红军。1933年4月加入中国共产党。曾任红三军团第一师三团班长、排长、连长。1932年6月任红三军团第一师特务连连长，12月任红三军团特务团连长。1933年4月加入中国共产党，任红三军团第五师第十四团三营副营长、营长。1934年7月任红三军团第五师第十三团营长，10月任红三军团第四师第十一团三营营长。1935年到陕北后，任红二十八军第一团团长，1936年任保安特区司令员，12月任红三十一军第九十一师参谋长。曾参加中央苏区第二至第五次反"围剿"、红军主力长征和保卫陕北革命根据地、陕甘苏区根据地作战。

抗日战争中，1937年8月任八路军一二九师教导团训练科科长，后任一二九师第三八五旅教导队队长、第七六九团参谋长。1940年5月任晋冀豫军区新编第十旅第二十八团团长。1941年9月起任太行军区第六军分区副司令员、第一军分区副司令员。1944年8月任太岳军区第三军分区司令员。曾率部参加百团大战、太行、太岳区反"扫荡"斗争，参加创建和巩固晋东南抗日根据地。

抗日战争胜利后，1945年8月任晋冀鲁豫军区太岳军区第二十四旅旅长，率部参加上党战役。

解放战争中，1946年任太岳军区独立旅旅长。1947年5月任晋冀鲁豫军区第四纵队第十二旅旅长。1948年6月任中原军区陕南军区司令员。曾率部参加陈（庚）谢（富治）兵团强渡黄河，挺进豫西作战、襄樊战役等，参与开辟陕南根据地。

淮海战役前夕，刘金轩指挥陕南军区部队在南阳地区牵制黄维兵团东进，将黄维兵团迟滞在桐柏山区。

淮海战役中，第二阶段，指挥陕南军区十二旅进至双堆集以南地区，参加围歼黄维兵团。11月26日黄维兵团企图用4个主力师向双堆集东南方向突围，其廖运周师举行战场起义，当廖运周师通过陕南十二旅防区时，该师后卫团拒绝起义发起突袭，被十二旅坚决阻击，尔后十二旅配合中野六纵阻击黄维兵团其余三个师的突围。12月5日总前委下达了总攻黄维兵团的作战命令，陕南十二旅和中野六纵、华野七纵一起组成南集团，在王近山、杜义德的指挥下，从双堆集以南围歼黄维兵团。在战斗中，陕南十二旅体现出顽强的作风，与黄维兵团展开激烈的阵地争夺战，至15日与中野主力一起全歼黄维兵团。

1949年5月任第二野战军第十九军军长兼陕南军区司令员，率部歼灭陕南地区国民党军。

中华人民共和国成立后，率部参加解放大西南作战。1950年12月兼任陕西军区司令员。1952年7月进入南京军事学院高级速成系学习，后任石家庄高级步兵学校校长、第六十四军军长。1959年11月任铁道兵副司令员。1975年8月任铁道兵顾问。

1955年被授予中将军衔，获二级八一勋章、二级独立自由勋章、一级解放勋章。

1984年4月27日在北京逝世。

汪锋

陕南军区政委

汪锋（1910—1998），原名王钧治。1910年12月出生，陕西蓝田人。1926年加入中国共产主义青年团，任陕西省蓝田县团委书记。1927年加入中国共产党，任蓝田县学联主席。1928年4月参加渭（南）华（县）起义。1929年任中共蓝田县委书记。1930年任中共蓝田县委工委负责人。1931年参加陕西省政府警卫团干部队学习，从事兵运工作，建立中共党支部，任党支部书记，年底任中共陕西省委军事委员会书记。1932年任中共陕西渭北特委书记、三原中心县委副书记。1933年3月任红军第二十六军二团代政委，后任中共陕西汉中特委书记、中共陕西省委特派员、陕南特委书记。1934年7月调上海中央局军委工作。1936年任中共关中特委书记，后任中共中央西北军特派员。曾参加创建陕甘边革命根据地、渭北革命根据地、川陕革命根据地陕南苏区等，参加红军长征。在西安事变中，参加解决事变的工作。

抗日战争中，1938年起任中共陕西省委常委、省委军事部部长、中共关中地委副书记、地委统战部部长、陕甘宁晋绥联防军警备第一旅副旅长。1942年起任关中警备司令部副司令员、警备司令部保安处处长、关中军分区副司令员兼参谋长。参与领导国民党统治区中共党组织执行抗日民族统一战线政策和抗日活动。

抗日战争胜利后，1946年1月任中共陕西省工委书记，领导国统区党组织恢复和发展工作。

解放战争中，1946年9月任中共豫鄂陕边区区委书记、豫鄂陕边区政府主席、豫鄂陕军区政委、豫鄂陕边区行政公署主任。1947年7月任陈（赓）谢（富治）

兵团前敌指挥委员会委员、西北民主联军第三十八军政委。1948 年 6 月任中共陕南区区委书记、陕南区行政公署主任、陕南军区政委。率部参加强渡黄河、挺进豫西、解放陕南的战役战斗。

淮海战役中参与领导陕南区军民开展军事斗争和解放区建设，牵制陕西大量的国民党军，战略上策应中原野战军主力作战。

1949 年 5 月任解放军第十九军政委。

中华人民共和国成立后，1950 年 2 月起任中共中央西北局常委、西北局统战部部长、西北军政委员会民族事务委员会主任、西北民族学院院长。1952 年 11 月国家民族委员会副主任。1954 年 8 月任中共中央统战部副部长。1958 年 4 月起任中共宁夏工委第一书记、中共宁夏回族自治区区委第一书记、中共中央西北局书记处书记、西北局民族工作委员会主任、中共甘肃省委第一书记、甘肃省军区第一政委。1977 年 7 月起任中共新疆维吾尔自治区区委第二书记、乌鲁木齐军区党委第三书记、新疆维吾尔自治区革委会第一副主任、中共新疆维吾尔自治区区委第一书记、新疆维吾尔自治区革委会主任、新疆维吾尔自治区政协主席、乌鲁木齐军区第一政委兼军区党委第一书记。1987 年 4 月任第六届全国政协副主席。

是中共第八届中央候补委员，第十一届中央委员，第十二届、十三届中央顾问委员会委员。

1998 年 12 月 12 日在北京逝世。

陈士榘

华东野战军参谋长

陈士榘（1909—1995），原名陈有玓。1909
年 4 月 14 日出生，湖北钟祥人。1927 年 6 月进
入湖北学生军事训练班学习，加入共产主义青
年团，7 月进入国民革命军第二方面军总指挥部
警卫团，9 月所在部队改编为工农革命军第一军
第一师第一团，10 月加入中国共产党。1928 年
1 月任工农革命军第一军第一师第一团教导队区
队长，4 月任第十一师第三十一团一营一连排
长。1929 年 3 月任红四军第三纵队第七支队第
十九大队副大队长。1930 年任第三纵队司令部
参谋，6 月任红十二军第一纵队参谋处处长，10 月任红十二军第三十四师参谋长。
1931 年 2 月任红一军团司令部教育科科长。1932 年任红一军团司令部侦察科科长，
1933 年 1 月任作战科科长。1934 年 10 月任红一军团教导营营长。1935 年 11 月
任红一军团第四师参谋长。1936 年 5 月进入红军大学第一期一科学习，12 月任红
三十军参谋长、代理军长。1937 年 2 月任红一军团随营学校校长。曾参加中央苏
区历次"反围剿"作战和红军长征。

抗日战争中，1937 年 8 月任第一一五师三四三旅参谋长。1938 年 12 月任晋
西独立支队司令员。1940 年 10 月任第一一五师参谋长。1943 年 3 月任滨海军区
司令员。曾率部参加平型关战役，转战晋西、山东地区开辟和巩固抗日根据地，
粉碎了日军多次"蚕食"和"扫荡"。

抗日战争胜利后，1945 年 10 月任新四军参谋长兼山东军区参谋长。1946 年 1
月任北平军事调处执行部处长、中共代表团参谋长。

解放战争中，1947 年 1 月任华东军区参谋长、华东野战军参谋长、华东野战军前委委员。先后率部参加宿北、鲁南、莱芜、孟良崮、洛阳、开封、济南等战役战斗。

淮海战役中，陈士榘根据华东野战军的作战部署，与徐州"剿总"第三绥靖区副司令官何基沣、张克侠取得联系，部署何基沣、张克侠率部举行战场起义。11 月 8 日第三绥靖区 2.3 万余人在贾汪、台儿庄举行战场起义，使得华东野战军迅速越过该部防区，直插陇海线。11 月 9 日陈士榘指挥华野第一、四、六、八、九纵和中野十一纵队抢渡运河，从北、东、南三个方面追击、堵击、截击由新安镇向徐州收缩的黄百韬兵团。11 月 11 日将黄百韬兵团包围在碾庄地区。11 月 14 日陈士榘率华野前线指挥部进至土山镇西南的占城，靠前指挥。陈士榘指挥华野第四、六、八、十三纵组成突击集团，向黄百韬兵团发起猛攻，11 月 22 日，黄百韬兵团被华野全部歼灭。第二阶段，11 月 26 日，陈士榘和粟裕、张震一起指挥华野 9 个纵队在徐州以南设置三道封锁线，阻击由徐州向南攻击的邱清泉、孙元良兵团。11 月 30 日徐州的杜聿明集团撤出徐州，向西南方向逃窜，陈士榘参与部署华野追击、截击杜聿明集团，12 月 4 日杜聿明集团被包围在徐州西南河南永城境内的陈官庄地区。12 月 13 日，陈士榘率领华野第三纵队、鲁中南纵队赶赴双堆集战场，参加总攻黄维兵团作战。陈士榘奉命指挥中野六纵、华野七纵、陕南十二旅加上华野三、十三纵和特纵一部组成的南集团，作为主攻集团向双堆集以南黄维兵团发起攻击，会同东集团和西集团，直攻黄维兵团兵团部核心阵地。第三阶段，陈士榘返回华野指挥部，经过 20 余天的战场休整和政治攻势，1949 年 1 月 6 日陈士榘参与指挥华野主力组成的东、北、南三个集团向杜聿明集团发起总攻，至 1 月 10 日全歼杜聿明集团，淮海战役胜利结束。

1949 年 2 月任第三野战军第八兵团司令员，4 月兼任南京警备司令部司令员，5 月任中共南京市委常委，7 月任华东军区军政大学副校长。率部参加渡江战役。

中华人民共和国成立后，1951 年 1 月任南京解放军军事学院训练部部长。1952 年 1 月任军事学院教育长，9 月任解放军工兵司令员，11 月任中央军委军事建筑部部长。1955 年 8 月任解放军工程兵司令员。1971 年 10 月任中央军委办公会议成员。1975 年 8 月任中央军委顾问。1983 年 6 月离休。

1955 年被授予上将军衔，荣获一级八一勋章、一级独立自由勋章、一级解放勋章。1988 年被授予中国人民解放军一级红星功勋荣誉章。

是第一、二、三届国防委员会委员，中共第九届、第十届中央委员。

1995 年 7 月 22 日在北京逝世。

张震

华东野战军副参谋长

　　张震（1914—　　），原名张见生，别名张祖寿，又名张中天。1914 年 10 月 5 日出生，湖南平江人。1926 年任平江县劳动童子团副团长。1928 年加入少年先锋队。1930 年 4 月加入中国共产主义青年团，5 月参加中国工农红军，7 月加入中国共产党。曾任红五军第二纵队特务大队宣传员、第一师一团宣传队队长、红三军团第五军一师一团连政委、第四师十团通信主任、营长。1934 年任红一军团第四师十二团参谋长。曾参加中央苏区历次反"围剿"作战和红军长征。

　　抗日战争时期，入延安抗日军政大学学习。后任八路军总部参谋、八路军驻山西办事处科长。1938 年 2 月任中共河南省委军事部参谋长，9 月任新四军游击支队参谋长。1939 年 11 月任新四军第六支队参谋长兼豫皖苏边区保安司令部司令员。1940 年 7 月任八路军第四纵队参谋长。1941 年任新四军第四师参谋长、淮北军区参谋长。1944 年 11 月任新四军第四师第十一旅旅长、淮北军区路西军分区司令员。曾参加豫皖苏敌后抗日游击战争，参加开辟豫皖苏边区抗日根据地，参与巩固和扩大淮北抗日根据地，粉碎日军"扫荡"作战。

　　解放战争中，任华中野战军第九纵队司令员兼政委。1947 年 1 月任华东野战军第二纵队副司令员。1948 年 3 月任华东野战军第一兵团参谋长、华东野战军副参谋长。曾率部参加宿北、鲁南、莱芜、孟良崮、胶东、豫东、济南等战役。

　　淮海战役中，张震协助粟裕制定作战方案，研究作战部署。11 月 4 日，和粟裕、谭震林、陈士榘一起签发了淮海战役攻击命令。11 月 8 日又和粟裕一起向陈毅、邓小平并中央军委提出建议，歼灭黄百韬兵团之后，应转向徐蚌线进击，抑留敌人于徐州及其周围，分别削弱并歼灭之。中央军委和毛泽东肯定了这一建议，这个建议推进了淮海战役规模的扩大。第二阶段，张震认真分析国民党军可能发生的变化，提出三种看法，一是徐、蚌、蒙三处敌军以宿县为中心对进，打通南北联系。二是黄维兵团可能向蚌埠收缩，会同李延年、刘汝明兵团一起北进。三是徐州杜聿明集团倾力南援黄维兵团。并且他最担心第二种情况出现。于是华野调整了作战部署，以一部准备南下配合中野围歼黄维兵团，一部至蚌埠西北协助中野阻击李延年、刘汝明兵团，一部在徐州监视邱清泉、李弥、孙元良兵团，防止其南撤。同时，和粟裕一起研究杜聿明集团如果撤离徐州的方向和路线，并部署华野主力成弧形在徐州以南津浦线两侧部署，以便在徐南开展阻击，在运动中歼灭杜聿明集团。为缓解部队连续作战的疲劳，张震还和粟裕、陈士榘、钟期光一起向中央军委建议，慰劳参战部队，发放慰问品。第三阶段，12 月 17 日淮海战役总前委在安徽萧县蔡洼村召开了淮海战役中唯一的一次会议，张震积极做好会议准备工作。1949 年 1 月 2 日，张震和粟裕、谭震林、陈士榘一起在蔡洼签发了对杜聿明集团发起总攻的作战命令。1 月 6 日至 1 月 10 日解放军将杜聿明集团全部歼灭，淮海战役胜利结束。

1949 年 2 月任第三野战军参谋长，8 月兼任华东军区参谋长。参与指挥渡江战役、上海战役、进军福建。1952 年任中央军委作战部部长。1953 年任中国人民志愿军第二十四军代军长、代政委，率部参加抗美援朝作战。1955 年入南京军事学院战役系学习。1957 年 10 月起任南京军事学院副院长、院长。1970 年 12 月任武汉军区副司令员。曾兼任葛洲坝水利枢纽工程指挥部政委。1975 年起任解放军总后勤部副部长、部长，中央军委委员等职。1980 年 1 月任解放军副总参谋长。1985 年 12 月任国防大学校长，后兼任政委。1992 年 10 月任中央军委副主席。1993 年 3 月任中华人民共和国中央军委副主席。

1955 年被授予中将军衔，获二级八一勋章、一级独立自由勋章、一级解放勋章。1988 年 9 月被授予上将军衔。

是中共第十一届中央候补委员，第十二、第十四届中央委员，第十二届、十三届中共中央顾问委员会委员。

唐亮

华东野战军政治部主任

唐亮（1910—1986），原名唐昌贤，别名唐昌明。1910 年 6 月 13 日出生，湖南浏阳人。1926 年参加浏阳青年工人俱乐部、工人纠察队。1927 年参加农民协会、"革命互济会"、"反帝拥苏大同盟"等革命群众组织。1929 年担任浏阳县诚嘉乡苏维埃政府宣传文化委员。1930 年 8 月加入中国工农红军，进入红一方面军总政治部政治训练队学习，并加入中国共产党，10 月担任红六师党委秘书兼师直重机枪连党支部书记。1931 年 1 月任红二师第六团第一连指导员。1932 年 1 月任红二师第七团党总支书记，7 月任红二师直属队政治处主任，8 月接任红二师第六团政委，12 月进入红军大学高级干部政治班学习。1933 年 6 月任红三军团第四师政治部组织科科长。1934 年 1 月任红三军团第四师第十一团党总支书记，4 月任第四师第十团政委，10 月任红三军团随营学校党总支书记。1935 年 9 月任中国工农红军陕甘支队政治部组织干事，11 月任红一军团第二政治部组织干事、组织科长。1936 年 11 月任红二师政治部副主任。1937 年 4 月任红二师政治部主任。曾参加中央苏区历次反"围剿"作战和红军长征。

抗日战争中，1937 年 8 月任八路军第一一五师三四三旅组织科科长，12 月任第一一五师教导大队政委。1939 年 1 月任第一一五师三四四旅政治部副主任。1940 年 4 月任八路军第二纵队政治部主任、冀鲁豫军区政治部主任。1942 年 8 月任第一一五师教导第四旅政委、湖西军分区政委、中共湖西地委书记。1944 年 9 月任山东滨海军区政委、中共滨海区区委书记。曾率部参加平型关战役，粉碎日军和日伪军在冀鲁豫地区的多次"扫荡"和"蚕食",参与创建和扩大冀鲁豫抗日根据地。

抗日战争胜利后,1946年1月任新四军政治部副主任、山东军区政治部副主任、山东野战军政治部主任。

解放战争中,1947年1月任华东军区政治部副主任、华东野战军政治部主任。1948年3月兼任华东野战军第三兵团政委。参与指挥宿北、鲁南、莱芜、孟良崮、鲁西南、洛阳、开封、豫东、济南等战役战斗。

淮海战役中,唐亮结合战役形势的发展和部队指战员的思想动态扎实做好思想政治工作,将政治工作和军事指挥有机结合起来。一是做好形势任务教育,统一全军思想。通过电话、电报和文件,以及《人民前线报》、新华社华野总分社贯彻传达战役发展的情况和政治工作部署。使部队各级指战员明确战役的目的,保持高昂的斗志。第一阶段,发布了《为全歼黄百韬兵团的政治动员令》,深入贯彻毛主席发出的"愈坚决、愈大胆,就愈能胜利"的指示精神,要求部队敌人跑到哪里,就追到哪里,将其歼灭在哪里。第二阶段,发出"全力歼灭黄维"的政治动员令,要求部队不怕伤亡,全力以赴打好阻援战斗,配合中野全歼黄维兵团。第三阶段,深入贯彻毛主席"将革命进行到底"的指示,增强部队的革命自觉性和必胜信心。同时,通过表彰先进、火线评功的方法,激励指战员的士气。二是加强组织纪律建设和团结协同教育。深入贯彻10月华野曲阜会议精神,要求部队服从命令、听从指挥,不怕牺牲局部、不怕吃亏"啃硬骨头",勇挑重担,主动配合,密切协同,确保华野部队无论是打主攻还是执行牵制任务,都能不讲条件积极主动作战。同时,强化纪律性建设,保障了华野部队严格遵守军纪,爱护百姓财产和公共财产,在解放区树立了良好的部队形象。三是随时整补部队组织,提高再战能力。通过"群众推荐、党委审查"、"战前确定预提对象,战中随缺随补"、"边打边提,随缺随补"等方法,确保部队干部随战随补和部队建制完整。在战斗中大胆选拔优秀干部苗子,有计划地使用和保存干部力量,确保部队有坚强的领导。在党组织建设方面,明确英勇作战这一重要标准,火线发展党员。通过立功创模、诉苦教育提高基层党组织的战斗力和凝聚力。优待俘虏,通过对国民党投降或俘虏战士的再教育,转变思想,开辟部队力量补充的新途径。四是开展政治攻势,分化瓦解国民党军。通过组织部队政治机关建立政治攻势的领导和组织网络,加强领导,严密分工,创新群众性的宣传形式和攻心战术,深入细致的组织领导政治攻势，发挥政治攻势分化瓦解国民党军心的重要作用。五是爱惜民力，爱护民工。一方面把民工当成部队的一部分，专门派干部稳定民工思想，开展军事教育，帮助民工解决困难，在生活上关心爱护民工，紧密联系部队和民工的感情。一方面要求部队重视节省人力物力，减轻人民的负担。通过系统的强有力的政治工作，保障淮海战役取得最后的胜利。

1949 年 2 月任第三野战军政治部主任、前委委员，3 月兼任第三野战军前委纪律检查委员会书记，9 月任南京军管会副主任、中共南京市委第一副书记。参加指挥渡江战役、上海战役。

中华人民共和国成立后，1949 年 12 月任华东军政委员会委员。1950 年 6 月任华东军区党委第三书记。1952 年 10 月任华东军区政治部主任兼干部管理部部长。1954 年 2 月任华东军区副政委、党委第二书记。1955 年 4 月任南京军区政委、党委第一书记。1972 年 5 月任军政大学政委、党委第一书记。1978 年 1 月任解放军政治学院院长、党委书记，12 月任政治学院政委、党委第一书记。1983 年 6 月离职休养。

1955 年被授予上将军衔，荣获二级八一勋章、一级独立自由勋章、一级解放勋章。

是中共第八、九、十、十一届中央候补委员，第十一届中央军委委员，第一、二、三届国防委员会委员，第十二届中共中央顾问委员会委员。

1986 年 11 月 20 日在北京逝世。

钟期光

华东野战军政治部副主任

钟期光（1909—1991），1909 年 1 月 2 日出生，湖南平江人。1924 年加入中国国民党。1926 年在平江县办农民夜校，组织开展农民运动，12 月加入中国共产党。1927 年担任平江县李氏高级小学教务主任、区学务委副主任、区农民协会委员长、农学筹款委员、教职员联合会领导成员、共青团平江第二十一支部书记，7 月任中共平江县下东乡特委秘书、游击队中队党代表。1928 年 7 月任中共平江县委常委、组织部长、军事部长。1929 年 9 月任江西铜鼓县苏维埃文化委员会主席、代理县苏维埃政府主席。1930 年 5 月任中共平江县委组织部长，7 月任红五军秘书长，后任平江县苏维埃政府文化委员会主任兼县苏维埃政府秘书长、县政治干部学校校长、县委党校主任。1931 年 1 月任湘鄂赣省军区政治部宣传科科长，5 月任中共湘鄂赣省委保卫分局政治检查科科长。1932 年 7 月任侦察部部长、保卫分局文书科科长。1934 年 1 月任中共湘鄂赣省委秘书长、中共湘鄂边中心县委书记兼独立团政委，9 月任红十六师政治部主任。1937 年 5 月任湘鄂赣人民抗日红军军事委员会委员。参与创建湘鄂赣苏维埃政权，参与领导湘鄂赣边 3 年游击战争。

抗日战争中，任新四军第一支队第一团政治处主任。1938 年 4 月任新四军抗日先遣支队政治部主任。1939 年 11 月任新四军江南指挥部政治部副主任。1940 年 7 月任新四军苏北指挥部政治部副主任。1941 年 1 月任新四军第一师政治部主任，4 月任苏中军区政治部主任。1945 年 2 月任苏浙军区政治部副主任。参与创建苏南、苏中抗日根据地，参加开辟苏浙皖边新区。

解放战争中，任华中军区政治部副主任兼华中野战军政治部主任。1947年1月任华东野战军政治部副主任。参加苏中、宿北、莱芜、孟良崮、鲁西南、豫东、济南等战役。

淮海战役中，战役第一、第二阶段，钟期光在前线亲自主持具体部署华东野战军的政治思想动员，战场鼓舞士气，贯彻落实政策和纪律，战后总结，俘虏训练和调配补充，对国民党军政治攻势等工作。钟期光高度重视掌握部队基层思想动态和作战实际情况，重视培育和推广作战一线的创造性活动，利用群众智慧解决政治工作中存在的问题，确保部队斗志高昂。在做国民党俘虏战士的思想政治工作方面，钟期光要求各级干部深入细致开展思想政治工作。比如对新分配的俘虏战士一律称之为新同志，为新战士准备好餐具、衣服等生活用品，确保新战士有棉衣穿，有棉被盖。首先让新战士吃饱睡好，待其情绪稳定之后再进行思想教育。通过诉苦大会，带动国民党俘虏战士诉说自己及家庭受到的压迫和苦难，唤醒俘虏战士的觉悟和认识，使大量俘虏战士成为能够及时补充的作战力量。钟期光还十分注意深入基层作战一线开展调查研究，充分发扬民主，肯定一线指战员的优点和成绩，十分巧妙地运用思想政治工作方法指出部分指战员思想中存在的问题，启发他们自觉提高认识。战役第三阶段，钟期光在各作战单位开展巡视工作，深入团一级单位帮助团的干部开展政治工作，深受基层干部战士的钦佩和赞扬。

1949年2月任第三野战军政治部副主任，上海解放后，兼任上海军管会政工部主任兼党委书记，6月兼任华东军区政治部副主任。率部参加渡江、上海战役。1949年7月兼任解放军华东军事政治大学政治部副主任、党委书记。1951年1月后先后任南京解放军军事学院政治部主任兼干部部部长、副政委兼政治部主任、政委。1960年12月任解放军军事科学院副政委。1961年1月任军事科学院战史研究部部长。1963年11月兼任中共军事科学院委员会监察委员会书记。"文化大革命"中受迫害，1977年任军事科学院顾问。1978年12月军事科学院党委作出《关于为钟期光同志平反的决定》。

1955年被授予上将军衔，荣获一级八一勋章、一级独立自由勋章、一级解放勋章。1988年7月被授予一级红星功勋荣誉章。

是中共第八届中央候补委员、第十二届顾问委员会委员，第五届全国政协常务委员。

1991年5月22日在北京逝世。

刘瑞龙

华东野战军后勤部部长

刘瑞龙（1910—1988），曾化名石钧、李世萍、王大舜、张云生。1910 年 10 月 3 日出生，江苏南通人。1926 年加入中国共产主义青年团。1927 年 9 月加入中国共产党，并任中共南通师范学校支部书记。1928 年任中共南通县委委员兼城区区委书记。1929 年任中共南通中心县委书记、中共江苏省省委委员。1930 年任中共通海特委书记、中共江苏省委外县工作委员会书记。1931 年以后，任中共上海法南区委宣传部部长、中共江苏省委巡视员、中共江苏省委农民运动委员会书记。1933 年以后，任红二十九军政治部主任、中共川陕省委委员、省委宣传部部长。1935 年 8 月任红军总政治部宣传部部长，10 月任红四方面军政治部宣传部部长。1936 年 11 月任红军西路军政治部宣传部部长。1937 年入中共中央党校学习。曾参与创建红十四军，参加巩固发展川陕革命根据地和历次反"围攻"斗争，参加红四方面军长征。

抗日战争中，先后任中央安吴青年干部训练班副主任、中共豫皖苏省委委员、皖东北军政委员会书记、中共淮北区党委副书记、淮北行政公署主任。参与领导巩固发展淮北抗日根据地和敌后抗日游击战争。

解放战争中，先后任中共中央华中分局民运部部长、苏皖边区政府副主席、华东北线后勤部政委。1948 年任中共豫皖苏中央分局财经办事处主任、华东野战军后勤部部长、华东野战军前委委员。参与组织领导苏中、鲁南、莱芜、孟良崮、鲁西南、豫东战役的后勤保障工作。

淮海战役前夕，1948 年 10 月刘瑞龙调回华东野战军工作，赴山东曲阜华野指挥机关，接受淮海战役华野后勤保障工作任务。淮海战役中，刘瑞龙积极应对大规模作战的后勤保障之需，协调山东和华中两大解放区，发动群众筹借粮草，培养干部，健全支前领导机构，增设粮站，增调民工，千方百计筹措和运送后勤保障物资。战役第二阶段，发出《淮海战役第二阶段后勤工作部署》，全面部署弹药、粮食、医院、民力、交通等工作，根据战斗的实际需要将兵站、粮站、医院、救护所、转运站前移至作战一线。杜聿明集团撤出徐州之后，为应对华东野战军追击国民党军紧急作战之需，充分发动群众，采取就地筹措粮草，组织民工和有偿运粮相结合的办法，及时保障了前线部队的粮弹、医疗需求。战役第三阶段，随着战局的扩大，参战人员增多，运输线变长，部队协同作战不断深入，对粮草、物资、运输等后勤保障的要求越来越高，统筹推进华野和中野后勤工作显得更为重要，为了妥善做好作战后勤保障，刘瑞龙认真分析形势，研究保障措施，及时向华野首长和中央军委汇报了情况，并提出召开一次有华东、中原、华中及冀鲁豫四方代表参加的支前联合会议的建议。这个建议很快得到中央军委和淮海战役总前委的批准，并决定由刘瑞龙具体负责筹备和主持联合支前会议。经过精心组织准备，1948 年 12 月 26 日至 29 日刘瑞龙在徐州主持召开了联合支前会议，深入研究讨论了粮食、民工、交通运输、统一战地流通的六种货币币值，以及部队元旦、春节供给，部队南进时支前组织机构等重要问题。淮海战役胜利后，认真总结淮海战役中后勤支前工作的特点和经验，为部队南下作战做好充分准备。同时，妥善做好淮海战役战区善后工作，支援灾区大量粮食等物资，为战后群众重建家园创造了良好的条件。

1949 年 2 月任第三野战军后勤部司令员兼政委，参与组织领导渡江战役、上海战役的后勤保障工作。

中华人民共和国成立后，先后任中共中央华东局农业委员会书记、华东军政委员会土地改革委员会副主任、国家政务院农业部副部长兼党组副书记、中共中央华东局农业办公室主任、中央农业行政干部学校校长、中共中央华东局委员兼太湖流域水利委员会副主任、国务院农业部顾问等职。

是第五届全国政协常务委员，第六届全国人大常务委员，《中国大百科全书》编辑委员会副主任。

1988 年 5 月 25 日在广州逝世。

喻缦云

华东野战军后勤部副部长

喻缦云（1903—1994），1903年9月27日出生，湖南平江人。1926年加入中国共产主义青年团。1930年参加中国工农红军，并加入中国共产党。1930年9月任红三军团第三师第九团第二连司务长。曾参加中央苏区历次反"围剿"作战和红军长征。

抗日战争中，任八路军总后勤部供给部财政处处长。1942年5月任八路军总后勤部营业处处长。后任总后勤部审计处处长。曾参加"百团大战"和八路军反日军"扫荡"作战，参与八路军后勤保障建设。

解放战争中，1947年任太岳军区南线办事处副主任。参与晋冀鲁豫军区和晋冀鲁豫野战军的后勤工作，为鲁西南战役、千里跃进大别山作战提供了强有力的后勤保障。1948年8月，与解放军总后勤部长杨立三一起到山东筹划后勤保障工作，10月任华东野战军后勤部副部长，主要负责后勤工作。

淮海战役前夕，喻缦云深入研究了大兵团集中作战和各部队并肩作战后勤工作的特点，针对各部队不同的供给关系、供给标准下的物质供给、战场救护、伤员护送、粮弹运输、民力调集和交通修复等工作，制定了具体的后勤工作计划。

淮海战役中，第一阶段，随着战役规模的不断扩大，华野后勤部由曲阜移至临沂。喻缦云及时组织后勤机关延伸交通通信线路，增设兵站、医院和伤员转运站。结合野战军追击作战的特点，喻缦云及时调整后勤保障部署，克服战场就地筹粮，粮食供给不充足的困难，提出部队携带3至5天的粮食，减少消耗，渡过

难关。同时，紧急动员增设粮站和转运站，提高粮食运送到战场的速度。第二阶段，后勤部移至符离集。结合第二阶段作战的特点，喻缦云认为此阶段后勤工作面临最大的困难就是交通运输工作极度紧张，为此他领导华野后勤机关及时组织抢修公路、桥梁和通讯线路；通过地方支前机关，增调车辆；保障部队在快速行动中，及时供应后勤补给。根据部队俘虏国民党士兵增多，很多俘虏兵经过教育加入解放军作战行列的情况，为了防止敌我混乱，喻缦云组织力量突击抢运军帽和军鞋，先给新补充的解放军战士配齐解放军军帽和军鞋，然后再配发整套军装，避免了战士分辨不清造成误伤的问题发生。第三阶段，在华野战场休整的过程中，喻缦云参与领导后勤机关改善部队生活，为前线人员每人发放猪肉1斤，香烟5包。12月19日组织召开了各纵队后勤部长会议，检查总结第一、第二阶段的后勤保障工作，确定了第三阶段的后勤组织部署，统一供给制度，明确物资补充的要求。确定了战利品收集点，明确了"不准破坏，统一收集，统一分配"的战场缴获物资处理原则。第三阶段，华野后勤部从符离集移至濉溪口。在总攻过程中，后勤部为作战部队提供了充足的弹药、粮食、药品、油料和棉衣棉被。加强了医院救治和护理力量，在防病治病、传染病预防控制、阵地清洁卫生等方面都为野战部队提供了良好的保障。

1949年2月任第三野战军后勤司令部副司令员。

中华人民共和国成立后，1950年8月任解放军总后勤部军需部部长。后任解放军总后勤部物资计划部部长，解放军总后勤部顾问。

1955年被授予少将军衔。荣获二级八一勋章、二级独立自由勋章、一级解放勋章。1988年7月被授予一级红星功勋荣誉章。

是中共第八届中央监察委员会候补委员，第三、四届全国政协委员。

1994年1月17日在北京逝世。

许世友

华东野战军山东兵团司令员

许世友（1906—1985），原名许仕友，字汉禹。1906年2月28日出生，湖北麻城许家洼（今属河南新县）人。8岁入嵩山少林寺习武。16岁参加军阀吴佩孚部队的童子军。1925年任第十五军第一师排长。1926年任国民革命军湖北省防独立第一师第一团第四连连长，9月加入中国共产主义青年团。1927年8月加入中国共产党，11月参加黄麻起义。1928年任工农红军第十一军三十一师班长、排长。1929年任红十一军三十一师连长、第一营营长。1932年1月任红四方面军第四军第十二师第三十四团团长。1933年任红四方面军第九军副军长兼第二十五师师长。1934年任红四方面军第四军军长。1936年4月任红四方面军总部直辖骑兵师师长，后入红军大学学习。曾参加创建鄂豫边苏区，参加鄂豫皖苏区反"围剿"、川陕苏区反"围攻"作战和红军长征。

抗日战争中，1938年4月任中国人民抗日军政大学校务部副部长。1939年1月任八路军第一二九师第三八六旅副旅长，10月进入太行区中共中央北方局党校学习。1940年9月任八路军山东纵队第三旅旅长。1941年2月任胶东反投降战役指挥部指挥。1942年8月任胶东军区司令员。1943年3月任由山东军区第五旅和胶东军区合编的新胶东军区司令员。1945年初进入中共山东军区党校学习。参与领导巩固和发展胶东地区抗日根据地。

解放战争中，1947年1月任华东野战军第九纵队司令员，8月任华东野战军东线兵团司令员。1948年2月任华东野战军山东兵团司令员。曾率部参加莱芜战役、孟良崮战役、胶东保卫战、济南战役。

淮海战役中，因病赴胶东疗养。1949 年 3 月任山东军区副司令员、中共中央山东分局委员。

中华人民共和国成立后，1950 年 1 月任山东军区司令员、中共山东分局纪律检查委员会书记。1952 年 12 月任中共山东分局第一副书记。1953 年任中国人民志愿军第三兵团司令员，率部参加抗美援朝作战。1954 年 2 月任华东军区第二副司令员，10 月任解放军副总参谋长。1955 年 4 月任南京军区司令员。后兼任国防部副部长。1973 年任广州军区司令员。

1955 年被授予上将军衔，获一级八一勋章、一级独立自由勋章和一级解放勋章。

是中共第八届中央候补委员、中央委员，第九至第十一届中央委员和中央政治局委员；第一至第三届国防委员会委员；中共第十二届中央顾问委员会副主任。

1985 年 10 月 22 日在南京逝世。

王建安

华东野战军山东兵团副司令员

王建安（1908—1980），原名王见安。1908
年 10 月 12 日出生，湖北黄安（今红安）人。
1927 年加入中国共产党，参加黄麻起义，并参
加中国工农革命军鄂东军。1928 年后先后担任
班长、排长、红一军第一师连长。1931 年任红
四军第十师第二十八团营长、副团长。1932 年
12 月任红四方面军第十师第三十团政委。1933
年 5 月任红三十军第八十八师政委。1934 年任
红四军政委。1936 年进入红军大学高干队学习。
曾参加鄂豫苏区的反"围剿"、川陕苏区的反"围
攻"作战和长征。

抗日战争中，进入中国人民抗日军政大学学习。1938 年 5 月任八路军第
一二九师津浦支队指挥。1939 年 6 月任八路军山东纵队副指挥。1940 年 9 月兼任
山东纵队第一旅旅长。1942 年 8 月任山东军区副司令员兼参谋长。1943 年 3 月任
山东军区鲁中军区司令员。曾参与创建山东抗日根据地，巩固和发展沂蒙山区鲁
中抗日根据地。

解放战争中，1947 年 2 月任鲁中军区司令员、华东野战军第八纵队司令员。
1948 年 7 月任华东野战军山东兵团副司令员。曾率部参加鲁南、莱芜、孟良崮、
洛阳、豫东、济南等战役。

淮海战役中，战役第一阶段，和谭震林一起指挥山东兵团迅速向运河沿线推
进，山东兵团之华野七纵攻占万年闸，十三纵由台儿庄以西渡运河，十纵攻击韩
庄。发现黄百韬兵团向徐州撤退后，山东兵团奉命急行军直插曹八集、大许家、

苑山一线，截断黄百韬西撤退路。11 月 8 日国民党军第三绥靖区副司令官何基沣、张克侠在台儿庄、贾汪举行战场起义，使得山东兵团迅速通过该部防区。11 月 11 日通过不老河，抢占徐州以东各要点，截住黄百韬兵团退路，切断徐州与黄百韬兵团的联系。11 月 14 日华野命令山东兵团统一指挥华野第四、六、八、九、十三 5 个纵队和特种兵纵队一部围歼黄百韬兵团。山东兵团决定以"先打弱敌，后打强敌，攻其首脑，乱其部署"的原则，集中兵力、火力，先歼黄百韬兵团第一〇〇军和第四十四军。战至 18 日全歼这两个军，并重创第二十五军和第六十四军。19 日山东兵团发起对黄百韬兵团部所在地碾庄圩的攻击，此时，十三纵奉调南下配合中野作战，谭震林、王建安调整部署以四纵由西北向南、向西，六纵从西面，八纵由东南，九纵由南发起对黄百韬兵团的总攻。20 日，六纵又奉调固镇以北参加阻击战。山东兵团之第四、八、九 3 个纵队完成最后全歼黄百韬兵团的任务。

第二阶段，华野紧急命令山东兵团指挥华野第一、三、四、八、九、十二、鲁中南、两广纵队和冀鲁豫军区两个旅进至徐州以南津浦路两侧，阻击徐州向南进犯的邱清泉、李弥和孙元良兵团。王建安部署：位于津浦路以西的九纵、两广纵队、冀鲁豫军区两个旅，组成西路阻击集团，由九纵司令员聂凤智、政委刘浩天统一指挥；位于津浦路以东的第一、四、十二纵，组成东路阻击集团，归四纵司令员陶勇、政委郭化若统一指挥；沿津浦路及两侧的第三、八、鲁中南纵队，组成中路阻击集团，由山东兵团兵团部直接指挥。王建安指出，山东兵团的防御前沿从徐州东南的二陈集到徐州南的三堡、徐州西南的孤山，正面 100 余公里。3 个阻击集团要形成纵深的、梯次的防御体系，各集团展开两个纵队，全兵团共展开 6 个纵队，每个纵队展开两个师为第一梯队，担任第一线阻击任务，以一个师为第二梯队。各纵队进入阵地后，要加强侦察、警戒，抓紧时间筑好工事，部署好兵力，组织好火力，一定要完成阻击任务，大量杀伤敌人，挡住敌人，保证中野主力围歼黄维兵团任务的完成。此部署经谭震林同意下达作战部队。11 月 26 日起山东兵团各阻击集团与徐州向南攻击的邱清泉、孙元良兵团展开了激烈的作战，至 11 月 30 日将邱清泉、孙元良兵团阻滞于褚兰、四堡、孤山集一线，粉碎了蒋介石以徐州的邱清泉、李弥、孙元良兵团，涡阳、蒙城地区的黄维兵团，蚌埠的李延年、刘汝明兵团"三路会师，打通徐蚌线"的企图。11 月 30 日华野发出追击从徐州向西南方向撤逃的杜聿明集团的命令。12 月 1 日，山东兵团指挥 8 个纵队，沿徐州与夹沟之间向西追击国民党军，并命令位于津浦路西的九纵迅速进至永城截住杜聿明集团。战役第三阶段，山东兵团奉命指挥华野第一、四、九、两广、渤海纵队及冀鲁豫军区两个旅，特种兵纵队一部，对被围于陈官庄地区的杜聿明集团由北向南实施逐点攻击、分割歼灭。经过 20 余天的战场休整，1949 年 1 月 2 日，华野下达对杜聿明集团总攻的命令，并命令山东兵团指挥第一、九、十二纵和第三十五军，由北向南进攻。山东兵团部署第一、十二、九纵为第一梯队展开部队。一纵左与渤海、四纵配合，右与十二纵配合，九纵右与八纵配合，左与十二纵配合发起攻击。第三十五军为第二梯队。1 月 6 日各部队发起总攻，至 10 日杜聿明集团被全部歼灭。

1949 年 2 月任第三野战军第七兵团司令员，4 月率部参加渡江战役，5 月率部解放杭州、宁波、温州等广大地区。

中华人民共和国成立后，1949 年 11 月任第三野战军第八兵团司令员兼政委。1952 年 8 月任中国人民志愿军第九兵团司令员兼政委，参加抗美援朝作战。1956 年任沈阳军区副司令员。1961 年 10 月任济南军区第一副司令员。1969 年 8 月任福州军区副司令员。1975 年 8 月任中央军委顾问。1977 年 8 月任中央军委委员。1978 年 12 月任中央纪委常委。

1956 年被授予上将军衔，荣获一级八一勋章、一级独立自由勋章和一级解放勋章。

是第二、三届国防委员会委员。

1980 年 7 月 25 日在北京逝世。

李迎希

华东野战军山东兵团参谋长

李迎希（1902—1981），1902 年 4 月 17 日出生，河南商城人。1926 年参加农民协会。1928 年 4 月加入中国共产党。1929 年参加游击队，9 月任游击队大队长。1930 年 10 月任红一军三十二师营长。1931 年 1 月任红四军第十师二十九团营长，5 月进入红四军军政学校学习，8 月任红四军第十师第二十九团参谋长、商（城）光（山）边独立团团长。1932 年任商光边独立师副师长，9 月任红四方面军第十师师部参谋。1933 年 7 月任红四军司令部参谋主任。曾参加鄂豫皖苏区反"围剿"、川陕苏区反"围攻"作战和长征。

抗日战争中，进入中国人民抗日军政大学学习。1939 年任八路军第一二〇师第三五九旅第七一八团参谋长。1940 年 8 月任第三五九旅第七一七团参谋长。1941 年进入中国人民抗日军政大学、延安中共中央党校学习。1944 年任河南人民抗日军第四支队参谋长。曾参加百团大战，参与开辟豫西抗日根据地。

抗日战争胜利后，1945 年 10 月任河南军区参谋长。

解放战争中，曾任鲁中军区第四师副师长、师长，华东野战军第八纵队第二十二师师长。1948 年 2 月任华东野战军山东兵团参谋长。曾率部参加莱芜、孟良崮、济南战役。

淮海战役中，协助山东兵团政委谭震林、副司令员王建安指挥山东兵团作战。第一阶段，参与研究制定围歼黄百韬兵团和总攻黄百韬兵团部碾庄圩的作战部署。第二阶段，参与研究制定山东兵团在徐南阻击由徐州南下的邱清泉、孙元良兵团的作战部署。山东兵团侦察部队发现杜聿明集团撤出徐州以后，与谭震林、王建安一起及时研究制定了 3 条应对措施，一是命令侦察部队继续查明情况；二是立即向华野司令部报告情况；三是通知山东兵团指挥的 8 个纵队立即准备由阻击转入追击。第三阶段，参与研究制定在陈官庄地区由北向南总攻杜聿明集团的作战部署。同时，李迎希负责向兵团各作战纵队传达贯彻各阶段作战计划。

1949 年 2 月任第三野战军第七兵团参谋长，5 月兼任浙江军区参谋长。参加渡江战役和解放浙江作战。

中华人民共和国成立后，1950 年任中央军委工兵副司令员。1955 年任武汉军区第一副司令员兼参谋长。1975 年离职休养。

1955 年被授予少将军衔。获二级八一勋章、二级独立自由勋章、一级解放勋章。

1981 年 5 月 22 日在武汉逝世。

谢有法

华东野战军山东兵团政治部主任

谢有法（1917—1995），1917 年 4 月 16 日出生，江西兴国人。1932 年 1 月加入中国共产主义青年团。1933 年参加中国工农红军，任红三军团第六师第十六团连队文书。1936 年 2 月加入中国共产党，任中华苏维埃共和国西北革命军事委员会后方办事处政治部宣传队分队长、红军总政治部组织科统计干事。曾参加中央苏区反"围剿"和长征。

抗日战争中，任晋南军政干部学校政治处主任、八路军总政治部组织科副科长。1939 年任八路军第一纵队政治部组织科科长、山东纵队政治部组织部部长。1942 年任山东军区政治部组织部部长。

抗日战争胜利后，任新四军兼山东军区政治部组织部副部长、津浦前线指挥部政治部主任、新四军兼山东军区政治部组织部部长。

解放战争中，1948 年 2 月任华东野战军山东兵团政治部主任。曾参加胶东保卫战、济南战役。

淮海战役中，参与研究制定山东兵团在战役三个阶段的作战部署。第一阶段，参与领导山东兵团各级指挥机关贯彻落实"先打弱兵，后打强兵"、"各个歼灭敌人"的思想和作战原则的思想政治工作，统一指战员思想，激励作战士气。第二阶段，在研究部署山东兵团在徐南地区展开阻击战的作战会议上，谢有法提出了兵团政治工作部署要求。他首先总结了部队的政治情况，认为十几天来部队连续作战，虽然都有些伤亡，也很辛苦，但上上下下斗志昂扬，求战心切。这个地区是抗日战争时期新四军第四师活动的萧（县）砀（山）铜（山）宿（县）老根据地，群众条件好，地形也有利于组织防御。然后提出了政治工作的 5 项任务，一是针对阻击战任务，做好思想动员工作；二是抓紧时间做好溶化俘虏工作，边打边补充；三是做好战场的群众工作；四是做好后勤保障尤其是大量民工的政治思想工作；五是重视开展政治攻势，瓦解敌人斗志。为山东兵团作战做好了坚强的政治工作保障。第三阶段，在战场休整期间，领导政治部着力加强火线政治攻势工作。继续深入做好战斗动员，组织开展军事训练。领导各级政工机关加强连队支部建设，发挥党支部的战斗堡垒作用。在政治攻势工作方面，结合山东兵团的作战任务，谢有法将开展政治攻势作为战场政治工作的重要课题加以研究和部署。他要求，人人做政治宣传员，从思想上解除敌人武装，利用多种多样的办法，把政治攻势搞活。针对杜聿明集团弹尽粮绝、士气低落的情况，突出宣传解放军对待俘虏的宽大政策，为国民党官兵指明出路。山东兵团政治部曾在《华东前线报》上刊登文章，总结推广火线政治攻势的经验和方法。谢有法亲自到战场一线巡视，指导战场一线开展对敌喊话，用风筝或迫击炮散发传单，布置标语口号，以俘劝俘等政治攻势。1949 年元旦前后，和兵团首长一起到阵地给战士拜年，领导兵团各级政治机关在一线阵地开展文娱宣传活动，贯彻宣传毛泽东主席提出的将革命进行到底的思想，号召指战员一定要坚决、彻底、干净地把当面敌人消灭掉。同时，扎实做好强化部队纪律性建设工作。对放下武器加入解放军的新战士，开展练兵，学习政治、军事，提高觉悟和作战能力，为山东兵团随战随补兵源起到很大作用。

1949 年 2 月任第三野战军第九兵团政治部主任，参加渡江、上海等战役。

中华人民共和国成立后，1950 年 6 月任中国人民志愿军第九兵团政治部主任，参加抗美援朝作战。1955 年任解放军总政治部组织部副部长。1956 年进入中共中央党校研究班学习。1958 年 1 月任哈尔滨军事工程学院政委、党委第二书记。1966 年 5 月任中共中央基本建设委员会政治部主任，后任沈阳军区副政委。1980 年 8 月任解放军政治学院政委。1983 年任解放军政治学院顾问。1986 年离职休养。

1955 年被授予中将军衔，获三级八一勋章、二级独立自由勋章、一级解放勋章。1988 年获一级红星功勋荣誉章。

1995 年 1 月 9 日在北京逝世。

韦国清

华东野战军苏北兵团司令员

韦国清（1913—1989），原名韦邦宽。1913年9月2日出生，广西东兰人，壮族。1928年参加农民自卫军。1929年参加百色起义，参加红军，加入中国共产主义青年团。1930年12月起在红七军任副排长、排长、副连长、连长。1931年11月进入红军学校学习，并加入中国共产党。1932年后历任红军学校特科工兵连连长兼教员，中革军委干部团特科营营长，红军大学特科团代理团长，中国人民抗日红军大学普通科第一营政委、第二分校特科团团长等。曾参加中央苏区第三、四、五次反"围剿"作战和长征。

抗日战争中，任八路军总部随营学校校长，中国人民抗日军政大学第四期第六大队大队长、第一分校副校长兼训练部部长，八路军山东纵队陇海南进支队政委兼政治部主任，八路军第五纵队第三支队政委。1941年1月后历任新四军第三师第九旅政委、第四师第九旅旅长，中共淮北区第一地委书记、第一军分区司令员，新四军第四师副师长，路西战役野战司令部司令员等。参与开辟和扩大皖东北抗日根据地。

抗日战争胜利后，1945年12月任山东军区第二纵队副司令员。1946年4月任山东野战军第二纵队司令员。

解放战争中，1947年1月任华东野战军第二纵队司令员兼政委。1948年1月任华东野战军苏北兵团司令员。曾率部参加宿北、莱芜、孟良崮、胶东保卫战、济南等战役战斗。

淮海战役中，第一阶段，奉命率苏北兵团之第二、十二纵队，并指挥中野十一纵、华野特种兵纵队两个连从赣榆地区南下，包围阿湖、前后古墓、高潭地区国民党军，切断新安镇地区的黄百韬兵团向东、向西的退路，韦国清部署华野第十二纵、中野第十一纵在前，华野二纵在后攻击前进。发现黄百韬兵团向西撤逃之后，11月9日，苏北兵团急行军越过陇海路向睢宁和徐州之间急进，迂回截击黄百韬兵团。为防止黄百韬兵团沿运河南逃，韦国清亲自赶到华野二纵，部署该部以弓背型路线前进，抢渡沭河，攻占宿迁控制顺河集大船桥，抓住国民党第一〇七军。11月11日，黄百韬兵团被包围之后，命令苏北兵团向徐州东南进军，牵制邱清泉、李弥兵团东援。12日，苏北兵团之二纵在睢宁围歼第一〇七军，迫使军长孙良诚率军部和一个师投诚，并在潘塘以南歼灭其另一个师。为牵制邱清泉、李弥兵团，保障主力围歼黄百韬兵团，韦国清率苏北兵团坚决向徐州南郊进逼，部署第十二纵和中野十一纵直插房村地区，二纵跟进。韦国清认为牵制作战，必须靠近狠狠打，选择要害部位打，并攻占几个据点，才能给敌人致命威胁，发挥战役配合的效果，因而要求各纵向敌军侧背逼进，炮轰徐州机场，迫使邱、李兵团抽调兵力阻击苏北兵团进攻。黄百韬兵团即将被全歼之际，华野部署诱歼邱、李兵团，韦国清部署兵团主力于双沟、房村西侧集结，待邱、李兵团进至曹八集以西后，协同兄弟部队歼灭其于大许家、曹八集一带。韦国清亲自在潘塘以南的指挥所指挥作战，以中野十一纵在左，华野十二纵、鲁中南纵队在右，华野二纵居中，阻击邱、李兵团。因国民党军分布极密，始终不远离工事，苏北兵团各部虽未能断其退路而歼灭之，但粉碎了其东援企图。为了诱敌深入，华野命令徐东正面阻援部队和苏北兵团指挥的各部主动后撤，韦国清率部奉命绕道攻击潘塘东北，配合正面阻援部队求歼邱清泉兵团之第五军和第七十军于大许家一带。韦国清发挥部队夜战特长，夜间发起进攻，逐个攻占敌人据守的山头。此时，黄百韬兵团被全歼，邱、李兵团放弃东援，韦国清所部以进攻的方式先后牵制了邱清泉兵团6个师，有力地完成了阻击任务，减轻了正面阻援部队的压力。第二阶段，韦国清率部南下，指挥华野二纵、六纵参加阻击蚌埠地区的李延年、刘汝明兵团北援黄维兵团。韦国清赴宿县东南的李家指挥作战，并与中野四纵司令员陈赓通电话，请陈赓转告总前委首长放心，就是把两个纵队打光了，也决不后退一步。由于李延年、刘汝明兵团慑于华野主力南下，不敢贸然进攻，被解放军切断了与黄维兵团的联系，解放军对李、刘兵团从阻击改为分割聚歼。韦国清指挥所部参加进攻固镇求歼李、刘兵团作战,迫使李、刘兵团撤回淮河南岸,并歼其一部。杜聿明集团放弃徐州向西南撤逃之后,韦国清率苏北兵团兵团部指挥华野二纵、十一纵由固镇西南分别进至永城、涡阳、亳州拦截杜聿明集团。杜聿明集团被围陈官庄之后,又奉命指挥华野二纵、八纵、十一纵由西南向东北进击,布置纵深防御,阻敌南逃。在防御中,华野八纵歼灭了突围的孙元良兵团。韦国清亲临一线指挥作战,在杜聿明集团向南突围的正面,部署多道防线,坚决阻击杜聿明集团南下,粉碎了杜聿明集团与黄维兵团会师的计划。第三阶段,经过战场休整,1949 年 1 月 6 日,韦国清指挥华野第二、八、十一纵组成南集团由南向东北方向向陈官庄进攻,正面攻击邱清泉兵团,协同东、北集团歼灭李弥兵团。8 日,李弥兵团被歼灭之后,邱清泉兵团在空军掩护下,发起猛烈反击,韦国清指挥二纵、十一纵向东南方向攻击,迫使邱清泉兵团向西突围。指挥已进至陈官庄以西的渤海纵队配合八纵和华野九纵从西向东发起攻击。战至 10 日,合力全歼杜聿明集团。

1949 年 2 月任第三野战军第十兵团政委,8 月任福州市军事管制委员会主任、中共福州市委书记、市长、中共福建省委组织部部长、福建军区副政委。率部参加渡江战役、上海战役,进军福建,解放福州。

中华人民共和国成立后,1950 年 7 月任援越军事顾问团党委书记、团长。1954 年 10 月任国家民族事务委员会副主任、党组副书记。1955 年 2 月任广西省省长,7 月任解放军公安军第二副司令员,8 月任中共广西省委第一副书记。1956 年 7 月任中共广西省委书记处书记。1958 年 3 月任广西壮族自治区人民委员会主席。1960 年 4 月任中共广西壮族自治区党委代理第一书记,10 月任自治区党委第二书记、中共中央中南局候补书记。1961 年 7 月任自治区党委第一书记、中央中南局书记。1963 年 12 月任广西壮族自治区政协主席。1966 年 8 月任中共中央中南局第二书记,11 月任广州军区第一政委。1968 年 8 月任广西壮族自治区革命委员会主任。1969 年 4 月任中共中央军委委员。1970 年 4 月任中共广西壮族自治区革委会党的核心小组组长。1975 年 10 月任中共广东省委第一书记、省革委会主任。1977 年 8 月任解放军总政治部主任、党委第一书记。1979 年 2 月任中央军委副秘书长,11 月任中央军委办公会议成员。

1955 年被授予上将军衔,获二级八一勋章、一级独立自由勋章、一级解放勋章。1988 年获一级红星功勋荣誉章。

是中共第八届中央候补委员、中央委员，第九届中央委员，第十至十二届中央政治局委员；第一至三届国防委员会委员；第一届全国人大常委；第四至六届全国人大常委会副委员长；第四、五届全国政协副主席。

1989 年 6 月 14 日在北京逝世。

陈丕显

华东野战军苏北兵团政委兼苏北军区政委

陈丕显（1916—1995），1916 年 3 月出生，福建上杭人。1929 年加入中国共产主义青年团。1929 年起先后担任共青团福建省委儿童局书记，共青团中央儿童局书记，共青团闽赣地区中心县委书记，共青团中央苏区分局委员。1931 年加入中国共产党。1935 年任共青团赣南省委书记。曾参加赣粤边游击斗争和反"清剿"作战。

抗日战争中，1939 年任中共中央东南局青委书记，青年部长。1940 年 9 月任中共苏北区委副书记。1941 年 3 月任中共苏中区委副书记。1945 年 4 月任中共苏中区委书记、苏中军区政委。参与创建和扩大苏中敌后抗日根据地，粉碎日军"扫荡"、"清乡"。

抗日战争胜利后，1945 年 10 月任中共中央华中分局委员、组织部副部长、华中野战军第七纵队政委、苏中军区政委。

解放战争中，1946 年 7 月任苏中后勤司令部政委。1947 年 9 月任中共华中工作委员会书记、华中指挥部政委。1948 年 3 月任华东野战军苏北兵团政委、苏北军区政委。曾参加苏中"七战七捷"作战，参与领导华中地区敌后斗争。

淮海战役中，在后方组织领导战役支前工作。11 月 13 日，华中工委、苏北军区和华中行政办事处联名发出《华中支前总动员令》，要求华中党政军民，紧张投入到淮海战役中去。为支前工作配齐干部，健全机构，组织成立华中支前司令部。围歼黄百韬兵团之后，解放军大部队进入江淮地区作战，陈丕显和华中支前司令部司令贺希明带领支前领导机关、民工和医务人员赶往淮北，与在淮北的曹荻秋会合，又在宿迁找到了刘瑞龙，一起研究支前工作部署，立即从华中调拨了 5500 万斤粮食，供前线急需。陈丕显经常亲临支前工作第一线了解情况，解决问题。领导华中工委在广大群众中开展深入的思想动员工作，妥善解决"人力合理负担、工具牲口合理顶工、照顾伕属家庭生产"三大问题，掀起了报名上前线支前的热潮。战役第二阶段，随着参战部队和民工对粮食需求量不断增大，华中工委针对粮食供应问题颁布了《关于筹借公粮确保战争供应的决定》，号召华中党和人民拿出一切力量支援前线，并部署了各地区筹粮任务。在整个战役中，陈丕显领导华中地区支前机构动员了民工 107 万人，其中随军民工 22.5 万人，担架 1.5 万多副，小车 8 万辆，供应粮食 1.1 亿斤。

1949 年 2 月，任华东支前司令部副政委，4 月任中共苏南区区委书记、苏南军区政委、华东军政委员会委员。

中华人民共和国成立后，1952 年 3 月任上海市委第四书记。1954 年 10 月任上海市委第二书记。1956 年 7 月任上海市委书记处书记。1965 年 11 月任上海市委第一书记。曾兼任中共中央华东局委员、华东局书记处书记、中央上海局委员、华东行政委员会委员、上海警备区第二政委、上海警备区第一政委、上海市政协主席等职。1975 年任上海市革委会副主任。1977 年 2 月任云南省委书记、云南省革委会副主任，7 月任湖北省委第二书记、湖北省革委会第一副主任。1978 年 8 月任湖北省委第一书记。1979 年 1 月任武汉军区政委、湖北省军区第一政委。1980 年 1 月任湖北省人大常委会主任。1982 年 9 月任中共中央书记处书记。1983 年 5 月任中央政法委员会书记、中央保密委员会主任。1990 年 4 月任中国老龄问题全国委员会名誉主任。

是中共第八届中央候补委员，第十一届、十二届中央委员，第十三届中央顾问委员会常委；第六届全国人大常委会副委员长。

1995 年 8 月 23 日在北京逝世。

姬鹏飞

华东野战军苏北兵团副政委

姬鹏飞（1910—2000），又名吉洛。1910年2月2日出生，山西临晋（今临猗）人。1926年参加西北军。1931年12月参加宁都暴动，并加入中国工农红军，后任红五军团第十五军军医处处长。1933年2月加入中国共产党，8月任红五军团卫生部部长。1934年10月任中央军委卫生部保健局副局长。1935年5月任红一军团卫生部主任。后任中央军委卫生部医政科科长、中央军委后方卫生部部长。1937年1月后进入中央党校学习。曾参加长征。

抗日战争中，在中国人民抗日军政大学学习。1938年11月任新四军后方政治处主任兼军医处政治协理员。1940年10月任新四军苏北挺进纵队政治部主任。1941年1月任新四军第一师第一旅政治部主任。1942年8月任新四军第一师第三旅政委兼中共苏中区第四地委书记、苏中军区第四军分区政委。1945年任苏中军区副政委兼政治部主任。参与苏中地区抗日武装斗争和反日军"清乡"。

抗日战争胜利后，任华中野战军第七纵队司令员兼政委、华中野战军第十纵队政委。

解放战争中，1946年8月任中共苏中区区委书记、苏中军区政委。1947年任华东野战军第十一纵队政委、华中指挥所副政委兼政治部主任。1948年3月任华东野战军苏北兵团副政委兼政治部主任。曾参与指挥苏北兵团参加益林、盐南、陇海路东段、众兴、涟水等战役战斗。

淮海战役中，与苏北兵团司令员韦国清一起研究部署指挥作战。第一阶段，参与指挥苏北兵团南下越过陇海路，截击黄百韬兵团，在潘塘地区参加阻击由徐州向东增援的邱清泉、李弥兵团。第二阶段，参与指挥苏北兵团南下阻击蚌埠西北之李延年、刘汝明兵团北上增援黄维兵团。杜聿明集团撤出徐州后，率部进至永城、涡阳、亳州一带准备拦截杜聿明集团。杜聿明集团被围陈官庄后，率部在正面阻击杜聿明集团向南突围。第三阶段，和韦国清一起指挥华野第二、八、十一纵组成南集团正面进攻邱清泉兵团，协同东、北集团全歼李弥兵团。在对杜聿明集团的总攻中，参与指挥华野二纵、十一纵从东，华野八纵、渤海纵队和华野九纵一起从西夹击邱清泉兵团，直至全歼杜聿明集团。

1949 年 2 月任第三野战军第七兵团副政委兼政治部主任、浙江省军区副政委。

中华人民共和国成立后，1950 年 10 月任中国驻德意志民主共和国大使。1955年 2 月任外交部副部长。1972 年任外交部部长。1979 年 1 月任中共中央对外联络部部长，9 月任国务院副总理，12 月兼任国务院秘书长。1980 年 8 月任国务院机关党组书记。1982 年任国务委员。1983 年 8 月兼任国务院港澳办公室主任。1985年 6 月任香港特别行政区基本法起草委员会主任委员。

是中共第十、十一届中央委员；第十二、十三届中央顾问委员会常务委员；第四届全国人大常委会委员兼秘书长，第五届全国人大常委会副委员长兼秘书长。

2000 年 2 月 10 日在北京逝世。

覃健

华东野战军苏北兵团参谋长

覃健（1911—1959），原名覃秀华。1911 年
5 月 1 日出生，广西东兰人，壮族。1925 年参
加农民赤卫军。1929 年底参加百色起义，加入
中国工农红军。1931 年加入中国共产党，后任
红三军团政治部警卫连排长、红一方面军保卫
队警卫营连长、警卫营营长、红十五军团司令
部作战科科长。曾参加中央苏区第三、四、五
次反"围剿"和长征，以及直罗镇、东征、西
征战役。

抗日战争中，在中国人民抗日军政大学
学习，后任中国人民抗日军政大学队长兼军事教员。1938 年任八路军一一五师
三四四旅六八八团副团长、三四四旅特务团团长。1939 年 4 月任冀鲁豫支队第二
大队大队长。1940 年任八路军第二纵队第五团团长。1941 年 1 月任新四军第三师
第八旅二十三团团长，后任淮海军区司令员、新四军第三师第十旅副旅长兼淮海
军区副司令员、淮海军分区第三支队司令员。1945 年 3 月任新四军三师独立旅旅
长兼政委，率部南下皖江地区支援新四军七师作战，先后参加了收复无为、襄安
等地作战。参与开辟和扩大冀鲁边、苏北抗日根据地。

抗日战争胜利后，任淮海军分区司令员、华中军区第六军分区司令员。

解放战争中，1947 年 1 月任华东野战军第十二纵队副司令员，8 月任华中敌
后临时指挥部第二副司令员。1948 年 3 月任华东野战军苏北兵团参谋长。曾参加
益林、盐南、陇海路东段、众兴、涟水等战役战斗。

淮海战役中，协助苏北兵团司令员韦国清、副政委姬鹏飞指挥苏北兵团作战，

及时贯彻落实兵团作战部署。苏北兵团在战役中转战陇海路以南参加截击黄百韬兵团，在徐州以东潘塘地区参加阻击邱清泉、李弥兵团向东增援的侧背，南下蚌埠西北参加阻击李延年、刘汝明兵团，赶赴永城、涡阳、亳州参加截击杜聿明集团，在陈官庄地区参加围歼杜聿明集团，协同围歼李弥兵团，正面围歼邱清泉兵团。随着战场形势的不断变化，苏北兵团的作战部署不断临时调整，覃健参与研究并及时传达落实新的作战部署，确保兵团指挥的各纵队按部署到达指定阵地，完成作战任务。

1949年2月任第三野战军第九兵团参谋长。参加渡江、上海战役。上海解放后，任淞沪警备司令部参谋长。

1950年任中国人民志愿军第九兵团参谋长，参加抗美援朝战争。1953年任华东军区第二副参谋长、南京军区副参谋长。

1955年被授予中将军衔，获二级八一勋章、二级独立自由勋章和一级解放勋章。

1959年7月15日在北京逝世。

叶飞

华东野战军第一纵队司令员兼政委

叶飞（1914—1999），原名叶启亨。1914 年
5 月 7 日出生于菲律宾奎松省，祖籍福建南安。
1926 年考入福建厦门中山中学。1928 年加入中
国共产主义青年团，任共青团厦门市委书记。
1929 年任共青团厦门区委书记、共青团福建省
委宣传部部长、代理团省委书记。1931 年任共
青团福州市委书记。1932 年 3 月加入中国共产
党。1934 年 6 月任中共闽东临时特委委员，9
月任闽东工农红军独立师政委。1935 年 5 月任
中共闽东特委书记，8 月任独立师师长兼政委，
10 月任中共闽浙边临时省委宣传部部长兼团（少共）省委书记。1937 年 2 月任闽
东军政委员会主席。曾参与创建闽东苏区，参加南方三年游击战争。

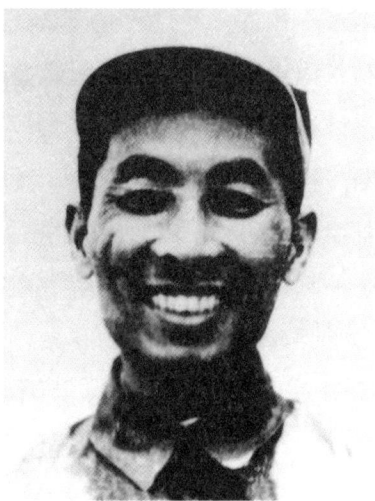

抗日战争中，1938 年 1 月任新四军第三支队六团团长。1939 年 5 月任新四军
江南人民抗日义勇军副总指挥，11 月任新四军挺进纵队副司令兼军政委员会书记。
1940 年 7 月任新四军苏北指挥部第一纵队司令员兼政委，9 月任中共苏北区区委
委员。1941 年 1 月任新四军第一师副师长、第一师第一旅旅长兼政委，3 月兼任
苏中军区副司令员、苏中第三军分区政委、中共苏中区第三地委书记。1944 年 12
月任中共苏中区区委书记、苏中军区司令员、新四军第一师师长。1945 年 3 月任
苏浙军区副司令员、中共苏浙区委副书记。曾参与开辟苏北抗日根据地，巩固和
扩大苏中、浙西抗日根据地。

抗日战争胜利后，1945 年 11 月任新四军第一纵队司令员，12 月任山东野战
军第一纵队司令员。

解放战争中，1947年1月任华东野战军第一纵队司令员兼政委。1948年3月兼任华东野战军第一兵团副司令员、第一副政委。曾率部参加宿北、鲁南、莱芜、孟良崮、豫东、睢杞等战役。

淮海战役中，叶飞因病在济南治疗休养，未能参战。华野一纵在淮海战役第一阶段奉命追击黄百韬兵团，并在窑湾地区经过激战，全歼黄百韬兵团六十三军，击毙军长陈章。后又进至徐州以东房村地区，作为总预备队，随苏北兵团行动，在徐州东南攻击邱清泉、李弥兵团侧背，和兄弟部队一起完成了徐东阻击的作战任务。第二阶段，华野一纵参加东阻击集团，由华野四纵司令员陶勇和政委郭化若统一指挥，经过6昼夜激战，坚决阻击了邱清泉兵团南下，粉碎其南援企图。杜聿明集团撤出徐州向西南撤逃后，华野一纵奉命越过津浦线，迅速向萧县地区追歼杜聿明集团，12月4日攻占芒砀山，与华野九纵、冀鲁豫军区部队会合，截断了杜聿明集团西逃通道。而后在山东兵团首长统一指挥下，参加由北向南猛攻杜聿明集团，不断紧缩包围圈。第三阶段，经过战场休整，1949年1月6日，华野一纵在山东兵团首长统一指挥下，参加北集团作战，和华野三纵配合切断了李弥兵团与邱清泉兵团的联系，协同东集团全歼李弥兵团。随后向西，参加围歼杜聿明集团指挥部和邱清泉兵团，歼灭邱清泉兵团之第五军第四十五师。

1949年2月任第三野战军第十兵团司令员，8月任福建省人民政府副主席、福建军区司令员。率部参加渡江战役、上海战役、福州战役。

中华人民共和国成立后，任华东军政委员会委员、华东行政委员会委员。1950年任中共福建省委常委，8月任福建省人民政府副主席。1951年12月任中共福建省委第一副书记、副书记、第二书记。1953年7月任中共中央华东局委员。1954年10月后任中共福建省委第一书记、福建省人民政府代主席、福建省省长、福州军区司令员兼政委、福建省政协主席。1961年2月任中共中央华东局书记处书记。1975年1月任交通部部长、党组书记。1979年2月任海军第一政委。1980年1月任海军司令员。1984年4月任全国侨联名誉主席。

1955年被授予上将军衔。曾获一级八一勋章、一级独立自由勋章、一级解放勋章。1988年被授予一级红星功勋荣誉章。

是中共第八届中央候补委员、委员，第十届中央候补委员，第十一届、十二届中央委员；第一至第三届国防委员会委员；第六届、七届全国人大常委会副委员长。

1999年4月18日在北京逝世。

滕海清

华东野战军第二纵队司令员

滕海清（1909—1997），1909年3月2日出生，安徽金寨人。1929年参加游击队，1930年任赤卫大队大队长，8月参加中国工农红军。1931年2月加入中国共产党。先后任红四军第十一师第三十二团五连班长、副连长、连长，师部通信队排长。1932年后，任巴中游击大队大队长兼政委、红三十军连指导员、营教导员、红四军第十师第二十八团政委。曾参加鄂豫皖苏区反"围剿"作战，参与开辟川陕苏区和反"三路围攻"、反"六路围攻"作战。

抗日战争中，任八路军第一二九师三八五旅教导大队大队长。1938年3月进入中国人民抗日军政大学学习。毕业后，历任新四军游击支队第二大队大队长兼政委、游击支队第二团团长、八路军第四纵队第五旅旅长、新四军第四师第十一旅旅长、第九旅旅长。曾参与巩固豫皖苏地区抗日根据地，率部参加豫皖苏抗日根据地反"扫荡"斗争。

抗日战争胜利后，任山东野战军第二纵队第九旅旅长。

解放战争中，1947年1月起任华东野战军第二纵队六师师长、第十三纵队副司令员、第二纵队司令员。曾参加宿北、鲁南、莱芜、孟良崮等战役战斗。

淮海战役中，率华野二纵配属华东野战军苏北兵团序列。第一阶段，率部南下进至阿湖地区，11月11日沿高流、邵店、宿迁一线，渡过沭河、运河进至陆家圩、蔡集、耿车一带，并沿海郑公路两侧西进，进入双沟、房村地区。12日，二纵先头部队遭遇由睢宁向徐州撤退的国民党第一〇七军，歼其一部，包围其主力。14 日迫使国民党第一〇七军军长孙良诚率军部及 1 个师投诚，并与中野十一纵一部合力歼灭一〇七军另一个师。随后，二纵随苏北兵团在房村、双沟、大许家一带阻击邱清泉兵团东援，二纵阻击邱清泉兵团之第七十四军。15 日二纵由潘塘以西、柳集以东攻击，楔入邱清泉、李弥兵团纵深，意图切断邱、李兵团退路。滕海清重视发挥部队夜战优势，指挥部队于夜晚迅猛攻歼守敌，曾多次击退第七十四军突击，重创七十四军，迫使邱清泉放弃东进阵地，将部队撤回潘塘后方。18 日，滕海清率二纵东移协同阻援部队攻击鼓山、狼山、仲山、盛山之邱清泉兵团第七十军一部。至 20 日，二纵共歼敌 3 个团，粉碎了第七十四军迂回侧击华野正面阻击部队的企图，将邱兵团主力控制在徐州东南潘塘、柳集一线。当日，滕海清率二纵撤出徐东战场，奉命南下宿县东南任桥地区，准备阻击蚌埠国民党军北进。第二阶段，11 月 24 日黄维兵团在双堆集地区突围失败，二纵在任桥地区阻击李延年兵团，切断李延年、刘汝明兵团与黄维兵团之联系。随后，滕海清率领二纵先头部队第四师向南追歼李延年、刘汝明兵团，28 日攻克固镇，攻占浍河桥头堡，迫使李、刘兵团继续向新马桥撤退。29 日二纵一部渡过浍河，以求迂回截歼李、刘兵团，进至淮河北岸曹老集，迫使李、刘兵团撤回淮河南岸，退守蚌埠。11 月 30 日，杜聿明集团撤出徐州向西南撤逃之后，二纵奉命从固镇向永城方向急进，参加截击杜聿明集团。12 月 6 日起，杜聿明集团以"滚筒战术"组织部队向濉溪口突进，二纵负责坚守重要据点郭楼。滕海清认为郭楼距陈官庄仅 4 华里，是阻击杜聿明集团向南撤逃的要冲，必定是杜聿明集团突围的主要目标，因而高度重视坚守郭楼，从前沿到纵深，筑成堑壕和支撑点结合的绵密阵地，在各村庄内建成环形阵地，在村与村之间建成相互连接的工事体系，还构筑了防坦克壕，将二纵的火炮团和特种兵纵队的 2 个营，编成了炮兵群，集中纵队火力。12 日开始，率二纵与杜聿明集团展开了激烈的作战，坚决阻击了杜聿明集团前进，使得杜聿明的"滚筒"犹如碰见了"铁柱"，没能向前滚进。第三阶段，在战场休整过程中，滕海清组织部队总结作战经验，开展阵前训练。在对杜聿明集团发起总攻之前，滕海清在部署作战任务后强调指出，一是死老虎要当活老虎打，从重兵集团中分割歼灭敌人，这是虎口拔牙，不可麻痹大意，必须集中兵力、火力逐个歼灭敌人；二是对壕作业是敌火下的强行作业，一定要有火力掩护，组织严密，随时准备打退敌人的反击，并要求 3 个师同时展开作业，以分散敌人的火力。1949 年 1 月 6 日率二纵参加对杜聿明集团的总攻，10 日杜聿明集团被全部歼灭。

1949 年 2 月任第三野战军第七兵团二十一军军长。率部参加渡江战役，解放杭州。

中华人民共和国成立后，任第二十一军军长兼政委，率部参加解放舟山群岛作战。1951 年进入南京军事学院高级系学习。1954 年 6 月任南京军事学院高级系副主任、政治部副主任、战役法教授会副主任。1955 年任石家庄高级步兵学校校长。1961 年起任北京军区副司令员、北京军区副司令员兼内蒙古军区司令员、内蒙古自治区革委会主任、济南军区副司令员等职。1987 年离职休养。

1955 年被授予中将军衔。获二级八一勋章、一级独立自由勋章、一级解放勋章。1988 年获一级红星功勋荣誉章。

是中共第九届中央委员。

1997 年 10 月 26 日在北京逝世。

康志强

华东野战军第二纵队政委

康志强（1912—1986），曾用名康世发、康子祥。1912 年 8 月 18 日出生，江西兴国人。1930 年 5 月参加中国工农红军。1931 年加入中国共产主义青年团，1932 年 7 月加入中国共产党。历任红一军团第四军十二师三十五团排长、连长、红军学校政治教员、中革军委干部团政治教员兼连政治指导员、红一军团第二师第四团连政治指导员、第一师一团政委、红一军团政治部组织科科长，红一军团随营学校政治大队大队长。曾参加中央苏区第一至第四次反"围剿"作战和长征、红军东征和西征。

抗日战争中，1937 年 8 月后任八路军第一一五师教导大队大队长、三四四旅六八九团政治处主任、第六八九团政委、新编第一旅政治部主任。1940 年任第一一五师第三四四旅政委、八路军第四纵队第四旅政委。1941 年 2 月任新四军第四师第十旅政委，11 月任新四军第四师第九旅政委、邳睢铜军分区政委、中共邳睢铜地委书记。1943 年 1 月任淮北军区第三军分区政委、中共淮北区第三地委书记。曾参加平型关战役、晋东南反"九路围攻"，参加巩固淮北抗日根据地作战。

解放战争中，任山东野战军第二纵队第九旅政委、华东野战军第二纵队副政委、华东野战军第二纵队政委。曾参加宿北、鲁南、莱芜、孟良崮等战役战斗。

淮海战役中，和华野二纵司令员滕海清一起指挥所部，在战役第一阶段迫使国民党第一〇七军军长率军部及一个师投诚，歼灭该军另一个师，后进至徐州以东参加阻击由徐州东援黄百韬兵团的邱清泉、李弥兵团。第二阶段，率部南下蚌埠西北阻击、追击北援之李延年、刘汝明兵团，迫使李、刘兵团撤回淮河以南。尔后，从固镇赶赴永城参加截击杜聿明集团，粉碎了杜聿明集团向濉溪口攻击前进的"滚筒战术"突围。第三阶段，在陈官庄地区参加对杜聿明集团之总攻击。在各阶段作战中，康志强深入做好部队的思想政治工作，在第一阶段二纵参加徐东阻击战，奉命在潘塘以西、柳集以东楔入邱、李兵团纵深，断其退路，这是一步勇敢的险棋，康志强组织动员部队贯彻"愈坚决、愈大胆、愈能胜利"的精神，大胆深入，迅速勇猛攻歼守敌。杜聿明集团撤出徐州以后，由于撤逃时情况多变，因而二纵参加堵击的任务也不断变化，12 月 1 日上午得到命令"限两日进到濉溪口"，下午又改为"急赶亳州"，3 日又命令"转向濉溪口"，后又令"继续向亳州进发"。康志强大力宣传"执行命令就是胜利"的口号，要求部队克服疲劳，鼓足士气，投入战斗。第三阶段，康志强领导二纵开展政治攻势，对国民党军从高官到士兵分门别类的展开深入细致的宣传，分别写了劝降信，有力地瓦解了国民党军的士气。同时加强二纵部队的纪律性建设，提高指战员持续作战的思想意识，保持士气久战不衰。在战斗组织建设方面，开展了边战斗边整补，及时补充了从国民党军一〇七军解放的战士，加以改造提高，使之成为战斗骨干。

1949 年 2 月任第三野战军第二十一军政治委员，参加渡江战役和解放杭州的作战。

中华人民共和国成立后，历任华东军区海军副政委兼政治部主任、海军东海舰队政委、海军学院政委、北海舰队第一副政委、北海舰队政委、海军副政委等职。

1955 年被授予中将军衔。荣获二级八一勋章，一级独立自由勋章，一级解放勋章。

1986 年 11 月 1 日在北京逝世。

孙继先

华东野战军第三纵队代司令员

孙继先（1911—1990），又名方宏林。1911
年2月出生，山东曹县人。1931年1月参加国
民党军，11月参加宁都起义，起义后加入瑞
金红军独立第四师。1932年2月加入中国共产
党，8月任红二十二军第六十四师连长。1933
年11月进入红军学校学习，任江西模范师营长。
1934年10月任红一军团第一师第一团第一营营
长。1935年10月任陕甘支队一大队连长，后任
红一军团第一师第一团参谋长。1936年进入红
军抗日大学学习，后任红三十一军第九十三师
参谋长。曾参加中央苏区第四、第五次反"围剿"作战和长征、东征和西征。

抗日战争中，1937年8月任八路军一二九师三八六旅七七二团参谋长，12月
任一二九师挺进支队支队长。1938年3月任津浦支队支队长。1939年10月任山
东纵队第二支队支队长。1940年8月起任山东纵队第二旅旅长、教导第一旅旅长。
1943年7月任中国人民抗日军政大学第一分校副校长。1944年5月任鲁中军区第
三军分区司令员。1945年8月任山东军区警备第四旅旅长。参与创建和巩固山东
地区抗日根据地，参加沂蒙山区反日军"扫荡"、"合围"作战。

解放战争中，1946年6月任山东军区、山东野战军第四师师长。1947年4月
任华东野战军第八纵队副司令员，后任华东野战军第三纵队代司令员。曾参加莱
芜、孟良崮、泰安、沙土集、洛阳、开封、济南等战役。

淮海战役中，奉命出鲁西南，统一指挥华野三纵、两广纵队和冀鲁豫2个旅，
佯攻邱清泉兵团，攻取砀山，逼进徐州，阻滞邱清泉东进，配合首歼黄百韬兵团

作战。孙继先率部从泰安南下，以 1 个团用 1 个纵队的代号，以宽正面的态势逼进邱清泉兵团。11 月 6 日，三纵一部遭遇刘汝明兵团从商丘向蚌埠撤退，歼其一部。后三纵以 1 个师攻占砀山，1 个师配合中野一纵歼灭刘汝明部第一八一师。11 月 11 日中野首长命令三纵和两广纵队南下，配合中野求歼由蒙城向徐州回缩的孙元良兵团，三纵占领萧县后得知孙元良兵团已退至徐州以南，于是在中野四纵统一指挥下，出击津浦路，进至徐州南吸引邱清泉、孙元良兵团，并与孙元良兵团后尾展开激战，歼其一部。15 日，三纵和广纵归建华野，奉命向徐州机场方向攻击，孙继先指挥三纵 2 个师在徐州以南地区与国民党军展开阵地战，威逼徐州机场附近各据点。徐州邱清泉、李弥兵团向东增援，在华野阻援部队的引诱下进至潘塘、宛山地区，三纵奉命转移至宝光寺、宝兰一带参加攻击邱清泉兵团的侧背，与邱清泉兵团第七十军一部激战，阻击了邱兵团的多次阵地反扑。第二阶段，率三纵参加华野 8 个纵队在徐州以南部署的阻援作战，参加第一线阻击。孙继先指挥部队在津浦路正面展开，布置三线阻击阵地。在徐南阻击战中，三纵正面是孙元良兵团第四十七军和邱清泉兵团第七十四军，多次击退敌军进攻，并利用夜间出击，主动打击敌人。从 11 月 26 日至 29 日，邱清泉、孙元良兵团只向南推进 3 至 5 公里，国民党军"南北对进、三路会师"的计划被粉碎。11 月 30 日，孙继先发现邱、孙兵团进攻停止，估计到敌人可能已经出逃，12 月 1 日确认杜聿明集团已撤出徐州的情况后，立即部署三纵多路开进，夜行百里，追击逃敌，死死扭住了邱清泉兵团第五军。随后，三纵奉命在陈士榘指挥下和十一纵、鲁中南纵队一起南下参加围歼黄维兵团作战，12 月 10 日到达双堆集战场后，孙继先迅速部署三纵加入配合中野六纵的作战。12 月 14 日开始总攻，华野三纵的"洛阳营"和中野六纵的"襄阳营"配合，经过顽强奋战歼灭了黄维兵团号称"老虎团"的保驾部队。第三阶段，12 月 27 日，孙继先率三纵返回百善集、铁佛寺一带参加战场休整。1949 年 1 月 6 日开始，三纵加入总攻杜聿明集团的东集团作战，首先主攻李弥兵团，尔后向西南突击，参加歼灭邱清泉兵团作战，渡过鲁楼河，向杜聿明指挥中心的防线发起攻击，迅速突破防线，于 1 月 10 日和兄弟部队一起攻占陈官庄，全歼杜聿明集团。

1949 年 2 月任第三野战军二十二军军长。率部参加渡江战役，进军浙江。

中华人民共和国成立后，参加解放舟山群岛作战。1950 年 11 月任第三野战军第七兵团参谋长、浙江军区参谋长。1951 年 1 月入南京军事学院高级系学习，兼任系副主任，1953 年任高级系主任。1957 年 9 月任中国人民志愿军第二十兵团副司令员，参加抗美援朝作战。1958 年 10 月任第二十训练基地司令员。1962 年 5 月任国防部第五研究院副院长。1970 年 5 月任济南军区副司令员。1975 年 8 月任济南军区顾问。1982 年 6 月离职休养。

1955 年 9 月被授予中将军衔，荣获二级八一勋章、一级独立自由勋章和一级解放勋章。1988 年被授予一级红星功勋荣誉章。

1990 年 4 月 13 日在济南逝世。

丁秋生

华东野战军第三纵队政委

丁秋生（1913—1995），1913 年 11 月 9 日出生，湖南湘乡人。1930 年 9 月参加中国工农红军。1931 年 10 月加入中国共产主义青年团。1932 年 5 月任第一方面军红三军团第四师第十团连政治指导员，10 月加入中国共产党。1933 年 12 月进入红军大学学习，后任红三军团第五师第十三团党总支书记。1934 年任红九军团第十四师第四十一团政委、中革军委干部团第一营政委。1935 年 9 月任中共中央通信警备连政委。后任红二十五军第七十三师第二一五团政委、红十五军团教导营政委。曾参加中央苏区第一至第五次反"围剿"作战和长征。

抗日战争中，1937 年 9 月进入中国人民抗日军政大学学习，后任八路军留守处巡视团巡视员、中国人民抗日军政大学政治部组织部干事、股长、政工干部训练队队长兼政治指导员、抗大分校政治部党务科科长。1939 年进入中共中央党校学习，后任中央军委工程学校政委。1942 年 8 月任八路军山东纵队第一旅政治部主任。1943 年任鲁中军区第四团政委兼政治部主任。1944 年 7 月任鲁南军区政治部主任。曾参加了鲁中、鲁南反"扫荡"、反"蚕食"作战和沂蒙山区敌后游击战争，参与开辟鲁西南抗日根据地。

抗日战争胜利后，1945 年 12 月任山东军区鲁南军区第八师政委。

解放战争中，1947 年 2 月任华东野战军第三纵队政委，曾率部参加宿北、鲁南、莱芜、孟良崮、鲁西南、豫东、济南等战役。

淮海战役中，和华野三纵代司令员孙继先一起指挥所部于第一阶段南下进迫徐州，佯攻邱清泉兵团，阻其东援。参与尾追向蚌埠撤逃的刘汝明兵团，歼其一八一师。攻克萧县，歼灭孙元良兵团一部。参加徐东阻击战，攻击邱清泉兵团侧背。第二阶段，在徐州以南，参加一线阻击，以1个纵队阻击国民党军2个军的进攻。尔后，向西追击由徐州撤逃的杜聿明集团。奉命南下增援双堆集战场，协同中野六纵参加围歼黄维兵团。第三阶段，加入东集团参加围歼陈官庄地区的杜聿明集团。在第一阶段担负牵制邱清泉兵团任务之前，丁秋生认识到三纵指战员的思想认识要完成转变才能更好地完成任务，服务全局的需要。于是重点抓好两个方面的政治工作，一是提高指战员对牵制作战意义的认识，提高指战员执行任务的自觉性；二是提高指战员对服从命令，搞好协同的认识，要求指战员服从中野指挥，协同中野完成作战任务。在攻打国民党军第一八一师作战中，三纵弘扬"华东战斗英雄"郭继胜的"勇敢与机智相结合，领导与群众相结合"精神，号召部队向郭继胜学习，为死难烈士报仇。在徐南阻击战中，由于三纵担任阻击任务多，攻坚任务少，连续战斗，部队比较疲劳，只消耗未补充，部队中有些同志对阻击战不能正确认识，有的同志提出"我们从北打到南，从西打到东，一直打牵制，光啃骨头吃不上肉"，"攻坚有名有利，阻击挨打受气"。针对此问题，丁秋生领导纵队政治机关专门成立了"战时政治工作办公室"，利用作战间隙进行形势任务教育，学习传达总前委的指示精神，让指战员充分认识到，阻击任务是光荣艰巨的，只有阻击了徐州的国民党军，才能粉碎国民党"南北对进"的计划，确保歼灭黄维兵团，否则如果邱、李兵团得以南下，南线解放军就会受到威胁。经过思想教育，有效地调动了广大指战员的干劲和斗志。在追击杜聿明集团的过程中，纵队号召部队"这是在江北歼敌的有利时机，你们应不怕疲劳，不怕困难，敌人跑到哪里，你们就追到哪里，直到把敌人歼灭为止"。在加入攻打黄维兵团的作战中，丁秋生认真贯彻总前委搞好团结，英勇作战的指示，要求三纵指战员认识到，攻打黄维兵团不仅是攻坚仗，而且是"团结仗"，要与兄弟部队团结好，协同配合好，才能取得最后的胜利。第三阶段战场休整过程中，丁秋生又领导部队开展纪律教育，做好部队整补工作，号召部队发扬连续作战的良好作风。

1949年2月起任第三野战军第二十二军政委、中共宁波地委书记、宁波市军事管制委员会主任。率部参加渡江战役，解放杭州。

中华人民共和国成立后，参加解放舟山群岛作战。1950年起任第三野战军第七兵团政治部主任兼浙江军区政治部主任、浙江军区副政委兼政治部主任。1952

年起任华东军区干部部部长、华东军区党委常委、南京军区干部管理部部长、南京军区党委常委。1956 年起进入中共中央党校、中国人民解放军高等军事学院学习。1960 年 8 月任海军北海舰队政委、党委书记。1978 年 3 月任解放军南京高级步兵学校政委、党委书记。

1955 年 9 月被授予中将军衔。曾获二级八一勋章、一级独立自由勋章、一级解放勋章。1988 年 7 月被授予一级红星功勋荣誉章。

1995 年 1 月 4 日在北京逝世。

陶勇

华东野战军第四纵队司令员

陶勇（1913—1967），原名张道庸。1913 年
1 月 21 日出生，安徽霍邱人。1929 年 2 月加入
中国共产主义青年团，4 月参加河南商城游击队。
1932 年 5 月加入中国共产党。曾任红十一军第
三十二师班长、排长、连长。1931 年任鄂豫皖
保卫局保卫队队长、红四军第十二师第三十五
团第二连副连长、连长，第一营副营长。1932
年 11 月任红四军第十师第二十八团第二营营长，
后任第二十八团副团长、团长。1936 年 9 月任
红九军教导师师长。曾参加鄂豫皖苏区历次反
"围剿"，参与开辟川陕苏区和反"三路围攻"、反"六路围攻"作战。

抗日战争中，进入中国人民抗日军政大学学习，1938 年任新四军第一支队副
参谋长、第二支队第四团团长。1939 年 10 月任苏皖支队司令员。1940 年 7 月任
新四军苏北指挥部第三纵队司令员。1941 年任新四军第一师第三旅旅长、苏中军
区第四军分区司令员。1945 年 1 月任苏浙军区第三纵队司令员兼政委。曾参与开
辟苏皖地区抗日根据地和游击战争。

抗日战争胜利后，1945 年 10 月任华中野战军第八纵队司令员兼政委，1946
年 5 月任新四军第一师副师长。

解放战争中，1947 年 2 月任华东野战军第四纵队司令员。曾率部参加鲁南、
宿北、莱芜、孟良崮、豫东等战役战斗。

淮海战役中，第一阶段，率华野四纵向邳县、官湖一线攻击前进参加进攻黄
百韬兵团，发现黄百韬兵团西撤之后，率部渡过运河追击包围黄百韬兵团。11 月

11 日黄百韬兵团被包围在碾庄地区之后，四纵由运动战转入攻坚战。陶勇亲自赶到作战一线，勘察战场，总结攻坚作战的经验，并对攻坚作战提出指导意见。陶勇指出：攻坚战斗必须做好充分的准备。一是要用近迫作业接近敌人，用六〇炮、迫击炮、炸药包破坏敌之障碍物；二是机枪必须分配具体扫射目标；三是纵队炮兵黄昏进入阵地，进行半个小时的破坏射击；四是要注意各分队之间的协同；五是要集中兵力、火力，连续攻击，逐点歼灭；六是作战要勇猛顽强，不怕牺牲，机动迅速，同时要机动灵活，尽量减少伤亡。11 月 19 日，黄百韬兵团大部被歼，四纵担负消灭碾庄圩北面残敌的任务，陶勇制定了独特的作战方案，他要求部队先肃清其他村落的敌人据点，把尤家湖的国民党军作为四纵的"补充旅"。因为据守尤家湖的国民党军人数最多，但位置孤立，无退路，无增援，缺弹少粮，战斗力必然大幅下降，比较容易攻克，俘获较多国民党军。他亲临战斗一线，要求部队少杀敌人，多抓俘虏。经过 3 个小时的激战，四纵共毙伤俘获黄百韬兵团残部 4600 余人。第二阶段，陶勇率四纵进至徐州与宿县之间，作为南线预备队，准备参加协同南线各纵歼灭黄维兵团，并在徐州东南的水口、关帝庙等地参加阻击徐州国民党军南扰。12 月 1 日，奉命率部由褚兰、朝阳集出发追击杜聿明集团，经过 1 天 2 夜的急行军，在萧县以西追上了杜聿明集团后卫掩护部队，并与之展开战斗。以 4 个连的兵力，歼灭国民党军第八军第四十二师师部及 4 个营。12 月 4 日杜聿明集团被包围后，四纵组织部队开始开展村落攻坚战，不断压缩对杜聿明集团的包围圈。第三阶段，经过战场休整，1949 年 1 月 6 日，解放军对杜聿明集团发起总攻，华野四纵编入东集团，负责首先歼灭李弥兵团，尔后向西配合南、北集团歼灭邱清泉兵团。经过 3 天作战，杜聿明集团残部已经溃不成军，9 日夜华野各纵全力总攻杜聿明集团总部，10 日凌晨四纵先头部队攻入陈官庄，杜聿明集团残部纷纷溃败投降。四纵第十一师还俘获了徐州"剿总"副总司令杜聿明。

1949 年 2 月任第三野战军第二十三军军长。率部参加渡江、上海战役。

中华人民共和国成立后，任第三野战军第九兵团副司令员。1950 年 11 月任中国人民志愿军第九兵团副司令员，后任代司令员兼政委，参加抗美援朝战争。1952 年起任华东军区海军司令员、海军东海舰队司令员、海军副司令员兼东海舰队司令员。1963 年 11 月兼任南京军区副司令员。

1955 年被授予中将军衔，获一级八一勋章、一级独立自由勋章、一级解放勋章。

1967 年 1 月 21 日在上海逝世。

郭化若

华东野战军第四纵队政委

郭化若（1904—1995），原名郭可彬，曾用名郭俊英、郭化玉、郭化羽。1904 年 8 月 10 日出生，福建福州人。1923 年参加桂军。1924 年加入中国国民党。1925 年进入黄埔军官学校第四期学习并加入中国共产党。1926 年参加北伐战争。1927 年 9 月参加南昌起义，后赴苏联炮兵学校学习。1929 年任中国工农红军第四军前敌委员会委员、红四军第二纵队代纵队长、红四军第二纵队参谋长。1930 年 6 月任红一军团总指挥部参谋处处长，8 月任红一方面军总前敌委员会司令部参谋处处长。1931 年 5 月任红一方面军总司令部参谋处处长、中共红一方面军临时总前委代理秘书长、代理参谋长。1931 年 11 月任中革军委总参谋部参谋处处长，后任中革军委第二局局长。1932 年到中央军事政治学校和红军大学当军事教员。1935 年 10 月任中国工农红军学校训练处处长。1936 年 11 月任中国抗日红军大学步兵学校教育长。1937 年 1 月任中国人民抗日军政大学步兵学校教育长。曾参加中央苏区第一至五次反"围剿"和长征。

抗日战争中，任中央军委编译处处长、八路军军政杂志编委会委员。1938 年任中央军委总参谋部第一局局长，11 月任中共中央华中工作委员会兼华北工作委员会委员。1941 年 8 月任中央军委总参谋部第四局局长，11 月任中国人民抗日军政大学第三分校校长、军事学院教育长。1944 年任八路军炮兵学校校长、中共中央党校军事教育处处长。

抗日战争胜利后，1945 年 10 月任鲁南军区副司令员兼前敌指挥部指挥。

解放战争中，1948 年 7 月任华东野战军第六纵队副司令员，9 月任华东野战军第四纵队政委。曾率部参加鲁南、莱芜、豫东等战役。

淮海战役中，和华野四纵司令员陶勇一起，指挥华野四纵参加战役。在战役准备阶段，纵队党委就提出，决战当前，必须加强思想工作，严肃党纪军纪，凡事都能令行禁止。郭化若号召纵队党委要做团结的典范，带动师、团团结一致和改进作风。各级指战员一定要正确认识这次战役的历史意义和重要性，要勇猛作战，不怕牺牲，不怕疲劳，要提高持续作战、英勇作战的意识和能力。华野四纵经过连续战斗，在淮海战役中部队伤亡持续加大，人员不足的问题逐渐进入了纵队党委的议事日程，郭化若和纵队领导研究后认为，国民党军由于成建制地被歼灭，老兵越来越少，在淮海战役中俘虏的战士多为国民党军新抓的农民，因而更容易受到战役形势的影响，进而接受解放军的宣传，这为解放军补充新兵力创造了良好的条件，因此应当进一步加强和发展溶俘工作。以俘虏补充部队的做法，不仅得到了华野首长的同意，也得到了基层政工干部的支持，使得四纵的政治工作获得了一次新的发展。在发展解放战士工作中，郭化若领导纵队各级政治机关主要做好两个方面的工作。一是即俘、即分，分清士兵、军官和兵痞，即教、即补，即打、即评，让解放战士也参加评功和升级。二是开展"入伍教育"、"参军典礼"、"授枪仪式"、"小型诉苦"、"新老互助"、"立功评功"活动，提高解放战士的思想觉悟和战斗能力。在战役最激烈的第一阶段和第二阶段，四纵补充了解放战士 1.3 万余人，有的成为了部队作战的中坚力量。同时，在干部整补工作上，采取了有计划地储备基层干部，抽调机关干部充实战斗部队，从战斗模范中大胆选拔干部，在实战考验中培养干部代理候选人等多种方式，及时补充基层干部，确保作战指挥的连续性。第三阶段，在战场休整过程中，郭化若及时组织部队组织构建、补充解放战士、配备干部、火线入党等工作，确保部队建制完整，兵员充足和斗志高昂。在政治攻势中，除了采取广播喊话、布置标语、抛射"宣传弹"、以俘劝俘等方式之外，四纵还在阵地中选取便于控制的隘口，在布置多层火力封锁网的基础上，让开一个通道，号召国民党军中的难民和散兵离开包围圈，随之而来的还有很多携带武器投诚的士兵和军官，起到了瓦解国民党军心的重要作用。1949 年元旦，组织四纵指战员一边学习毛泽东撰写的《将革命进行到底》的新年贺词，一边开展庆祝新年的文娱活动。为此郭化若即景写下了《中原会战·调寄临江仙》："千载义旗初逐胜，惊天地壮河山，合围百万笑中看，中原多激战，几见此时酣？

雪浪翻天风似箭，阵前歌舞腾欢，游鱼釜底待朝餐。明春花盛放，传檄到江南。"

1949 年 2 月任第三野战军第九兵团政委，5 月任上海市军事管制委员会委员，7 月任淞沪警备司令部政委、中共淞沪警备司令部前方委员会书记，9 月起任淞沪警备司令部司令员。率部参加渡江战役、上海战役。

中华人民共和国成立后，1949 年 10 月任第三野战军第九兵团政委、淞沪警备司令部司令员兼政委，12 月任华东军政委员会委员。1950 年 3 月后任第三野战军第八兵团政委、上海防空司令部司令员兼政委、解放军华东防空部队司令员兼政委、解放军华东公安部队司令员兼淞沪警备司令部司令员、华东行政委员会委员。1953 年 8 月任中共上海市委委员、华东军区党委委员、南京军区第一副司令员。1973 年 12 月任解放军军事科学院副院长。1975 年 8 月任军事科学院党委常委。1985 年离职休养。

1955 年被授予中将军衔。荣获一级八一勋章、一级独立自由勋章、一级解放勋章。1988 年被授予一级红星功勋荣誉章。

是第五届全国人大常委，第三、第四届全国政协常委，中共第十二届中央顾问委员会委员。

1995 年 11 月 26 日在北京逝世。

王必成

华东野战军第六纵队司令员

王必成（1912—1989），1912 年 2 月 29 日出生，湖北麻城人。1928 年参加黄麻地区赤卫队，加入中国共产主义青年团。1929 年 4 月参加中国工农红军。1930 年 4 月转为中国共产党党员。曾先后在红四方面军做勤务员、传令兵、通讯班班长、队长。1931 年任红四方面军第十师第三团第三营八连副连长、连长。1932 年任三营九连指导员，9 月任第三营营长。1933 年 7 月任红三十军第八十八师第二六三团第一营政委。1934 年 11 月任红三十军第八十九师第二六五团副团长。1935 年 5 月任第八十九师第二六七团团长，11 月任二六七团政委。1936 年任八十九师副师长，7 月进入陕北红军大学学习。曾参加鄂豫皖苏区和川陕苏区的历次反"围剿"、反"围攻"作战和长征。

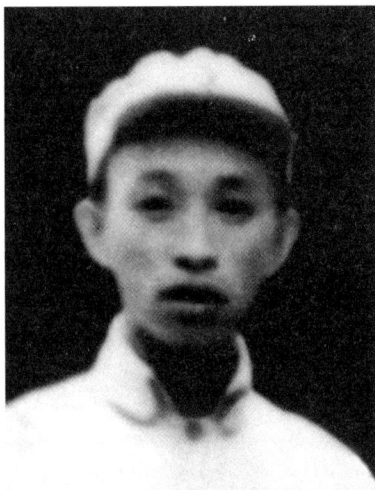

抗日战争中，在中国人民抗日军政大学学习。1938 年 1 月任新四军第一支队第二团参谋长，6 月任团长。1939 年 11 月任新四军江南指挥部第二纵队司令员。1940 年 7 月任新四军苏北指挥部第二纵队司令员。1941 年 1 月任新四军第一师第二旅旅长。1942 年 2 月进入华中党校学习，8 月任新四军第一师第二旅旅长，11 月任苏中军区第二军分区司令员。1943 年任新四军第六师第十六旅旅长。1945 年 1 月任苏浙军区第一纵队司令员。曾参与开辟和巩固苏南、苏中根据地。

抗日战争胜利后，1946 年任新四军第六师副师长。

解放战争中，1947 年 2 月任华东野战军第六纵队司令员。曾参加苏中、莱芜、孟良崮、豫东等战役。

淮海战役中，第一阶段，率华野六纵进至沂河以东地区，发现黄百韬兵团向西撤逃之后，王必成为抓住战机，来不及等待上级的具体指示，即部署沿陇海铁路线及其以南地区，追击截击黄百韬兵团。他要求部队克服一切困难，昼夜急进，人不歇脚，马不停蹄，不怕建制插乱，不与小股敌人周旋，抢时间、争速度，坚决阻止黄百韬兵团与徐州国民党军会合。11月11日，六纵进至碾庄圩、曹八集以南、以西地区，与兄弟部队会合完成对黄百韬兵团的包围。随后，王必成指挥六纵趁敌惊魂未定，迅速扫清碾庄圩东南、西南和西部的外围据点，压缩对敌包围圈。根据华野的统一部署，王必成率六纵在山东兵团首长的指挥下，由西南方向向黄百韬兵团发起围歼，先后在彭庄全歼黄百韬兵团第一〇〇军，在黄滩全歼第四十四军。为了更准确地弄清敌情，更科学地部署攻坚，王必成曾派六纵第十七师师长带人化妆成国民党军援军，进入第四十四军指挥所，察看了指挥所和工事的配置，掌握了国民党军的部署情况。11月20日六纵奉命撤出碾庄战场，南下津浦路宿蚌段作战。第二阶段，11月25日华野六纵派出1个师的兵力控制宿县，主力向固镇、新桥段攻击前进，求歼李延年兵团，迫使李延年兵团撤至蚌埠、沘河之间。为解救黄维兵团，蒋介石又命令徐州杜聿明集团和蚌埠李延年、刘汝明兵团南北对攻，实现"三路会师"，12月1日六纵进至蚌埠以北参加阻击李、刘兵团北上，并部署部队在正面70余里，纵深40余里的地区呈两线展开，组织防御阻击，后在中野二纵队和渤海纵队、豫皖苏、豫西军区部分部队的协同下，与李、刘兵团展开激烈的战斗，连续挫败敌人进攻。至12月15日，黄维兵团即将被全歼之时，总前委令华野六纵诱敌深入，聚而歼之。华野六纵主动边打边退，李延年得知黄维兵团覆没消息后，连夜全线撤退，逃往淮河以南地区。第三阶段，率六纵进至宿县、濉溪口等地区集结待机，参加总攻杜聿明集团的二线堵击。

1949年2月任第三野战军第二十四军军长，9月任第三野战军第七兵团副司令员兼浙江军区副司令员。率部参加渡江战役、进军浙江。

中华人民共和国成立后，1951年1月进入解放军军事学院高级系学习。1952年7月任浙江军区司令员、中共浙江省委常委。1953年4月起任中国人民志愿军第九兵团副司令员、代司令员，率部参加抗美援朝战争。1955年9月任上海警备区司令员、中共上海市委常委。1960年5月任南京军区副司令员、军区党委副书记。1969年12月任昆明军区第一副司令员、军区党委常委。1971年6月任昆明军区司令员、军区党委第二书记。1971年6月任中共云南省委第二书记、书记，云南省革命委员会第一副主任。1977 年 8 月任中央军委委员。1979 年 1 月任武汉军区司令员、军区党委第二书记。1980 年 1 月任解放军军事科学院副院长。

1955 年被授予中将军衔。曾获一级八一勋章、一级独立自由勋章、一级解放勋章。1988 年被授予一级红星功勋荣誉章。

是中共第十届、十一届中央委员，第十二届中央顾问委员会委员。

1989 年 3 月 13 日在南京逝世。

江渭清

华东野战军第六纵队政委

江渭清（1910—2000），1910 年 11 月 26 日出生，湖南平江人。1926 年加入中国共产主义青年团。1927 年参加游击队。1929 年 11 月加入中国共产党。1930 年任红军连政委。1931 年任平江保卫队大队政委。1932 年任红十六军第七师团政委、独立第二师第四团政委。1933 年任红十八军第五十四师团政委。1935 年任中共咏生中心县委书记、咏生边区政委、湘鄂赣省苏维埃驻湖北代表团主任、中共鄂东南道委书记。1936 年 3 月任中共西北特委书记、西北军分区政委。1937 年 5 月任湘鄂赣军区人民抗日红军军事委员会委员。曾参加湘鄂赣革命根据地反"围剿"和湘鄂赣边三年游击战争。

抗日战争中，任新四军第一支队第一团参谋长、副团长。1941 年任新四军皖南第一纵队副政委兼政治部主任、新四军第六师第十八旅旅长。1942 年任新四军第六师第十六旅政委、中共苏皖区区委书记、苏南行政公署主任。1945 年 1 月任苏浙军区第一纵队政委。曾参与开辟和巩固苏南地区抗日根据地，参加苏南地区反日军"扫荡"、"清乡"。

抗日战争胜利后，任华中野战军第六纵队政委。1946 年 5 月任新四军第六师副政委兼中共苏中第二地委书记。

解放战争中，1947 年 1 月任华东野战军第六纵队政委，参加苏中、莱芜、孟良崮、豫东等战役。

淮海战役中，和华野六纵司令员王必成一起指挥六纵参加作战。第一阶段，参与指挥所部追击黄百韬兵团，对碾庄圩地区的黄百韬兵团实施围攻。随后率部进至宿县、蚌埠地区准备阻击向北增援的李延年、刘汝明兵团。第二阶段，在蚌埠北部组织有力的阻援作战，配合中野及华野一部对黄维兵团的围歼。第三阶段，率部赴陈官庄地区参加对杜聿明集团的总攻，奉命负责二线堵击。

1949 年 2 月任第三野战军八兵团副政委兼政治部主任，中共南京市委副书记。参加渡江战役。

中华人民共和国成立后，1952 年任中共江苏省委第二书记、中共中央华东局委员。1954 年任江苏省委书记、中共中央上海局委员。1956 年起任江苏省委第一书记兼江苏军区第一政委，南京军区第三政委、代理第一政委，中共中央上海局书记。1959 年任江苏省政协主席。1961 年任中共中央华东局书记处书记。1974 年 2 月任中共江西省委第一书记、省革命委员会主任。1975 年任江西省军区第一政委、福州军区政委。

是中共第八、第十届候补中央委员，第十一届中央委员，第十二、十三届中央顾问委员会委员。

2000 年 6 月 16 日在南京逝世。

成钧

华东野战军第七纵队司令员

　　成钧（1911—1988），原名成本鑫，曾用名成本兴。1911 年 6 月 19 日出生，湖北石首人。1929 年参加农民赤卫队。1930 年参加中国工农红军。1931 年加入中国共产党。历任红二军团警备团班长、排长，红三军第七师第十九团副连长、连长等职。1933 年 12 月任黔东独立师第一团副团长。1934 年 10 月任红二军团第四师第十团营长。1935 年 11 月任红二军团第六师第十八团团长。1936 年 7 月任红二方面军第二军第六师第十八团团长。曾参加湘鄂西革命根据地反"围剿"作战，参与创建湘鄂川黔革命根据地和长征。

　　抗日战争中，1937 年 8 月进入中国人民抗日军政大学第三期学习。1938 年任新四军第四支队第八团营长。1939 年 1 月任新四军第五支队挺进团团长、第十团团长。1941 年 3 月任新四军第二师第五旅旅长。1943 年任淮南军区路东军分区司令员，9 月任路西军分区司令员。曾参加开辟和巩固淮南抗日根据地和抗日游击战争。

　　抗日战争胜利后，任新四军新二师副师长、新四军第七师师长、山东野战军第二纵队第五旅旅长。

　　解放战争中，1946 年 10 月任山东野战军第七师师长。1947 年 2 月任华东野战军第七纵队司令员。曾参加莱芜、孟良崮、南（麻）临（朐）、胶河、兖州等战役战斗。

　　淮海战役中，第一阶段，率华野七纵从滕县、西集地区南下进至枣庄、峄县地区，分左右两路突破运河防线，占领万年闸大桥。成钧认为袭占万年闸大桥是保证纵队主力迅速插进陇海线，进至徐州以东切断黄百韬兵团与徐州联系的关键一步，既要保证占领大桥，又要防止打草惊蛇，惊动黄百韬兵团使其加速西撤。因而，成钧派得力部队组成尖刀连，趁夜间成功偷袭万年闸大桥，保证七纵主力迅速通过运河，促使国民党第三绥靖区副司令官何基沣、张克侠成功组织战场起义。11月8日，七纵奉命和华野十纵、十三纵迅速进至陇海线苑山、大许家、曹八集段，并向单集、双沟、房村前进，会同兄弟部队，求歼李弥兵团一部，切断黄百韬兵团向西退路。成钧率七纵2个师向大许家、单集攻击前进，部署1个师控制贾汪，待兄弟部队接防后，向徐州东陇海路两侧攻击前进。成钧率部进至不老河后，发现黄百韬兵团的先头部队已经在曹八集以东和华野十三纵交火，成钧认为，曹八集是黄百韬返回徐州的一个大门，如果黄兵团占领曹八集，抢占大许家车站，华野的作战部署就会失败。因此，成钧顾不上弄清曹八集的战况，不等上级命令下达，便急令1个师向曹八集战场冲杀，并指示部队"打乱仗，我们乱，敌人更乱，以乱治乱"，七纵的1个师及时赶赴战场，协同十三纵占领了大许家车站，截断了黄兵团西撤退路，为成功包围黄兵团赢得了宝贵时间。随后，成钧奉命率部参加徐东阻击战，沿陇海路两侧参加正面阻击邱清泉、李弥兵团东援。成钧发现正面阻援战场均为乱石山，不便构筑工事，而且在平原开阔地带，适宜国民党军坦克活动，正面战场给七纵留下的机动余地较小。经过深入研究，七纵调整作战方法，在战术指导上，采取短促绵密火力，消灭敌人有生力量，巩固阵地，力争每一个据点都给敌人以杀伤；在阵地构成上，构筑品字形、梅花形支撑点，相互联系又能独立作战，构筑大量单人掩体和散兵坑，减少目标明显的地堡；在兵力配置上，组织强有力的第二梯队和预备队，有效地组织反击，同时配置了短促、猛烈、集中的交叉火力和侧防火力，以小消耗获得大歼敌的效果。经过反复争夺，始终压制邱、李兵团东进。根据华野诱敌深入的作战部署，17日七纵撤至曹八集以西，歼灭继续东进的邱清泉兵团第五军一部，李弥兵团第八军一部。第二阶段，率七纵向西南转移，进至宿县以南集结准备参加围歼黄维兵团或歼灭李延年、刘汝明兵团作战。随着战场形势变化，11月28日七纵作为中野主力的预备队，进至双堆集以南，参加围歼黄维兵团作战。12月2日，陈毅命令成钧将七纵配属的山炮团调归中野司令部统一使用，成钧坚决执行了命令。12月5日总前委部署了总攻黄维兵团的作战任务，七纵编入南集团，在双堆集以南和东南实施攻击，负责逐次攻坚小周庄、小王庄、大王庄和尖谷堆，尔后攻坚赵庄，协同兄弟部队围攻双堆集及黄维兵团核心阵地小马庄。成钧指挥部队采取集中兵力逐点攻击，轮番使用部队，保持连续攻击力的方法，开展近迫作业，与黄维兵团主力十八军展开激烈作战。在与十八军展开的反复的据点争夺战中，成钧多次要求一线指挥员指挥部队英勇作战，把所有的部队都豁上去，不惜一切代价夺取和坚守阵地。战至14日，七纵成功占领了尖谷堆。第三阶段，七纵赴陈官庄地区，参加对杜聿明集团总攻之二线堵击任务。

1949年2月任第三野战军第二十五军军长。率部参加渡江战役、上海战役、进军浙江。

中华人民共和国成立后，任福建军区第一副司令员兼第三野战军第十兵团副司令员、华东军区防空部队司令员。1952年3月任解放军防空部队副司令员兼华北军区防空部队司令员。1953年4月任中国人民志愿军空军副司令员，参加抗美援朝作战。1954年2月任解放军防空军参谋长。1957年8月任解放军空军副司令员兼空军技术部部长。"文化大革命"中受迫害。1973年5月任解放军空军副司令员。

1955年被授予中将军衔，获二级八一勋章、一级独立自由勋章、一级解放勋章。1957年改授空军中将军衔。1988年被中央军委授予一级红星功勋荣誉章。

是中共第十二、十三届中央顾问委员会委员。

1988年8月6日在北京逝世。

赵启民

华东野战军第七纵队政委

赵启民（1910—1997），1910 年 9 月出生，陕西蓝田人。1927 年考入中共陕甘区委创办的中山学院，后加入陕军第十七路军第三师教导队。1928 年 1 月加入中国共产主义青年团，4 月参加所在部队起义，后赴蓝田组织农民运动。1930 年 2 月加入中国共产党，10 月奉党组织命令进入西安绥靖公署骑兵团，任团部服务员、排长，开展秘密工作。1932 年 8 月加入中国工农红军泾阳游击队，并任第三中队中队长。后任红二十六军随营学校排长、红二十六军第四十二师第三团第一连副连长、政治指导员。1935 年 9 月后任红十五军团第七十八师参谋主任、陕北省苏维埃军事部科长、延长县苏维埃军事部部长、宜（川）延（长）军分区代理司令员、第七十八师独立第二团团长、红十五军团独立师第三团团长。曾参加陕甘边苏区游击战争。

抗日战争中，进入中国人民抗日军政大学学习。后任新四军第四支队第八团参谋长。1939 年 6 月任新四军第五支队参谋长兼第十团政委。1941 年 1 月起任新四军第二师第五旅政委、淮南军区路东军分区政委兼中共路东区地委书记、路西军分区政委兼中共路西区地委书记。参与皖中、淮南地区抗日根据地抗日战争。

抗日战争胜利后，任津浦前线野战军第二纵队副政委兼第五旅政委、山东野战军第二纵队代理政委兼第五旅政委，淮南军区副政委兼第五旅政委。

解放战争中，1946 年 10 月任山东野战军第七师政委。1947 年 2 月任华东野战军第七纵队政委。曾参加苏中、宿北、鲁南、莱芜、孟良崮等战役。

淮海战役中，与华野七纵司令员成钧一起指挥所部参加作战。第一阶段，指挥所部袭占万年闸，抢渡不老河，攻占曹八集和大许家车站，进占徐州以东陇海线，会同友邻部队切断黄百韬兵团退路。后在陇海路两侧正面，参加阻击由徐州向东增援黄百韬兵团的邱清泉、李弥兵团。第二阶段，参与围歼黄维兵团作战，协同中野在双堆集以南和东南地区向黄维兵团发起攻击，指挥所部攻克尖谷堆。第三阶段，指挥部队进至陈官庄地区集结，准备参加对杜聿明集团的总攻。在七纵参战过程中，赵启民通过加强政治工作领导，不断鼓舞士气，在部队连续奔袭，连续参战，指战员都比较疲劳而且伤亡较大的情况下，激励指战员发扬不怕牺牲、不怕疲劳、敢打硬仗的光荣传统，以高昂的斗志完成艰巨的作战任务。第二阶段，赵启民和成钧一起到安徽濉溪县小李家村总前委驻地领受任务的时候，陈毅要求七纵要学习中野，在打黄维作战中，树立争挑重担的勇气。赵启民当即表示："成钧和我，心里都是早有准备的，部队的求战情绪也很高。"当陈毅要求七纵将炮兵团调至中野司令部统一指挥时，赵启民要求七纵山炮团要代表全纵队的同志，去接受中野首长和领导机关的检阅。为七纵持续作战，勇挑重担，协同作战，进而取得最后的胜利提供了坚强有力的政治保障。同时，赵启民还十分重视发挥部队对敌政治攻势的重要作用，在围歼黄维兵团的作战中，七纵迫使黄维兵团第八十五军第二十三师师长黄子华率部投诚。

1949 年 2 月任第三野战军第三十四军政委。参加渡江战役。

中华人民共和国成立后，任华东军区海军副政委、政委，中南军区海军司令员兼政委，中国人民解放军海军南海舰队司令员兼政委。1960 年 1 月任中国人民解放军海军副司令员。1968 年 9 月任国防科委副主任。

1955 年被授予中将军衔，获二级八一勋章、一级独立自由勋章、一级解放勋章。

1997 年 2 月 7 日在北京逝世。

张仁初

华东野战军第八纵队司令员

张仁初（1909—1969），1909 年 12 月出生，湖北黄安（今红安）人。1926 年参加农民协会。1927 年 11 月参加黄麻起义，加入中国工农红军。历任红四军第十师第二十八团第三营班长、排长。1931 年 4 月任红四军第十二师警卫连副连长。1932 年 10 月任红四方面军政治保卫局通江分局保卫队队长，并加入中国共产党。1933 年 3 月任红四方面军政治保卫局保卫团第二营营长。1934 年任红三十三军第九十八师第二九四团营长。1935 年任第二九四团团长，7 月任红一方面军第一军团第二师第四团第二营营长，9 月任中国工农红军陕甘支队第一纵队第四大队副大队长，11 月任红一方面军第一军团第二师第四团副团长。1936 年 6 月进入红军大学学习。1937 年 1 月任红一军团第二师第五团团长。曾参加鄂豫皖苏区第一、二、三次反"围剿"，川陕苏区反"六路围攻"和长征、东征。

抗日战争中，1937 年 8 月任八路军一一五师三四三旅六八六团三营营长。1939 年 3 月任第六八六团团长。1940 年 5 月任第一一五师鲁南支队支队长兼第六八六团团长，10 月任第一一五师教导第二旅副旅长。1941 年 8 月兼任中国人民抗日军政大学第一分校校长。1943 年 3 月任山东军区特务团团长。1945 年 7 月任滨海军区参谋处处长兼警备第十旅旅长。曾参加平型关战役，参与开辟和巩固晋西南、鲁西、鲁南和滨海地区抗日根据地和抗日战争。

解放战争中，1946 年任鲁中军区参谋长。1947 年 1 月任华东野战军第八纵队参谋长，11 月任第八纵队副司令员兼参谋长。1948 年 5 月任华野第八纵队司令员。

曾率部参加鲁南、莱芜、孟良崮、沙土集、豫皖苏、洛阳、豫东等战役战斗。

淮海战役中，张仁初率华野八纵首先充分做好打大仗的准备，抓紧军事训练，对新补入八纵的7000余名新兵强化技术训练。针对大兵团作战和新战区的敌情和地理特点，重点抓好两个方面的工作，一是由一般的战斗训练转为大的战役行动的协同训练，包括纵队和友邻部队的协同以及纵队各团队之间的协同，特别是步兵、炮兵和爆破的协同。二是由准备进行防御战转为准备追击和平原村落的攻坚战，尤其根据江淮平原上村落土围子多和有水壕的特点，加强土工作业、架桥和巷战的战术技术训练。第一阶段，率八纵由郯城以西渡过沂河、白马河，急行军火速进逼陇海路。发现黄百韬兵团向徐州收缩之后，八纵奉命向西追击黄百韬兵团，歼灭黄百韬兵团尚未渡过运河的后尾部队第一○○军第四十四师一部，占领运河铁桥，为华野追击部队西进打通了通道。黄百韬兵团被包围之后，八纵参加围歼部队从碾庄圩以东和东南方向向黄兵团发起进攻，张仁初部署1个师从东北方向，1个师从东南和正南方向夹击，与黄兵团反复争夺碾庄圩外围的据点，并不断压缩其包围圈。11月19日，华野围歼部队对黄百韬兵团发起总攻，张仁初结合兄弟部队的攻坚作战经验，指导八纵压制和摧毁敌人的底层火力，架桥过水壕，巩固突破口，粉碎敌人反扑和展开巷战歼敌。充分利用火炮掩护，指挥攻坚部队，脱掉棉衣、光背赤足徒步渡过碾庄外围水壕，向黄兵团发起猛烈进攻，在接近黄兵团司令部的时候，与敌人展开逐屋、逐点的争夺战。20日攻占黄兵团兵团部，22日协同华野九纵一起肃清黄兵团第六十四、二十五军坚守的据点，全歼黄百韬兵团。随后，率八纵进至徐州以南，参加阻击邱清泉、孙元良兵团南援黄维兵团。第二阶段，11月30日杜聿明集团撤出徐州之后，八纵和华野九纵一起作为先头追击部队，向西追击杜聿明集团，张仁初率八纵经夹沟、濉溪口日夜兼程急行军100多公里，于12月2日抢占永城，拦住了杜聿明集团的逃路，4日和兄弟部队一起合围杜聿明集团。针对杜聿明集团组织的"三面掩护、一面攻击"的战法，华野合围部队展开"三面突击，一面阻击"，八纵位于陈官庄西南，处于阻击正面，是杜聿明集团突围的要冲，张仁初组织部队构筑了坚固的纵深阵地，坚决阻击了敌人的突围。在孙元良兵团突围过程中，孙兵团突入八纵阵地，八纵用2个多小时的时间，歼灭了孙兵团大部。12月7日至15日，又与兄弟部队一起粉碎了杜聿明集团的多次突围行动，逐渐压缩包围圈。第三阶段，在战场休整过程中，张仁初组织部队开展工程浩大的土木作业，修筑堑壕和交通壕，将近迫作业的阵地前沿推进到距敌 30 至 50 米处，同时组织对敌开展政治攻势。1949 年 1 月 6 日，八纵和二纵、十一纵组成南集团，由西南向东北进攻，参加对杜聿明集团的总攻，全歼当面阵地守敌，完成全歼杜聿明集团的作战任务。

1949 年 2 月任第三野战军第八兵团第二十六军军长，参加渡江战役、上海战役。

中华人民共和国成立后，任中国人民志愿军第九兵团第二十六军军长，参加抗美援朝作战。1962 年 7 月任济南军区副司令员。

1955 年被授予中将军衔。获二级八一勋章、一级独立自由勋章和一级解放勋章。

1969 年 11 月 4 日在北京逝世。

王一平

华东野战军第八纵队政委

王一平（1914—2007），原名王炳真、王一萍。1914 年 12 月出生，山东荣成人。1932 年 10 月加入中国共产党。1936 年 8 月任东北军抗日先锋大队政治处中尉政工员。1937 年 2 月赴延安参加中国工农红军，进入中国人民抗日军政大学学习，并任抗大第二期第四大队第十队党支部书记，后又进入中央党校学习。

抗日战争中，历任八路军山东纵队第四支队中队指导员、第四支队第三团党总支书记、第四团政治处主任、山东纵队政治部组织科科长、山东纵队第一支队政治部主任、山东纵队第四支队政委、泰山军分区政委、沂蒙军分区政委、中共沂蒙地委书记。参与山东地区抗日战争和抗日根据地建设。

抗日战争胜利后，1945 年任山东军区第四师政委。

解放战争中，1946 年任鲁中军区前方政治部主任。1947 年 2 月起任华东野战军第八纵队政治部主任、第八纵队副政委、第八纵队政委。曾参加鲁南、莱芜、孟良崮、豫东等战役战斗。

淮海战役中，王一平领导八纵政治机关首先明确认识当前的作战形势和加强部队政治自觉性和纪律性的重要意义，并层层贯彻到基层指战员。针对部队中存在的家乡观念重、轻敌速胜思想重等问题，王一平重点抓住向南进军打大仗这一重点思想建设，组织纵队政治部编写了《全力准备，前进一步》的形势教育教材，用好的形势鼓舞斗志。组织基层部队清算苦情账、解放账、敌情账"三笔账"，统一指战员思想认识。隆重举行发喜报和给军属寄慰问信活动，巩固战斗意志，加

强内部团结。第一阶段，在追击黄百韬兵团的作战中，八纵指战员有 20 多个小时没有休息吃饭，王一平和纵队领导一起深入一线指导，鼓励干部战士忍住疲劳饥饿，以高昂的斗志追击敌人。在碾庄圩围歼战中，领导部队司政机关充分发挥主攻部队干部和党员的作用，要求干部和党员在紧要关头"挺身而出，成为胜利的旗帜"，"要勇猛杀敌当英雄，执行政策立双功"。号召指战员"冲过水壕，翻过围墙就是胜利"，党员"哪里任务艰巨就到哪里，哪里有困难就出现在哪里"。第三阶段，充分发挥政治攻势的优势，组织给敌军写劝降信、对敌喊话、播放文艺节目、赠送食品、招待敌军士兵前来用餐等等方式，瓦解国民党军士气。组织八纵以连队为单位开展诉苦运动，提高战士觉悟。对新补入的解放战士进行教育提高。培养提拔基层干部，吸收优秀战士火线入党、火线评功、为牺牲战士召开火线追悼会，以鼓舞士气，加强团结，坚定必胜的信心。

1949 年 2 月起任第三野战军第二十六军政委，参加渡江战役、上海战役。

中华人民共和国成立后，1950 年 1 月任第三野战军第二十二军政委、第三野战军第八兵团政治部主任。1952 年任中共上海市委委员、市委组织部部长。1954 年 10 月任中共上海市委常委、组织部部长。1956 年 2 月起任中共上海市委常委、中国科学院上海办事处主任、上海科学联合会副主席、上海博物馆馆长。1960 年 3 月任中共上海市委常委、市委秘书长。1964 年 1 月任中共上海市委常委、市委书记处候补书记、市委书记处书记兼市委外事小组组长。1972 年 5 月任上海市革委会地区组核心组成员，11 月任上海市革委会副主任。1977 年 1 月起任上海市委书记、上海市革委会副主任、上海市副市长、上海市政协主席。

是中共十一届中央委员，中共十二、十三届中央顾问委员会委员。

2007 年 2 月 28 日在上海逝世。

聂凤智

华东野战军第九纵队司令员

聂凤智（1913—1992），原名聂敏。1913年9月出生，湖北礼山（今大悟）人。1928年4月加入中国共产主义青年团，1929年1月参加中国工农红军，先后任红四方面军司号员、警卫员、班长、排长、连政治指导员。1932年任红四方面军第九军第二十七师第八十一团副营长、营长、营政治教导员。1933年1月加入中国共产党，后任红四方面军第九军第二十七师第八十一团副团长。1935年任红三十一军第九十三师第二七四团团长、第二七九团政委、第二七一团政委。曾参加鄂豫皖苏区第一至四次反"围剿"，参与创建川陕苏区革命根据地，参加长征和西征。

抗日战争中，1937年7月进入中国人民抗日军政大学学习，10月任抗大第二大队主任教员兼第二大队第二队队长。1940年4月任抗大第三大队支队长。1941年8月任中国人民抗日军政大学山东第一分校胶东支校校长、胶东军区军政委员会委员。1943年6月任胶东军区第五旅第十三团团长兼政委。1945年5月任胶东军区威海军分区司令员、胶东军区第五旅旅长。曾参加巩固与发展胶东抗日根据地和抗日游击战争。

抗日战争胜利后，1945年8月任胶东军区第六师代师长。1946年2月任胶东军区警备第五旅旅长。

解放战争中，1946年6月任胶东军区第五师师长。1947年1月任华东野战军第九纵队第二十五师师长，4月任华东野战军第九纵队参谋长，6月任华东野战军第九纵队副司令员兼参谋长，10月任华东野战军第九纵队司令员。曾参加莱芜、孟良崮、胶东保卫战、潍县、济南等战役战斗。

淮海战役中，华野九纵原定的任务是协同友邻自北向南参加主攻黄百韬兵团。聂凤智发现黄百韬兵团有向徐州收缩迹象之后，立即向华野指挥部报告，并组织部队做好渡过沭河向西追击的准备。接到华野的追击命令之后，聂凤智率部渡过沭河、沂河向西猛追黄百韬兵团。在堰头镇，为尽快抢渡沂河，华野九纵的"潍县团"的战士跳入冰冷的河水中，用肩膀架起浮桥，保证部队顺利渡河，留下了"十人桥"故事。在追击过程中，聂凤智亲自率领轻便指挥所随前卫师前进，指挥所部对黄百韬穷追猛打，至11日协同友邻部队将黄百韬兵团包围在碾庄地区。随后部署九纵在邵墩、火车站和碾庄圩方向对黄兵团实施主攻，在攻坚作战的前期，由于黄兵团在碾庄圩部署了严密的火力网和坚固的地堡网防御工事，九纵攻击一度受挫，聂凤智亲自到战场一线察看地形，了解情况，总结了不能通过桥梁渡过碾庄圩外围的水壕，而要通过强大的火力压制配合，徒涉渡过水壕等作战方法，于是聂凤智调整部署，一是继续推进近迫作业，将交通壕修筑到水壕边；二是先头部队徒涉渡河，扫清对岸火力和暗堡，后续部队渡桥增援；三是发挥炮火优势压制敌人火力。20日，九纵攻克碾庄圩，继续战至22日，协同友邻部队全面肃清黄兵团六十四军和二十五军残部，全歼黄百韬兵团。第二阶段，11月26日，聂凤智统一指挥九纵、两广纵队和冀鲁豫军区2个旅组成西路阻援兵团，在徐州以南、津浦路以西、萧县以东地区参加阻击由徐州向南增援的邱清泉、孙元良兵团。11月30日，杜聿明集团撤出徐州向西南方向逃窜，聂凤智立即率领九纵沿萧永公路平行向西追击，经过三天三夜无休息急行军，终于超越了杜聿明集团，在大回村、薛家湖、芒砀山一带截住了杜聿明集团西撤的退路，配合友邻部队完成合围杜聿明集团。随后九纵参加压缩杜聿明包围圈作战，并协同友邻粉碎了孙元良兵团的突围。第三阶段，在战场休整中，聂凤智要求九纵各级干部开展战术研究，提高协同作战水平，继续修筑近迫作业工事，将战壕推进至敌人鹿砦旁边。1949年1月6日，九纵和一纵、十二纵合编为北集团，从陈官庄以西向杜聿明集团发起总攻。战至10日，扫清九纵当面的全部据点，歼灭杜聿明集团残部。

1949年2月任第三野战军第二十七军军长，7月任华东军政大学教育长，华东军政大学副校长兼教育长。曾参加渡江战役、上海战役。

中华人民共和国成立后，1950年8月任华东军区空军司令员。1952年10月赴朝鲜任中朝联合空军代司令员、司令员，参加抗美援朝作战。1953 年回国后，任华东军区空军副司令员。1955 年 4 月任南京军区空军司令员。1958 年 10 月任福州军区空军司令员。1960 年 3 月任福州军区副司令员兼福州军区空军司令员。1962 年 3 月任南京军区副司令员兼南京军区空军司令员。1975 年 4 月任南京军区副司令员。1977 年 4 月任南京军区司令员，8 月任中央军委委员。

1955 年 9 月被授予空军中将军衔。曾获二级八一勋章、二级独立自由勋章、一级解放勋章。1988 年 7 月被中央军委授予中国人民解放军一级红星功勋荣誉章。

是中共第十一届中央委员，第十二、第十三届中央顾问委员会委员。

1992 年 4 月 3 日在南京逝世。

刘浩天

华东野战军第九纵队政委

刘浩天（1912—1984），原名刘奕生，曾用名刘昆。1912 年 11 月 5 日出生，江西宁都人。1927 年参加少共先锋队。1928 年 3 月加入中国共产主义青年团。1931 年 12 月加入中国共产党。1933 年 6 月参加中国工农红军。曾任红军补充师政治部科长。1935 年任红一军团教导营排长、连长。1936 年 6 月任红军大学俱乐部主任，10 月任庆阳步兵学校营政治指导员。曾参加中央苏区历次反"围剿"作战和长征。

抗日战争中，任八路军总部随营学校特派员、组织股股长、中国人民抗日军政大学第一分校政治教员、政治部组织科科长、政治部副主任。1942 年后，任八路军第一一五师教导第二旅政治部副主任、胶东军区教导第二团政委、北海军分区政委兼中共北海地委书记。曾参加巩固胶东和沂蒙山区抗日根据地和反日军"合围"、"扫荡"作战。

抗日战争胜利后，1945 年 8 月任山东军区警备第五旅政委。

解放战争中，1947 年 1 月任华东野战军第九纵队第二十五师政委、华东野战军第九纵队政治部主任，7 月任华东野战军第九纵队副政委，10 月任华东野战军第九纵队政委。曾参加莱芜、孟良崮、潍县、济南等战役战斗。

淮海战役中，和华野九纵司令员聂凤智一起指挥九纵参加作战。第一阶段，在九纵参加追击黄百韬兵团的过程中，刘浩天非常重视部队的思想政治工作和形势教育，领导政治机关将华野的作战动员令和各解放军部队连日来取得的胜利情况及时传达给指战员，激励士气，树立胜利信心。在围歼黄百韬兵团的作战中，九纵通过及时宣传兄弟部队的胜利战斗成绩，激励指战员奋勇争先，想方设法攻克碾庄圩，争当战斗模范。第二阶段，追击杜聿明集团的过程中，九纵指战员连日奔袭，两天两夜没合眼，相当疲劳，刘浩天组织政治机关激励部队发扬连续作战精神，以高昂的斗志赶超杜聿明集团，截住杜聿明集团退路。九纵基层部队有时候刚支锅做饭，接到作战命令之后立即开拔出发。第三阶段，在战场休整过程中，刘浩天领导政治机关开展调整组织、政治教育、溶化俘虏工作，提高解放战士思想觉悟，建立解放军战士和俘虏战士的相互信任，加强内部团结。通过广播喊话、发传单、送食物，与国民党军建立电话通讯联系，与国民党军营团以上军官直接通话劝降等多种形式，扎实做好政治攻势。

1949年2月任第三野战军第二十七军政委。参加渡江战役、上海战役。

中华人民共和国成立后，1950年11月任中国人民志愿军第九兵团第二十七军政委，率部参加抗美援朝作战。1952年10月任解放军总高级步兵学校政治部主任。1956年4月任解放军总高级步兵学校副政委兼政治部主任。1957年9月任解放军总高级步兵学校政委。1959年2月任解放军军事学院副政委兼政治部主任。1960年3月任解放军军事学院院长。1962年7月任海军东海舰队政委。1969年2月任海军东海舰队司令员。

1955年9月被授予中将军衔，获二级八一勋章、二级独立自由勋章、一级解放勋章。

是中共第九届中央候补委员。

1984年1月9日在上海逝世。

宋时轮

华东野战军第十纵队司令员

宋时轮（1907—1991），原名宋际尧，别名宋之光。1907 年 9 月 10 日出生，湖南醴陵人。1926 年考入黄埔军校第五期，加入中国共产主义青年团。1927 年 1 月加入中国共产党。1929 年创建萍醴边区游击队。1931 年 3 月任红三十五军参谋长。1932 年 6 月任江西军区独立第三师师长，7 月任红二十一军参谋长兼第六十一师师长。1933 年 12 月任江西军区、东北战区指挥部、西方军指挥部参谋长。1934 年进入中国工农红军大学学习，后担任教员、第二大队大队长。1935 年 11 月任红十五军团司令部作战科科长。1936 年 4 月任红三十军军长，5 月任红二十八军军长。曾参加中央苏区历次反"围剿"作战和红军长征、东征和西征。

抗日战争中，1937 年 8 月任八路军第一二〇师第三五八旅第七一六团团长，9 月任雁北支队司令员。1938 年 5 月任八路军第四纵队司令员，8 月任冀察热辽军区司令员。1940 年进入中央马列学院学习。1941 年任军事政治学院教员。1942 年进入中共中央党校学习。曾参与开辟晋西北、冀东抗日根据地和抗日游击战争。

抗日战争胜利后，1945 年 10 月任津浦前线野战军指挥部参谋长。1946 年 1 月任山东野战军参谋长。

解放战争中，1947 年 2 月任华东野战军第十纵队司令员。曾率部参加莱芜、孟良崮、宛东、豫东、济南等战役战斗。

淮海战役中，第一阶段，率领华野十纵沿津浦路南下直插陇海线，从东北方向向徐州做出佯攻态势。国民党军第三绥靖区副司令官何基沣、张克侠率部举行战场起义之后，宋时轮率十纵顺利渡过运河，肃清不老河以北国民党军。11月10日抢渡不老河，进至陇海路两侧侯集、大庙山、解台子一线，和华野七纵、十三纵一起，切断了黄百韬兵团西撤徐州的退路。黄百韬兵团被围碾庄之后，华野命令宋时轮和十纵政委刘培善统一指挥十纵、七纵、十一纵沿陇海路两侧正面阻击邱清泉、李弥兵团，防止其向东推进增援黄百韬兵团。宋时轮及时召开作战会议，准备阻击作战。他指出：我们和国民党打了二十多年的仗，现在要进行最后决战。我们要以最快的速度抢占有利地形，抢修工事，以阵地防御和运动防御相结合，挡住敌人，保障华野主力全歼黄百韬兵团。在激烈的阻击战中，宋时轮打电话给在解台子一线作战的第八十二团第一营长："宋家烈同志，你们当面敌人是第八军。你们这个阵地十分重要，你们的任务是艰巨的，也是光荣的。你们要人在阵地在，坚决与敌人寸土必争。只要还有一个人，只要还有一口气，就不能丢了阵地！"宋时轮亲自打电话给一线作战指挥员鼓气，极大地鼓舞了指战员的斗志，该营战士连续打退了比其兵力多数倍的敌人的十余次进攻，守住了解台子阵地。第二阶段，11月23日，十纵奉命南下，参加阻击李延年、刘汝明兵团北援。宋时轮率部急行军三昼夜，进至固镇以北。此时，李延年、刘汝明兵团慑于解放军强大压力，向南逃窜，十纵立刻组织追击，连续攻克新镇车站和固镇，并追至浍河以南，歼敌一部。杜聿明集团撤出徐州之后，又奉命率十纵挥师北上，沿宿（县）永（城）公路一夜急行军120里，于12月3日赶至百善集、李楼、鲁楼地区参加堵击杜聿明集团。杜聿明集团被围后，采取"一面突围、三面掩护"的方法组织突围，鲁楼是杜聿明集团与黄维兵团取得联系的必经之路，因此宋时轮要求部队以最快的速度构筑工事，开挖堑壕，并在堑壕两侧挖大量的防炮洞，用于防御敌人的飞机和炮火。12月5日开始，十纵指战员以血肉之躯与邱清泉兵团的坦克大炮展开激烈的战斗，经过6昼夜激战，粉碎了杜聿明集团向东南突围的企图。第三阶段，经过战场休整，1949年1月6日，宋时轮和政委刘培善统一指挥华野三纵、四纵、渤海纵队和冀鲁豫军区2个旅组成东集团向陈官庄东部发起总攻。攻克了杜聿明集团布置了坚固工事和环形防御体系的重要据点青龙集，与北集团会合，直插杜聿明集团核心阵地陈官庄，于1月10日会同友邻部队全歼杜聿明集团。

1949年2月任第三野战军第九兵团司令员，5月兼任淞沪警备区司令员。率部参加渡江战役、上海战役。

中华人民共和国成立后，1950年11月任中国人民志愿军第九兵团司令员兼政委。1951年6月任志愿军第三副司令员兼第九兵团司令员、政委，参加抗美援朝作战。1952年7月任解放军总高级步兵学校校长兼政委。1957年11月任军事科学院第一副院长。1972年10月任军事科学院院长。1977年9月任中央军委教育训练委员会主任。1980年1月任《中国大百科全书·军事》卷编审委员会主任。1984年2月任中央军委战史、军史编审委员会副主任。1984年8月任《中国军事百科全书》编审委员会主任。

1955年被授予上将军衔，获一级八一勋章、一级独立自由勋章和一级解放勋章。1988年获一级红星功勋荣誉章。

是中共第八届、第十届中央候补委员，第十一届中央委员，第一至第三届国防委员会委员，中共第十二届、第十三届中央顾问委员会常委。

1991年9月17日在上海逝世。

刘培善

华东野战军第十纵队政委

刘培善（1912—1968），曾用名三仔、善仔。1912年9月4日出生，湖南茶陵人。1927年参加农民协会。1929年1月参加中国工农红军，6月加入中国共产党。1931年12月任茶陵县独立团连政治指导员。1932年1月任江西安福县警卫营政委。1932年2月进入湘赣红军第四分校学习，6月任中共安福县委委员。1934年2月任湘赣军区第二军分区政治部组织科科长，8月任湘赣军区独立第三团政委。1935年7月任湘赣边游击司令部第四大队大队长兼政委，后任湘赣游击司令部政治部主任、中共湘赣临时省委常委。1936年1月任湘赣游击司令部第一大队政委，12月任湘赣红色独立团政委。曾参加巩固湘赣革命根据地的反"围剿"作战和湘赣边地区游击战争。

抗日战争中，1938年1月任新四军第一支队第二团副团长。1940年7月任新四军苏北指挥部第二纵队政委。1941年6月任新四军第一师第二旅政委，11月任苏中军区第二军分区军政党委员会书记。1943年10月进入中共中央党校学习。曾参加开辟和发展苏中抗日根据地和抗日游击战争。

抗日战争胜利后，1945年12月任华中军区第五军分区副政委。1946年5月任华中野战军第十纵队政委。

解放战争中，1947年4月任华东野战军第十纵队副政委。1948年6月任华东野战军第十纵队政委。曾率部参加苏中、泰安、孟良崮、济南等战役战斗。

淮海战役中，和华野十纵司令员宋时轮一起指挥所部参加作战。第一阶段，十纵奉命参加徐州阻击战的正面阻援作战，在参战之前，纵队召开了作战会议，刘培善在会上强调了阻击作战对于整个战局的重要意义，他指出："消灭黄百韬兵团要用两个拳头，一个在碾庄圩地区，一个在我们这里，少了哪个都是不行的。打援这个拳头关系到全局。"他要求纵队各级政治机关对指战员做深入细致的思想工作，一定要正确认识阻击战的作用，克服可能存在的不正确思想情绪。在阻击战场上，领导政治机关激励参战部队"坚守阵地，寸土不让"，树立指战员"宁死不让敌人前进一步"的决心。第二阶段，十纵奉命南下蚌埠西北阻击、追击李延年、刘汝明兵团，会师北上永城截击杜聿明集团，都是昼夜急行军赶赴不同战场，部队相当疲劳，刘培善扎实领导好政治工作，树立部队连续作战精神和不怕疲劳精神，确保部队克服长途奔袭的疲劳，以高昂的斗志投入战斗。第三阶段，在战场休整过程中，刘培善组织部队学习贯彻毛泽东同志撰写的新年贺词《将革命进行到底》。在全纵队范围内开展群众性评功、庆功、学英雄活动。吸收大批在战斗中英勇奋战的先进典型加入党组织，充实部队基层党组织力量，发挥党员的模范带头作用。利用广播喊话、投射宣传弹、送劝降信、送礼物等多种方式，加大政治攻势力度，瓦解国民党军心。从思想政治工作上保障了十纵一鼓作气顺利地消灭当面的杜聿明集团残部。

1949 年 3 月任第三野战军第二十八军政委，6 月兼任中共福建省委委员，福州市军管会主任。参加渡江、上海、福州等战役战斗。

中华人民共和国成立后，1949 年 10 月任第三野战军第十兵团政治部主任兼福建军区政治部主任。1950 年 3 月任解放军第十兵团副政委兼政治部主任、福建军区副政委兼政治部主任。1951 年 12 月任福州军区党委副书记。1952 年 4 月任中共福建省委常委。1954 年 12 月任福州军区党委第二书记。1956 年 10 月任福州军区副政委。1959 年 11 月任福州军区第二政委。1961 年 2 月任中共中央华东局委员。

1955 年 9 月被授予中将军衔。荣获一级八一勋章、一级独立自由勋章、一级解放勋章。

是第三届国防委员会委员。

"文化大革命"中受到严重迫害，1968 年 5 月 8 日在北京逝世。1978 年 5 月福州军区为刘培善举行了隆重的悼念仪式，为其平反，恢复名誉并追认为烈士。

胡炳云

华东野战军第十一纵队司令员

胡炳云（1911—1996），原名胡能清。1911
年4月5日出生，四川南充人。1928年参加川军。
1929年参加国民党第二十九军。1932年参加中
国工农红军，曾任红三十三军连指导员。1933
年6月加入中国共产党。后任红一军第二师第
四团连长、第二师第四团副团长。曾参加川陕
苏区反"六路围攻"和红军长征、东征和西征。

抗日战争中，1937年8月任八路军第
一一五师第三四三旅第六八五团第一营副营长，
10月任第一营营长。1938年10月任八路军苏
鲁豫支队第一大队大队长。1940年8月任新四军第五纵队第一支队第一团团长。
1941年1月任新四军第三师第七旅第十九团团长。1943年7月任第七旅副旅长。
曾参加平型关战役，参与巩固和发展苏皖边区抗日根据地和反日军"扫荡"作战。

抗日战争胜利后，1945年9月任苏中军区第二旅旅长。

解放战争中，1946年6月任华中野战军第七纵队副司令员兼参谋长、苏中军
区副司令员兼参谋长。1947年2月任华东野战军第十一纵队副司令员兼参谋长。
1948年3月任华东野战军第十一纵队司令员。曾参加苏中战役。

淮海战役中，第一阶段，胡炳云率华野十一纵进至宿迁以西和东南地区，沿
运河西线向北进击，协同友邻部队攻占运河车站，向西追击黄百韬兵团。黄百韬
兵团被围碾庄地区之后，十一纵奉命和七纵、十纵一起在徐州以东陇海路两侧展
开，正面阻击由徐州向东增援黄百韬兵团的邱清泉、李弥兵团。胡炳云广泛征求
了一线指挥员对于打好阻击战的意见和建议，认真分析敌我双方的战斗力，部署

十一纵的第三十一旅作为先头部队兼程西进，在范家湖至榆山一线构筑阵地。第三十二旅在第三十一旅侧后，抢占鼓山、寨山和黑山制高点构筑阵地。第三十三旅作为预备队。各阵地按梯次配置，预留三分之一部队作为第二梯队。胡炳云亲自分工负责第三十二旅的防御，针对当时指战员中存在的乐于打攻坚战，不愿打阻击战的思想误区，胡炳云领导制定了教育要点，组织各作战部队深入开展教育活动，端正指战员对阻击战意义的认识，加强部队纪律性和全局意识，激励士气。11 月 13 日，华野命令徐东正面阻援部队坚决控制大许家一线，到黄百韬兵团即将被全歼的时候，主动后撤引诱邱、李兵团向东深入，配合苏北兵团由徐州东南向北截断邱、李兵团后路。胡炳云认真思考了诱敌深入的作战时机，一定要把握得恰到好处，于是他部署部队采用"重点防御、节节抗击、暗设口袋"的战法，以阻击和反击相结合，有计划地引敌深入，且战且撤，谨慎地控制邱清泉兵团向东推进的速度。同时采取部队交替参战的办法，确保部队的战斗力。在反复的阻击和反击中，十一纵和邱清泉兵团展开了激烈作战，甚至肉搏。至 22 日，和友邻阻援部队一起坚决将邱、李兵团阻滞在大许家一线，完成了配合围歼黄百韬兵团的作战任务。第二阶段，率第十一纵由单集、大王庄地区南下至宿县、固镇地区，协同华野二、六、十、十三纵队，参加阻击蚌埠西北的李延年、刘汝明兵团北上。11 月 30 日杜聿明集团撤出徐州，12 月 1 日十一纵奉命向西北方向急行军，赶赴永城参加截击杜聿明集团，4 日，杜聿明集团被围，十一纵在永城以东构筑阵地，准备参加围歼杜聿明集团作战。为了应对杜聿明集团的突围进攻，胡炳云在阵地编成、兵力配备、火力使用上进行了周密的设计和部署，贯彻"弹性大，韧性强"的原则，加强第一线防线和纵深防御，层层阻滞敌人突围，使其不能轻易突破十一纵构筑的纵深防御体系。同时辅之以小规模的反击和炮击，打乱敌人的阵脚和计划。第三阶段，经过战场休整，1949 年 1 月 6 日，十一纵被编入南集团，参加由南向西北围歼陈官庄作战。在攻坚陈官庄外围重要据点鲁楼的作战中，杜聿明集团在鲁楼布置了严密火网，且该地区地形开阔，不易进攻，胡炳云为减少伤亡，有效歼敌，部署攻坚部队构筑进攻出发阵地，深挖"地道"至敌人阵地前沿，通过"地道"前进突然炸毁敌人地堡。9 日攻克鲁楼，向陈官庄攻击前进，10 日协同友邻全歼杜聿明集团。

1949 年担任解放军第二十九军军长。率部参加渡江战役、上海战役。

中华人民共和国成立后，1950 年 8 月任解放军第十兵团参谋长、福建军区参谋长。1952年9月任福建军区副司令员。1953年1月任中国人民志愿军九兵团参谋长，参加抗美援朝作战。1955年4月任济南军区参谋长。1959年1月任兰州军区副司令员。1967年5月任解放军总参谋部第三部部长。1969年2月任成都军区副司令员。1977年7月任兰州军区副司令员。1981年10月离职休养。

1955年被授予少将军衔。获二级八一勋章、二级独立自由勋章、一级解放勋章。1988年获一级红星功勋荣誉章。

1996年2月28日在北京逝世。

张藩

华东野战军第十一纵队政委

张藩（1909—2002），原名张环继，曾用名张伍成。1909 年 2 月 2 日出生，湖南浏阳人。1926 年参加农民协会、赤卫队。1929 年 7 月加入中国共产主义青年团，12 月加入中国共产党。1930 年 7 月参加中国工农红军。先后任湘鄂赣省少年先锋队队长、鄂东南道委少共书记、中共鄂东南道委代理书记、湘鄂赣省反帝大同盟主任、湘鄂赣军区政治部组织部部长、红六军团第十六师第四十八团政委。曾参加湘鄂赣边游击战争。

抗日战争中，任中共湖北阳新中心县委书记、新四军第一支队第一团副营长、第一团团副参谋长、新四军先遣支队第一大队副大队长。1939 年后任新四军挺进纵队参谋长、苏北指挥部第一纵队参谋长。1941 年 1 月后，任新四军第一师第一旅副旅长兼参谋长、苏中公学副校长、新四军第一师参谋长、苏中军区参谋长、苏中军区副司令员兼参谋长。曾参与开辟苏北抗日根据地，参加苏中地区反日军"扫荡"、"清乡"作战。

解放战争中，任华中野战军第七纵队副司令员、华东军区军工部部长兼政委、山东野战军第一纵队副司令员。1947 年 2 月任华东野战军特种兵纵队政委。1948 年 3 月任华东野战军第十一纵队政委。曾参加宿北、鲁南等战役。

淮海战役中，和华野十一纵司令员胡炳云一起指挥所部参加作战。第一阶段，十一纵参加徐东阻击战中，张藩要求各级政工干部深入连队，协助连基层党组织开展部队动员工作，在连队深入贯彻落实打阻击战对于战役全局的重要意义，号召干部战士英勇阻击，为兄弟部队围歼黄百韬兵团做出贡献。第二阶段，十一纵奉命南下蚌埠西北参加阻击、追击李延年、刘汝明兵团，杜聿明集团撤出徐州之后，又奉命回师北进，赶赴永城参加截击杜聿明集团。张藩领导部队政治机关统一全纵干部战士思想，克服长途奔袭疲劳，发扬连续作战、协同作战精神。第三阶段，在战场休整中，组织十一纵开展整顿组织，补充兵员，火线评功和文化娱乐活动，利用广播喊话、散发劝降信、送食品、以俘劝俘等方式开展强有力的政治攻势，从思想和组织上保障了十一纵取得围歼杜聿明集团作战的最后胜利。

1949 年 2 月任解放军第二十九军政委，4 月任南京警备司令部政委。参加渡江、上海战役。

中华人民共和国成立后，任华东军区空军副司令员。1951 年 1 月进入南京军事学院学习，毕业后留任该学院战役战术教授会和战役法教授会主任，副教育长兼科研部部长，副院长。1972 年 11 月任兰州军区副司令员。1975 年任兰州军区顾问。1981 年离职休养。

1955 年被授予中将军衔。获二级八一勋章、一级独立自由勋章、一级解放勋章。1988 年获一级红星功勋荣誉章。

2002 年 3 月 2 日在南京逝世。

谢振华

华东野战军第十二纵队司令员

谢振华（1916—2011），原名谢振伴。1916
年 9 月出生，江西崇义人。1929 年参加革命。
1930 年 4 月参加中国工农红军，7 月加入中国
共产主义青年团，后任少共崇义县委少先队长。
1931 年任红三军团政治部青年部青年干事兼青
年训练队队长。1932 年加入中国共产党。1933
年任红三军团新兵营政委，后进入中央党校红
军干部政治班学习。1934 年 4 月任红三军团第
五师第十四团政委。1935 年 1 月任红三军团第
十二团第二营教导员，2 月任红三军团保卫局执
行科科长。1935 年 9 月任陕甘支队保卫局第二科科长，10 月任红一方面军保卫局
第二科科长。1936 年任红军大学第二队政委。1937 年 1 月进入中国人民抗日军政
大学学习。曾参加中央苏区第四、第五次反"围剿"作战和长征。

抗日战争中，任山西战地动员委员会人民武装部政工科长、八路军总部特务
团政委。1938 年任八路军总部敌工部副部长，进入延安马列学院学习。1939 年 8
月任八路军后方政治部敌军工作训练队队长。1940 年 6 月任八路军第五纵队政治
部组织部长兼敌工部长、新四军第三师组织部长兼敌工部长，10 月任新四军阜宁
大队大队长兼政委。1941 年任新四军第二十四团团长。1942 年任第二十四团团长
兼政委。曾参加开辟和巩固苏北地区抗日根据地。

抗日战争胜利后，1945 年 8 月任苏北淮海军分区副政委，9 月任淮海军分区
政委。

解放战争中，1946 年 8 月任华东军区第六军分区政委、华东军区第十旅政委。

1947 年 2 月任华东野战军第十二纵队副政委兼第三十五旅政委。1948 年 3 月任华东野战军十二纵队司令员。

　　淮海战役中，第一阶段，十二纵的任务是插入黄百韬兵团中间，将其拦腰截断。谢振华深刻领会华野司令部的作战意图，采取机动灵活，形式多样的战法，将防御和进攻、攻点打援、围点打援、进攻佯攻结合起来，并将作战思路一层一层在基层干部战士中加以贯彻落实。谢振华在视察各一线作战连队作战准备情况时，欣喜地发现战士对每一步的作战部署和作战目的都了如指掌。谢振华部署十二纵的第三十五旅主攻红花埠，继而向西攻击，三十六旅直攻阿湖。战斗打响后，谢振华在指挥所接到三十五旅报告，当面国民党军防御部署混乱，正交替掩护向西收缩。谢振华立即命令部队乘敌混乱之际，急速占领阿湖、新安镇，控制铁路线，切断了碾庄和海州的联系，迟滞了黄百韬兵团第六十三军向黄兵团主力靠拢的行动。随后，十二纵奉命南下经宿迁、睢宁、大王集、张集向徐州西南急进，参加侧击徐州东援的邱清泉、李弥兵团。第二阶段，华野命令十二纵从徐州东南向徐州迫进，谢振华率部以徐州东南飞机场为重点，展开袭击。他要求正确认识攻击徐州机场对战役全局的重要意义。他强调，一徐州机场是杜聿明集团同南京总部联系的重要途径，打下机场能破坏南京向徐州输送装备物资的渠道，二打掉机场在空投、空运方面的指挥机构，能够破坏国民党战场空援的通路，三打掉机场可以动摇国民党军固守徐州的决心。十二纵三十五旅奉命从四面八方展开对徐州机场的袭扰，并冲进徐州机场，获悉徐州"剿总"司令刘峙已经乘机逃走，副总司令杜聿明正组织实施突围。谢振华高度重视这一情报，亲自到前沿一线观察，发现杜聿明集团确已撤出徐州，沿萧（县）永（城）公路向西南撤逃。谢振华一面向华野司令部报告，一面组织部队与杜聿明集团接火，扰乱杜聿明集团撤逃秩序。12 月 2 日，十二纵奉命迂回至大回村、五户、张集一带，阻击了李弥兵团向西突围的企图。12 月 4 日开始，十二纵从萧县进至青龙集、李石林、陈官庄以北地区，参加合围杜聿明集团。第三阶段，经过战场休整，1949 年 1 月 6 日，十二纵编入北集团，参加对杜聿明集团发起总攻。谢振华将指挥作战的注意力集中到攻击夏砦、夏庄作战上，这一线作战正面是邱清泉兵团的第五军。谢振华要求负责攻坚夏砦的第三十六旅不管遇到什么困难，一定要在 6 日当天拿下夏砦。十二纵连克夏砦和夏庄，向丁枣园进攻，歼灭李弥兵团一部。

　　1949 年 2 月任第三野战军第三十军军长，4 月任芜湖市军管会主任。率部参加渡江战役、上海战役。

中华人民共和国成立后，任华东军政大学第一总队政委。1951 年 1 月任解放军军事学院基本系主任兼党委书记。1952 年进入军事学院战役系学习。1957 年 7 月任中国人民志愿军第二十一军军长，参加抗美援朝作战。1958 年 8 月任解放军第二十一军军长，1962 年 5 月任解放军第六十九军副军长。1967 年 4 月任山西支"左"领导小组组长，省革委会副主任。1968 年任中共山西省核心小组副组长、省革委会副主任、省军区司令员。1971 年 4 月任山西省委第一书记、省革委会主任、省军区司令员。1975 年 5 月任北京军区副司令员。1977 年 12 月任沈阳军区副司令员。1982 年任昆明军区政委兼云南省军区党委书记。

1955 年 9 月被授予少将军衔。获二级八一勋章、二级独立自由勋章、二级解放勋章。1988 年 7 月获一级红星功勋荣誉章。

是中共第十届候补中央委员，第十二届中央委员，中共第十三届中央顾问委员会委员。

2011 年 8 月 3 日在北京逝世。

李干辉

华东野战军第十二纵队政委

李干辉（1905—1974），原名李清。广东惠州人。1925 年 6 月参加省港工人大罢工，10 月加入中国共产党。后任香港海员总工会中共总支书记。1927 年 12 月参加广州起义。1929 年 12 月参加百色起义。1930 年任红七军的团政委。1932 年任红三军团第三师政委。1933 年任红一方面军工人师政委。1934 年 2 月任红一方面军第二十三师政委。1935 年 2 月任红三军团第十三团政委，10 月任红三十二军政委。1936 年 7 月任红二方面军第三十二军政治部主任、红二方面军红军大学政治部主任。1936 年底进入抗日红军大学学习，任抗日红军大学第十四队队长。曾参加创建右江革命根据地，中央苏区第三至第五次反"围剿"和长征。

抗日战争中，任中国人民抗日军政大学第二大队政治处主任。1940 年后历任抗日军政大学第四分校政治部主任、新四军崇（明）启（东）海（门）常备旅副政委、新四军第一师第三旅第九团政委、第七团政委、第三旅政治部副主任、苏中军区第二军分区政治部主任、第一军分区第五十二团政委、第三军分区副政委。曾参与巩固和发展苏中抗日根据地和反日军"扫荡"作战。

抗日战争胜利后，任苏中军区独立旅政委。1946 年任华中野战军第六师政治部主任。

解放战争中，1947 年任华东野战军第十一纵队政治部主任、苏中军区政治部主任。1948 年 3 月任华东野战军第十二纵队政委。

淮海战役中，和华野十二纵司令员谢振华一起指挥所部参加作战。在作战指挥和部署中，支持司令员谢振华提出的作战计划，二人经常不约而同地想到一起，指挥作战思想高度一致。第一阶段，在十二纵领受穿插至黄百韬兵团中间，将其拦腰截断的作战任务之后，李干辉领导部队政治机关层层动员，贯彻落实作战意图，使基层干部战士明确这一仗"打什么"、"怎么打"、"为什么打"的问题，从思想上保障作战意图的落实，提高战士作战的主动性和自觉性。从第二阶段十二纵参加追击由徐州撤逃的杜聿明集团开始，李干辉就组织部队对敌开展强有力的政治攻势，采取"军政攻势双管齐下"的方法，不断瓦解国民党军。支持基层干部战士采取用馒头、大饼夹着劝降信送给国民党军；在阵地上做饭，请国民党军士兵过来吃饭；给国民党军士兵送棉衣、棉被；优待俘虏，让俘虏给国民党士兵喊话等方法，劝降国民党军。在第三阶段战场休整中，十二纵基层干部还亲自到敌人阵地内开展劝降工作，在阵地上树立了"此地是生路"、"解放军欢迎蒋军官兵"等标志牌，收到很好的效果。

1949 年任第三野战军第三十军政委，参加渡江、上海等战役。

中华人民共和国成立后，任华东军区苏南军区副政委。1952 年 8 月起任中共中央华东局监察委员会副主任、中共上海市委组织部副部长、上海市人委监察局局长、上海市委副秘书长兼市档案局局长、上海市监察委员会副书记等职。

1974 年 3 月 3 日在上海逝世。

周志坚

华东野战军第十三纵队司令员

周志坚（1917—2005），原名周裕发。1917年1月12日出生，湖北礼山（今大悟）人。1929年入伍参军。1933年3月加入中国共产党。先后任红四方面军第四军第十二师交通队班长、排长、红九军军部交通队副队长、交通队政治指导员、红九军第二十五师第七十四团第三营政委、第七十四团副团长、第七十四团政委、红九军第二十七师第八十一团团长、红四军第十师师长、红四军第十二师参谋长等职。1937年进入中国人民抗日军政大学学习。曾参加鄂豫皖苏区第一至第四次反"围剿"、川陕革命根据地反"三路围攻"、反"六路围攻"作战和长征。

抗日战争中，历任中共河南省委徐州工委砀山干训大队教员、中共豫东工委军事部部长、豫东八区保安司令部参谋长、豫鄂挺进纵队参谋长、豫鄂挺进纵队第二团团长兼政委、豫鄂挺进纵队平汉支队司令员、新四军第五师第十三旅旅长等职。曾参与开辟和巩固豫鄂边抗日根据地。

抗日战争胜利后，任中原军区第二纵队副司令员兼参谋长。

解放战争中，任胶东军区第五师师长。1947年8月任华东野战军第十三纵队司令员。曾参加莱芜、胶东保卫战、济南等战役战斗。

淮海战役中，第一阶段，率华野十三纵在山东兵团首长的指挥下，奉命协同华野七纵、十纵对韩庄、台儿庄和运河一线发起进攻，抢渡运河，直插陇海线，攻克曹八集。周志坚深刻认识到山东兵团交给十三纵"直插陇海线"的作战任务意义重大，对全面战局起到关键的作用，因而下定决心，不管遇到多大困难，一定要坚决完成任务。他部署十三纵第三十八师为第一梯队，经台儿庄以西侯迁闸渡过运河，向宿羊山、曹八集攻击前进。第三十九师在侯迁闸东侧渡过运河，跟进三十八师。第三十七师沿后枣庄、刘家湖向台儿庄迫进。经过一天一夜的奔袭，十三纵各部分别进至曹八集的东精庄、北门、南门等地，切断曹八集与碾庄的联系。曹八集是黄百韬兵团向西撤至徐州的必经之路，也是阻断黄百韬兵团和李弥兵团联系的重要据点。驻守曹八集的是黄百韬兵团第一〇〇军第四十四师，战斗力比较强，并且在曹八集构筑了严密的火网和防御工事。周志坚率十三纵对曹八集发起攻击，三十八师和三十九师分别在曹八集北门和南门与守敌展开了激烈的争夺战。11 日黄百韬兵团西撤部队越来越接近曹八集，周志坚十分着急，要求攻坚部队不管付出多大的代价，必须要迅速把曹八集攻下来。十三纵经过多次进攻和有效的遏制守敌反扑，于 11 日下午攻占曹八集，全歼守敌第四十四师。11 月 19 日，周志坚率十三纵急行军进至安徽灵璧禅堂集地区，参加阻击国民党军北援黄百韬兵团部队。11 月 22 日黄百韬兵团被全歼后，十三纵奉命协同江淮军区部队攻坚灵璧城。周志坚部署第三十七师和第三十九师担任主攻，分别从灵璧县西门左右两侧发起攻击。战至 25 日攻克灵璧县城。26 日十三纵南进追击李延年、刘汝明兵团，强渡浍河，迫使李、刘兵团退至淝河以南。11 月 30 日杜聿明集团放弃徐州向西南撤逃，十三纵奉命向蒙城以西涡阳以南急进，截击杜聿明集团。经两昼夜急行军，十三纵到达蒙城东南，准备渡过涡河，此时，华野又急令十三纵归中野指挥，赶赴双堆集战场参加围歼黄维兵团作战。12 月 4 日，十三纵赶赴双堆集以西，5 日编入西集团向黄兵团发起总攻。周志坚亲临战斗一线率十三纵第三十八、三十九师和纵队山炮团，对黄维兵团发起近迫作业。战至 10 日，与西集团友邻部队一起攻占双堆集以西全部据点，歼灭黄维兵团第八十五军大部，完全暴露了黄维兵团核心阵地。12 月 10 日，十三纵改编入南集团，在华野参谋长陈士榘统一指挥下，担负主攻黄维兵团作战任务。周志坚部署第三十七师担任主攻，第三十八、三十九师助攻，同时做好准备围歼双堆集可能突围之敌。15 日，十三纵和华野七纵并肩作战向双堆集主阵地发起攻击，顺利攻克双堆集，俘获黄维兵团第十八军军长杨伯涛，协同友邻部队全歼黄维兵团。第三阶段，率十三纵进至永城西南，参与截击可能向西南方向突围的杜聿明集团。对杜聿明集团总攻时，奉命作为二线堵击部队待机参战。

1949 年 2 月任第三野战军第三十一军军长，率部参加渡江、上海战役，进军福建。

中华人民共和国成立后，历任解放军第三十一军军长、舟嵊要塞区司令员、沈阳军区副参谋长、南京军区副参谋长、南京军区顾问等职。1982 年 6 月离职休养。

1955 年被授予中将军衔，荣获一级八一勋章、一级独立自由勋章、一级解放勋章。1988 年获二级红星功勋荣誉章。

2005 年 6 月 9 日在武汉逝世。

廖海光

华东野战军第十三纵队政委

廖海光（1915—1993），1915 年 9 月 26 日出生，湖南酃县（今炎陵）人。1930 年 11 月参加中国工农红军。1931 年加入中国共产主义青年团，年底加入中国共产党。1933 年进入红军学校第四分校学习，并任二连政治指导员。后历任红六军团随营学校政治指导员、红二军团直属队总支书记、红二军团第四师第十一团党总支书记、第四师第十一团副政委、第六师第十七团政委。曾参加湘赣边区反"围剿"斗争和长征。

抗日战争中，任中国人民抗日军政大学大队政治部主任、大队政委、抗大第一分校胶东分校政委、胶东军区第十六团政委、南海军分区政委兼中共南海地委书记。参与巩固山东地区抗日根据地和反日军"扫荡"作战。

解放战争中，任胶东军区第五师政委。1947 年 8 月任华东野战军第十三纵队政委。曾参加莱芜、胶东保卫战、济南等战役战斗。

淮海战役中，和华野十三纵司令员周志坚一起指挥所部参与作战。第一阶段，十三纵负责的攻坚曹八集一战是场硬仗，廖海光领导纵队政治机关树立全纵指战员打大仗、打硬仗必胜的信心，使得基层干部战士以勇猛顽强的作风像钉子一样坚守突破口，确保全纵合力攻克曹八集。第二阶段，攻打灵璧城，廖海光领导做好政治动员，充分发扬十三纵在济南战役中树立的"济南第二团"荣誉精神，鼓励参战部队顽强攻坚，一举拿下灵璧城。随后，十三纵长途奔袭转战浍河、浍河、又回师蒙城、涡阳，又返回双堆集战场，先后参加围歼黄维兵团的西集团和南集团作战。廖海光高度重视消除部队因为连续作战，伤亡大、战士疲劳，新补入解放战士较多，有可能存在急躁、轻敌、疲倦的思想误区，扎实抓好部队思想政治工作。领导政治部深入贯彻落实上级指示，分析作战形势，鼓励干部战士发扬英勇顽强、不怕牺牲和连续作战的精神，努力加强部队团结和纪律性建设，扎实做好战勤保障工作，保障部队持之以恒地取得最后的胜利。

1949 年 2 月任第三野战军第二十四军政委，参加渡江战役。

中华人民共和国成立后，历任福建军区政治部主任、福建军区副政委兼政治部主任、福州军区政治部主任、福州军区副政委等职。

1955 年被授予少将军衔。获二级八一勋章、二级独立自由勋章、一级解放勋章。1988 年获一级红星功勋荣誉章。

1993 年 2 月 20 日在福州逝世。

钱钧

华东野战军鲁中南纵队司令员

钱钧（1905—1990），原名钱运彬。1905年5月2日出生，河南光山人。13岁时曾入少林寺习武。1927年2月加入中国共产党。后曾任农民协会主席、农民自卫队大队长。1929年4月任光山县殷区游击队中队长，后任鄂豫皖边特区手枪队队长。1930年任红军第一军第一师三团二营六连指导员、连长、第二营副营长。1931年起任红四军第十师第二十八团第一营营长、第三营政委、红四方面军警卫团政委、红四方面军第十一师第三十三团团长、第十一师参谋长、红四方面军第四军司令部侦察科科长、红四方面军骑兵团团长。曾参加鄂豫皖苏区、川陕苏区反"围剿"、反"围攻"作战和长征。

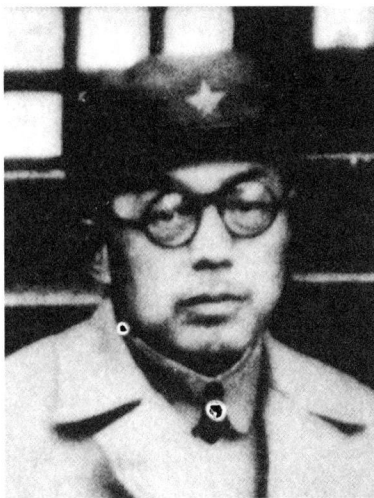

抗日战争中，任八路军第一二九师教导团团长。1937年9月进入中国人民抗日军政大学学习。1938年起任山东鲁中抗日联军独立第一师第三团副团长、八路军山东纵队第四支队第二团团长、第十二支队副队长、第一支队副支队长、山东纵队第一旅副旅长兼参谋长、泰安军分区副司令员、沂山支队支队长、鲁中军区第三军分区司令员兼警备第三旅旅长。曾参与开辟泰山、鲁山抗日根据地和反日军"扫荡"作战。

解放战争中，任鲁中军区第九师师长、鲁中军区副司令员。1948年7月任鲁中南军区副司令员、鲁中南纵队司令员。曾参加潍县、莱芜、济南等战役战斗。

淮海战役中，粟裕亲自向钱钧交代作战任务，要求鲁中南纵队首歼郯城国民党保安旅王洪九部，而后进攻瓦窑，然后参加会攻黄百韬兵团。对于郯城保安司令王洪九及其部队，钱钧非常熟悉，早在抗日战争中，钱钧就经常和王洪九打交道，与其部队打仗也打了近十年，几十仗。郯城地处华野主力南下的通道上，并且被作为预定的支前供应基地。所以，钱钧非常重视这次对郯城王洪九部的作战，认真研究了作战部署，部署鲁中南纵队第四十七师首先扫清郯城外围，向郯城东门、南门突进；第四十六师随四十七师，在北门、西门展开，由北门参加助攻，合围后实施攻城。11月6日，粟裕急令钱钧，鲁中南纵队当日必须攻下郯城，保障华野主力迅速南下展开。钱钧立即指挥所部发起攻坚，6日晚9时发起攻击，夜2时攻城成功，与守敌展开巷战，4时即实现两师会合，至天明完成肃清守敌残部，攻克郯城。随后奉命率部向新安镇地区急进参加追击黄百韬兵团，8日随华野一纵一起向窑湾方向展开追击。后奉命渡过运河，进至房村以北，保障华野六纵的左侧安全。13日，鲁中南纵队配属苏北兵团指挥，参加向徐州以东及东南方向的侯集、赵圩、六铺圩进攻，参加徐东阻击战，攻击邱清泉、李弥兵团的侧背。第二阶段，鲁中南纵队归属山东兵团指挥，和华野三纵、八纵一起参加徐州以南正面阻击邱清泉、孙元良兵团南援作战。鲁中南纵与邱清泉兵团的第七十军和七十四军展开激战。11月30日杜聿明集团放弃徐州向西南撤逃，12月1日，钱钧率鲁中南纵从夹沟以南向五户、张集迂回，参加追击、拦击杜聿明集团。12月5日，鲁中南纵队和华野三纵、十纵一起在陈官庄南线东路展开，阻止杜聿明集团向濉溪口方向突围。12月10日，钱钧奉命率鲁中南纵队南下，在中野的指挥下，参加围歼黄维兵团。中野部署鲁中南纵队为预备队，随时准备参加作战，并负责防守总前委指挥部驻地小李家南至双堆集一线的安全。第三阶段，鲁中南纵队转移至永城及其西北一带地区休整，布置对杜聿明集团的外围封锁线。

中华人民共和国成立后，任胶东军区司令员、山东军区国防建筑工程指挥部第三工区总指挥。1955年任浙江军区副司令员。1960年任浙江省军区司令员。1965年任南京军区副司令员。

1955年被授予中将军衔，获二级八一勋章、一级独立自由勋章、一级解放勋章。1988年获一级红星功勋荣誉章。

1990年4月13日在南京逝世。

张雄

华东野战军鲁中南纵队政委

张雄（1908—1963），江西瑞金人。1930 年参加中国工农红军，并加入中国共产党。历任红四军连政委、红四军政治部宣传干事、特务营连政委、红一方面军野战医院政委、红一军团司令部第四科科长。曾参加中央苏区历次反"围剿"斗争和长征。

抗日战争中，历任八路军第一一五师司令部第一科科长、团政治处主任、团政委、师政治部秘书长兼统战部部长、中国人民抗日军政大学第一分校政委兼政治部主任、滨海军区第二军分区政委等职。

解放战争中，任山东军区第十师政委、鲁南军区政治部主任、鲁南军区第二军分区司令员。1948 年 7 月任鲁中南军区政治部主任、鲁中南纵队政委（未到职）。曾参加鲁南、孟良崮、济南等战役战斗。

1949 年 2 月任第三野战军第三十五军副政委，参加渡江战役。

中华人民共和国成立后，历任华东军区海军第七舰队政委、解放军海军舟山基地政委、解放军海军干部部部长、解放军海军政治部副主任兼海军干部部部长等职。

1955 年被授予少将军衔。荣获二级八一勋章、一级独立自由勋章、一级解放勋章。

1963 年 8 月 24 日在北京逝世。

袁也烈

华东野战军渤海纵队司令员

袁也烈（1899—1976），原名袁炎烈，字树成，曾用名袁振武、王国栋。1899 年 10 月 19 日出生，湖南洞口人。1924 年 7 月考入桂林军官学校。1925 年 6 月考入黄埔军校，7 月加入中国共产党。1927 年参加南昌起义。1930 年 2 月任红八军第一纵队参谋长兼第一营营长。1930 年 10 月任红七军第二十五师第五十九团团长。曾参加云桂黔边区游击战争。

抗日战争中，任八路军第一纵队军政干部学校副校长、中国人民抗日军政大学第一分校训练部部长。1942 年 2 月起任山东清河军区参谋长、渤海军区参谋长、渤海军区副司令员。曾参与巩固和发展山东地区抗日根据地和反日军"扫荡"、"蚕食"斗争。

解放战争中，任渤海军区司令员、山东解放军第七师师长。1948 年 2 月任华东野战军渤海纵队司令员。曾率部参加济南战役。

淮海战役中，11 月 21 日奉命率渤海纵队迅速由济南南下参加淮海战役。22 日，渤海纵队南下兖州，日夜徒步奔袭沿津浦路南下徐州。26 日抵达徐州东北，掩护运河北岸、东岸的交通。11 月 30 日，杜聿明集团撤出徐州，华野命令渤海纵队"迅速查明徐州情况，并向徐州急进，占领徐州"。袁也烈部署渤海纵队第七师以最快速度抢占徐州，进城后准备和徐州城内杜聿明集团后尾部队交火，控制徐州，构筑工事，防止国民党军回窜。渤海纵队第七师进入徐州之后，迅速有效地控制城市，纵队成立徐州市警备司令部和徐州市军事管制委员会，袁也烈担任警备司令部司令员和军管会委员。袁也烈部署渤海纵队在徐州申明解放军的军

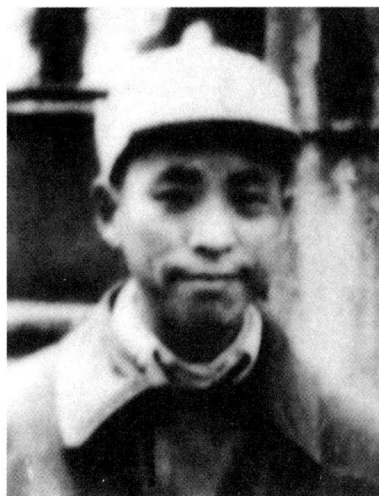

纪，组织宣传共产党、解放军的活动，保护好城市人民的生命和财产，引导工商业恢复经营。要求渤海纵队深入贯彻中央"一面打天下，一面学治天下"的指示，遵守城市政策和群众纪律，坚决杜绝"进城发洋财"的思想，在徐州人民群众中树立了良好的人民军队形象。有效地管理好杜聿明集团仓皇撤离徐州时遗留的军用物资，广泛组织动员徐州市民参加支前，将徐州建成了军事和战勤补给的重要基地之一。12 月 6 日，总前委要求渤海纵队派 1 个师配属华野六纵参加蚌埠西北阻击李延年、刘汝明兵团北援作战。袁也烈部署第七师留在徐州警备，第十一师赶赴蚌西北战场。袁也烈深入部队基层开展动员工作，树立部队对阻击战的正确认识，要求参战部队克服不愿打艰苦的阻击战，"怕消耗、怕打光"的思想，要主动以大局为重，树立为全局胜利而战的思想，不怕牺牲英勇作战。渤海纵队第十一师在蚌埠西北协同华野六纵与李延年、刘汝明兵团展开了激烈的战斗，有的连队一场战斗之后只剩下两个人，有的营只剩下 40 余人，但是仍然坚持战斗。十一师和六纵一起连续打退敌人的进攻，坚决阻击了李、刘兵团北援，并迫使李、刘兵团撤至淝河南岸。12 月 11 日，根据总前委的指示，袁也烈命令徐州的第七师将防务交由鲁中南纵队，日夜兼程赶赴陈官庄战场，参加合围杜聿明集团作战，归华野四纵指挥。第七师加入战斗之后，立即以陈官庄东北的何庄、万庄为目标展开近迫作业，发起攻击。随后部队进入战场休整，渤海纵队组织了火线练兵、演习，补充兵员，整顿战斗组织，开展形势教育和诉苦教育，强化基层连队党支部的战斗堡垒作用等工作。12 月 21 日，第十一师完成阻击任务后归建，准备加入围歼杜聿明集团作战。纵队把政治攻势当成休整期间的中心政治工作任务，通过成立"攻心组"，树宣传牌，打宣传弹，送食品，设立投诚招待所等方式展开政治攻势，瓦解国民党军。1949 年 1 月 6 日，渤海纵队编入东集团，参加总攻杜聿明集团作战。渤海纵队集中火力向何庄发起进攻，用 40 分钟攻下何庄。8 日，渤海纵队奉命迅速绕道西进，赶赴刘集、王花园以西孟集地区，参加阻击杜聿明集团西窜，归苏北兵团统一指挥。战至 10 日，渤海纵第七师一部协同友邻部队扫清了杜聿明集团在陈官庄地区的最后一个据点刘集，全歼守敌，至此，淮海战役取得全面胜利。

1949 年 3 月任山东军区第二副司令员兼参谋长。

中华人民共和国成立后，1950 年 1 月任华东军区海军副司令员兼参谋长。1952 年任华东军区海军司令员。1955 年 9 月任中国人民解放军海军东海舰队政委，

12 月任中国人民解放军海军副参谋长。1960 年 3 月任水产部副部长。

　　"文化大革命"中受迫害，1976 年 8 月 8 日在北京逝世。1978 年 11 月中共中央为袁也烈平反昭雪、恢复名誉。1979 年 2 月解放军总政治部追认袁也烈为革命烈士。

曾生

华东野战军两广纵队司令员

　　曾生（1910—1995），原名曾振声。1910年12月出生，广东惠阳坪山（今属深圳）人。1933年7月进入中山大学文学院学习，学习期间积极参加爱国学生运动，曾任中山大学抗日救国会主席团主席、广州市抗日学生联合会主席团主席。1936年10月加入中国共产党。曾任中共香港海员工委组织部部长、海员工委书记。曾参加香港、澳门和广东地区的抗日救亡运动。

　　抗日战争中，1938年10月任中共惠（阳）宝（安）工委书记。1940年8月任广东人民抗日游击队第三大队大队长。1942年2月任广东人民抗日游击总队副总队长，后任总队长、东江军政委员会委员。1943年12月任广东人民抗日游击队东江纵队司令员。曾参与创建华南抗日根据地和抗日游击战争。

　　解放战争中，任华东军政大学副校长、中共渤海区区委副书记、渤海军区副司令员。1947年8月任华东野战军两广纵队司令员。曾率部参加豫东、济南等战役战斗。

　　淮海战役发起后，第一阶段，曾生奉命率两广纵队和华野三纵、冀鲁豫军区2个旅在中野的指挥下，协同中野主力，向砀山、永城和萧县地区的邱清泉兵团发起攻势，制造大兵压境围攻徐州的佯攻态势。11月8日，两广纵队和华野三纵一起由砀山向东发起追击，两广纵队沿黄河古道两侧向唐寨、李寨前进，其先头部队遭遇邱清泉兵团的第五军一部。此时，徐州"剿总"误以为解放军会攻徐州，急令邱清泉兵团赶赴徐州增援，邱清泉兵团无心恋战，不断向东南急进，并以猛烈炮火向两广纵队阵地攻击。曾生认为，邱清泉利用"金蝉脱壳"之计，企图借机东撤，于是指挥部队沉着应战，坚守阵地，与邱兵团展开激战，牵制邱兵团向徐州收缩进程。11 月 9 日，华野包围黄百韬兵团，邱清泉兵团也仓皇调回徐州，奉命协同李弥兵团东援碾庄地区黄百韬兵团。两广纵队奉命和华野三纵一起南下配合中野完成切断徐州、宿县一线作战。在徐州以西向徐州以南转移的途中，两广纵队与宿县地区的孙元良兵团遭遇并展开激战。第二阶段，两广纵队返回徐州以南，归属华野建制，参加在徐州以南阻击徐州南援的邱清泉、孙元良兵团。两广纵队奉命与华野三纵、冀鲁豫军区 2 个旅一起组成西路阻击兵团，在津浦路两侧至萧县以东参加阻击。两广纵队当面是两瓣山至吴集一线 11 公里防线，正面阻击孙元良兵团。曾生部署两广纵队的第一、第三团作为第一梯队，在两瓣山、营房、吴集一线组织防御，以一团为主，三团辅助。第二团为第二梯队，在瓦房、卢村寨、黄山、大方山一线构筑防线，形成纵深防御体系。因两广纵队只有 3 个团，且火力落后，应对孙元良兵团两个军的进攻兵力悬殊较大，在孙兵团猛烈的进攻下，一线防线被其突破。曾生立刻调整部署，以一团防守卢村寨和瓦房，二团防守大方山、黄山，三团防守秤砣山。孙元良兵团两个军继续向两广纵队发起猛烈进攻，两广纵队伤亡很大。大方山被孙兵团占领。曾生认为，大方山是卢村寨的屏障，而卢村寨是孙元良南进的主要途径。一旦卢村寨失守，孙兵团就可长驱直入，会同邱清泉兵团夹击华野三纵，进而打开南援缺口，导致解放军阻援阵线溃败。曾生立即命令二团要不惜一切代价实施反攻，夺回大方山。二团总结作战经验教训，组织了顽强的反击，经过艰苦的争夺，终于夺回大方山。在卢村寨，一团同样遭遇孙兵团的猛烈进攻，艰难而吃力地抗击敌人一次又一次攻击。此时山东兵团部署华野九纵向卢村寨增援，曾生命令一团一定要严防死守，直至九纵到达，并把纵队警卫连、侦察连和文工团都派往作战一线，参加作战。经过激烈的争夺和顽强的阻击，一直坚守至 29 日，华野九纵和冀鲁豫军区两个旅赶赴增援，完成了阻击孙元良兵团的任务。11 月 30 日，杜聿明集团撤出徐州，两广纵队奉命参加向西追击杜聿明集团。曾生首先安排好卫生干部组织运送伤员至野战医院，部署后勤、民工跟进，并亲率纵队参加追击，在追击过程中多次与杜聿明集团展开激战，粉碎其撤逃、突围的企图。第三阶段，12 月 16 日解放军转入战场休整，18 日两广纵队进至会亭集参加构筑预设战场，为阻击杜聿明集团做好准备。1949 年 1 月 6日华野对杜聿明集团发起总攻，1 月 10 日杜聿明集团被全部歼灭，10 日拂晓，两广纵队发现敌军坦克向西南突围，纵队骑兵团和三团一部展开追击，俘获该部敌军，并缴获坦克 8 辆。

中华人民共和国成立后，历任广东军区副司令员、华南军区第一副参谋长、珠江军区副司令员、中国人民解放军海军南海舰队第一副司令员、中共广州市委第三书记、广东省副省长、广州市市长、交通部副部长、交通部部长、国务院顾问等职。

1955 年被授予少将军衔。曾获三级八一勋章、一级独立自由勋章、一级解放勋章。

是第五届全国人民代表大会常务委员会委员，中共第十二届中央顾问委员会委员。

1995 年 11 月 20 日在广州逝世。

雷经天

华东野战军两广纵队政委

雷经天（1904—1959），原名雷荣璞。1904年5月24日出生，广西南宁人。1923年考入厦门大学。1924年进入上海大夏大学学习。1925年加入中国共产主义共青团，5月加入中国共产党，曾参加"五卅"运动，后任黄埔军校政治部宣传科科长。1926年7月任国民革命军第六军政治部宣传科科长、国民革命军第三十六军第一师政治部主任。1927年参加南昌起义。1928年6月任中共广西特委常委。1929年1月任中共广西省委代理书记，8月任广西省农民协会右江办事处主任，12月任中共右江前敌委员会委员、右江工农民主政府主席、中共右江特委书记。1935年10月任中央工农民主政府粮食部秘书科科长。曾参加开辟和发展广西右江革命根据地和长征。

抗日战争中，历任陕甘宁边区高等法院法庭庭长、高等法院代理院长、院长。1945年任八路军南下第三支队政委。曾参与领导陕甘宁边区司法建设，参加开辟湘粤桂边区抗日游击根据地。

解放战争中，1946年任中共晋察冀中央局秘书长、东江纵队政委。1947年8月任华东野战军两广纵队政委。曾参加豫东、济南战役。

淮海战役中，和华野两广纵队司令员曾生一起指挥作战。第一阶段，领导部队政治机关开展广泛的战斗动员和形势教育，要求全纵指战员树立艰苦作战的精神，同时针对两广纵队干部战士家乡多在华南地区的特点开展思想教育，克服干部战士急于南下的思乡观念。华野向两广纵队部署了参加牵制徐州以西邱清泉兵团作战的任务之后，雷经天领导政治机关贯彻落实纵队作战部署，要求指战员树立胜利信心，排除万难，密切协同友邻部队，英勇投入作战。第二阶段，两广纵队负责在徐南阻击孙元良兵团南下增援，面对孙元良兵团两个军的兵力和强大火力，两广纵队的 3 个团兵力悬殊，雷经天突出抓好纵队指战员的思想政治觉悟，强调阻击作战任务的重要意义和艰巨形势，表彰先进，激励指战员不怕牺牲、勇于奋战，在基层干部配备上，选派机关干部到基层任职，发展党员，强化基层连队党组织的战斗堡垒作用，合并连队建制，增强基层作战单位的战斗力。为两广纵队在阻击战中克服大量干部战士伤亡在内的各种困难，始终坚守阵地直至完成阻击任务，构筑了坚强的思想政治保障。

1949 年 2 月任第三野战军两广纵队政委。

中华人民共和国成立后，任广西省人民政府副主席。1950 年 6 月任中华人民共和国最高人民法院中南分院院长。1956 年任华东政法学院院长兼党委书记。1958 年 9 月任上海社会科学院院长。

1959 年 8 月 11 日在上海逝世。

陈锐霆

华东野战军特种兵纵队司令员

陈锐霆（1906—2010），字祥麟。1906 年 11 月 10 日出生，山东即墨人。1927 年在河北军事政治学校参加国民革命军，学习炮兵。1931 年任国民革命军第三十二军炮兵大队连长。1935 年考入国民党南京炮校第二期学习炮兵技术。后任国民革命军第三十二军炮兵团第三营营长。1937 年 3 月加入中国共产党。

抗日战争中，任国民党第九十二军步兵团团长。1939 年 12 月任第四二五团团长。1941 年 4 月率四二五团 1000 余人起义，任新四军独立旅旅长。后任新四军司令部参谋处处长、中国人民抗日军政大学第四分校副校长、新四军司令部参谋处处长兼联络处处长、淮北军区副参谋长、新四军第四师副师长等职。

抗日战争胜利后，任新四军司令部参谋处处长、山东军区司令部参谋处处长。

解放战争中，1947 年 3 月任华东野战军特种兵纵队司令员。曾参加宿北、鲁南、孟良崮、豫东、济南等战役战斗。

淮海战役中，华野特种兵纵队已拥有 4 个炮兵团、1 个工兵团、1 个骑兵团、1 个坦克大队、一所特科学校。共有美式一〇五榴弹炮 36 门、日式一〇五榴弹炮和野炮 53 门。战役发起前，陈锐霆结合华野部署的作战任务和特种兵的作战特点，要求特纵全力以赴做好战斗准备，要服从步兵利益，加强密切协同的作战思想，积极主动支援步兵完成任务，以步兵的胜利作为最终的胜利。同时组织部队对车辆、火炮、器材、油料、弹药和给养进行全面检查，做好充分的作战准备。第一

阶段，华野命令特纵以炮兵一部配属徐州以东阻援部队，集中主力参加围歼黄百韬兵团。陈锐霆部署炮二团主力和炮三团一部进至睢宁地区配属苏北兵团，炮三团一部配属华野一纵，炮三团主力和炮二团一部配属华野六纵，山东兵团炮团主力配属华野四纵，参加围歼黄百韬兵团。山东兵团炮团一部配属华野十纵参加徐东阻击。炮一团、坦克大队和工兵团一部作为战役预备队。黄百韬兵团向徐州收缩，华野各部展开追击，特纵各部也克服疲劳，在复杂地形中，紧紧追随步兵作战。11 月 16 日，陈锐霆制定了《会攻碾庄圩炮兵火力运用计划》，制定在碾庄围歼战中运用炮兵的方案。炮一团两个连的 8 门美式榴弹炮、八纵的 16 门山炮编为第一炮兵群，协助八纵主攻碾庄圩东南方向；炮三团两个连 6 门日式榴弹炮、九纵的 16 门山炮、山东兵团炮兵团 1 个连 3 门野炮、1 门日式榴弹炮编为第二炮兵群，协助九纵主攻碾庄圩南部；山东兵团炮兵团一营两个连 8 门美式榴弹炮、三营 3 个连 9 门野炮、炮三团 1 个连 3 门野炮、四纵 8 门山炮，编为第三炮兵群，协助四纵主攻碾庄圩西部。各炮兵群将榴弹炮编为远战炮兵小群，负责压制敌方炮火，并对敌阵地纵深目标进行攻击；野炮、山炮编为近战炮兵小群，负责消灭敌方前沿阵地火力点和地堡，掩护步兵冲锋。对各炮兵群试射的时间、顺序和信号都作了细致的规定。陈锐霆也率特纵前线指挥部进至碾庄圩东南的西宋庄指挥作战。在向碾庄发起总攻初期，由于缺乏细致侦察，炮兵压制黄百韬兵团的火力点并未十分奏效，陈锐霆调整部署，将九二步兵炮以上火炮统一集中使用，以步兵炮、迫击炮和山炮进行抵近射击，由步兵突击团直接指挥，增强步炮协同的密切度。在总攻黄百韬兵团的作战中，有效发挥了炮兵的作用。第二阶段，总前委命令华野特纵炮兵一部参加双堆集围歼黄维兵团作战。陈毅专门给陈锐霆打来电话，强调了淮海战役第二阶段围歼黄维兵团承前启后的重要战略意义，要求特纵一定要配合好中野打好这一仗。陈锐霆感到，华野特纵真正担当起总前委的炮兵预备队这一艰巨任务了，但是他认为加强中野作战的炮兵力量还是不足，于是陈锐霆报请华野司令部，将一些次要方向的炮兵抽回，加强炮兵预备队；同时部署特纵一部立即出发协助中野。陈锐霆亲自带领特纵指挥部前往中野四纵司令部，向中野四纵首长介绍炮兵的情况。11 月 30 日杜聿明集团撤出徐州向西南撤逃，华野部队分多路向西追击杜聿明集团，华野司令部要求陈锐霆返回华野，根据新的战况，调整炮兵的部署。特纵一部在双堆集战场参加了围歼黄维兵团作战，从 12 月 5 日至 11 日，特纵炮兵在双堆集战场上发挥了威力，协助步兵，连续扫清敌阵地外围据点。

对黄维兵团总攻时，炮兵集中火力向双堆集核心阵地发起猛攻，配合步兵直插黄维兵团核心，将黄维兵团全部歼灭。第三阶段，参加围歼黄维兵团和阻击李延年兵团的炮兵部队归建，投入围歼杜聿明集团的战斗。陈锐霆制定了炮兵配属华野各纵和冀鲁豫军区部队参加作战的详细方案。在杜聿明集团的包围圈东西不到 10 公里，南北不到 5 公里的战场上，构建了强大了炮兵火力网。陈锐霆率领纵队指挥部驻在小回村，直接指挥炮三团，并与炮二团架设了电话专线，以方便统一指挥。12 月 29 日为配合政治攻势，特纵曾组织了一场全线出击的突然炮火袭击，火炮从四面八方向杜聿明集团一同开火，极大地打击了敌人的士气。由于淮海战役持续时间长，战场广泛，炮弹消耗很大，而且补给渠道不足，陈锐霆要求特纵要严格掌握弹药的情况和使用原则，力求步炮密切协同，力求每一发炮弹，都能用得恰到好处。徐州解放后，解放军缴获了大量弹药，对第三阶段的作战提供了保障。1949 年 1 月 6 日，华野各纵对杜聿明集团发起了总攻，特纵各部向敌人阵地发起了猛烈的炮击，有效地摧毁了敌人的地面工事和制高点火力，以有力的火力攻势掩护步兵成功占领陈官庄，全歼杜聿明集团。在淮海战役中，特纵的工兵还担负了及时抢修铁路、架设桥梁的任务，保障步兵主力快速追击、截击和机动作战。特纵的坦克兵在围歼黄百韬兵团和阻击孙元良兵团突围的作战中都在配合步兵作战中发挥了较大的作用，同时也在战斗中锻炼了坦克兵的作战能力。特纵骑兵团充分发挥了机动作战的优势，在孙元良兵团突围大部被歼后，骑兵团火速追歼了孙兵团残部。杜聿明集团被全歼的最后时刻，6 辆敌兵坦克试图突围，骑兵团飞兵追击，将其俘获，创造了骑兵追坦克的奇迹。

1949 年 2 月任第三野战军特种兵纵队司令员。率部参加渡江战役、上海战役。

中华人民共和国成立后，任华东军区炮兵司令员。1952 年任解放军炮兵参谋长，曾参加抗美援朝作战。1959 年任解放军炮兵副司令员。1965 年任第五机械工业部副部长。1975 年任中央军委炮兵顾问。

1955 年被授予少将军衔。荣获二级独立自由勋章、一级解放勋章。1988 年获一级红星功勋荣誉章。

是第五、第六届全国政协常委。

2010 年 6 月 13 日在北京逝世。

吴化文

第三十五军军长

吴化文（1904—1962），字绍周。山东掖县（今莱州）人。1920 年参加西北军，历任排长、传令官等职，曾进入陆军大学学习。1930 年后任国民党第三路军手枪旅旅长、济南警备司令。

抗日战争中，1938 年 1 月任国民革命军独立第二十八旅旅长。1939 年 1 月任苏鲁战区新四师师长、山东保安师师长。曾率部在泰安、万德、虎门、柳河等地与日军作战。1943 年所部投降日军，任日伪军第三方面军司令官。

抗日战争胜利后，任国民党第五路军司令、津浦铁路南段司令。

解放战争中，1947 年任国民党整编第八十四师师长。1948 年任国民党第二绥靖区第九十六军军长。1948 年 9 月 19 日在济南战役中率部起义，10 月任中国人民解放军第三十五军军长。

淮海战役中，1948 年 12 月 8 日，奉命率第三十五军进入淮海战场，在陈官庄地区杜聿明集团的包围圈外围参加包围监视敌人。战役第三阶段，华野主力对杜聿明集团总攻时，率三十五军在包围圈外围地区准备参加二线堵击作战。

1949 年 2 月，任第三野战军第七兵团第三十五军军长。率部参加渡江战役。

中华人民共和国成立后，1950 年 11 月任浙江省人民政府委员、浙江省人民委员会委员、浙江省交通厅厅长。1959 年后任浙江省政协副主席、全国政协委员。

曾被授予中华人民共和国一级解放勋章。

1962 年 4 月 3 日在上海逝世。

何克希

第三十五军政委

何克希（1906—1982），1906 年 1 月 20 日出生，四川峨眉（今峨眉山）人。1929 年参加中国共产党。曾在四川参加游击斗争。1935 年后赴上海从事党的秘密工作。

抗日战争中，任江南抗日义勇军第三路军副司令员、江南人民抗日义勇军指挥部副指挥、中共东路工作委员会副书记、新四军江南指挥部东路保安司令员、江南行政委员会主任兼地方保安司令员、新四军第六师副参谋长。1941 年 10 月进入华中局党校学习。1942 年 7 月任浙东抗日自卫队司令员。1944 年 1 月任新四军浙东抗日游击纵队司令员。1945 年 1 月任苏浙军区第二纵队司令员。曾参与开辟和巩固江南敌后抗日根据地和抗日游击战争。

解放战争中，历任华东野战军第一纵队第三旅政委、华野第一纵队副司令员兼第二师师长。1948 年 10 月任第三十五军政委。曾参加宿北、鲁南、莱芜、孟良崮、豫东等战役战斗。

淮海战役中，和三十五军军长吴化文一起率部于 1948 年 12 月 8 日进入淮海战场，在杜聿明集团包围圈外围负责包围监视敌人。1949 年 1 月，华野各部队总攻杜聿明集团时，率三十五军担负二线堵击任务。

1949 年 2 月任解放军第三十五军政委，率部参加渡江战役。

中华人民共和国成立后，历任第三野战军特种兵纵队政委、华东军区装甲兵司令员兼政委、解放军军事学院装甲兵系主任。1956 年任第二机械工业部部长助理兼办公厅主任。1966 年任浙江省政协副主席。

1955 年被授予少将军衔，获一级独立自由勋章、一级解放勋章。

1982 年 12 月 17 日在杭州逝世。

赵健民

冀鲁豫军区司令员

赵健民（1912—2012），曾用名吴培强。1912年6月24日出生，山东冠县人。1932年加入中国共产党。1933年7月任中共济南市委北区巡视员。1934年5月任中共济南市委书记。1935年任中共山东省工委组织部部长、中共山东省工委代理书记。1936年5月任中共山东省委组织部部长兼济南市委书记。

抗日战争中，1938年任中共鲁西特委书记。1940年5月任八路军第一二九师新编第八旅营长。1941年进入中共中央北方局党校学习。1942年任冀鲁豫军区第三军分区司令员。曾参与开辟鲁西抗日根据地，参加冀鲁豫边区反日军"扫荡"作战。

抗日战争胜利后，任中共冀鲁豫区区委副书记、冀鲁豫军区副政委。1947年7月任冀鲁豫军区司令员。曾参加陇海、鲁西南、睢杞等战役战斗。

淮海战役中，第一阶段，率部在虞城、张公店地区配合华野三纵和中野一纵完成全歼国民党军第五十五军一八一师的作战，后又解放鱼台、丰县、沛县、虞城4座县城，歼灭徐州九里山附近大批土顽部队。随后越过陇海线至徐州西南参加阻击徐州向南攻击的国民党军邱清泉和孙元良兵团。第二阶段，杜聿明集团撤出徐州之后，率领所部与两广纵队一起，经萧县、黄口进至徐州西北，并从西北向东南钳制攻击杜聿明集团的侧背。参加拦截、消灭试图突围的孙元良兵团，后逐步转移至陈官庄东南，防敌向东南方向突围。第三阶段，经过战场休整后，率部编入总攻杜聿明集团的东集团，参加对杜聿明集团的总攻。

1949 年 2 月任第二野战军第十七军政委，8 月兼任军长。参加渡江战役。

中华人民共和国成立后，任西南军政委员会交通部长兼西南铁路工程局局长。1952 年底任国家铁道部副部长。1955 年任山东省委第三书记，山东省人民委员会省长，山东省委常委、书记处书记兼省监察委员会书记。1958 年受到错误批判，1959 年 5 月任济南钢铁厂党委第二书记、副厂长。1962 年底被甄别后，1963 年任中共云南省委书记处书记兼省政府党组副书记。"文化大革命"中受迫害，被关押 7 年零 8 个月。1977 年 12 月任云南省政协副主席。1978 年 4 月任国家第三机械工业部副部长、党组副书记。9 月获得公开平反，恢复名誉。1981 年 12 月任国家第三机械工业部顾问组组长，1999 年离休。

是中共第八届候补中央委员，中共第十二届、十三届中央顾问委员会委员。

2012 年 4 月 8 日在北京逝世。

潘复生

冀鲁豫军区政委

潘复生（1908—1980），原名刘开浚，又名刘巨川。山东文登人。1931年加入中国共产主义共青团，12月加入中国共产党。曾任济南市学生自治联合会负责人，组织参加爱国学生运动。

抗日战争中，1937年12月任中共文登县第四区区委组织委员。1938年2月任中共胶东特委委员，4月任中共文荣威边区工委书记，6月任中共文登中心县委书记。1939年2月起任中共山东分局巡视团主任、山东分局组织科科长兼干部科科长、山东分局秘书长等职。1941年1月任中共湖西地委书记、湖西军分区政委。曾参加开辟和巩固山东地区抗日根据地。

抗日战争胜利后，1945年10月任中共冀鲁豫区区委副书记、冀鲁豫军区副政委。

解放战争中，1948年3月任中共冀鲁豫区区委书记、冀鲁豫军区政委。淮海战役中，领导冀鲁豫区人民开展支前工作，积极组织动员冀鲁豫区青年参加解放军部队。潘复生要求冀鲁豫区各级党组织，要深刻认识淮海战役的伟大历史意义，要带领党政军民从思想上、组织上为支援淮海战役做好充分的准备，尽一切人力、物力完成支前任务，保障战役取得胜利。冀鲁豫区党委还组织成立了冀鲁豫战勤指挥部和区党委共同承担冀鲁豫区支援淮海战役的具体组织领导工作。在战役进展中，冀鲁豫区承担了在该区范围内作战的华野三纵、两广纵队和冀鲁豫军区两个独立旅的粮食供应和全部战勤支援。

1949 年 8 月任平原省省委书记、平原军区政委。

中华人民共和国成立后，1952 年 11 月任河南省委书记、河南省军区政委。1962 年任全国供销合作总社主任、党组书记。1966 年 1 月任黑龙江省委第一书记、黑龙江省军区第一政委、黑龙江省建设兵团第一政委、中央东北局书记处书记。1967 年 1 月任黑龙江省革命委员会主任。1967 年 5 月任沈阳军区政委。1969 年 4 月任中央军委委员。

是中共第八届、第九届中央委员。

1980 年 4 月在哈尔滨逝世。

陈庆先

江淮军区司令员

陈庆先（1908—1984），原名陈长发。1908年12月出生，湖北黄陂人。1932年参加中国工农红军。1933年加入中国共产党。历任红四方面军第十二师第三十五团排长，四川万源县独立营连长、副营长、代理营长，中共万源县委书记。1935年任中共阆中县县委书记、中共梓桐县县委书记，6月任中共阿坝特区区委书记，11月任中共卓司甲特区区委书记。1936年4月任中共金川省委组织部部长，8月任中共甘肃省委组织部部长、中共哈达铺特区区委书记、红四方面军回民独立师政委，12月进入中共中央党校学习。1937年2月任中共中央党校学员大队大队长兼军事教员。曾参加巩固发展川陕革命根据地和反"三路围攻"、反"六路围攻"战斗。

抗日战争中，历任新四军第五支队第八团政委、路东联防司令部政委、江北游击纵队第六旅第十六团团长、定（远）凤（阳）（定）怀军分区司令员、新四军第二师第六旅副旅长兼津浦路西军分区副司令员、新四军第二师第五旅副旅长兼路西军分区副司令员、新四军第六旅旅长兼路西军分区司令员等职。曾参加巩固发展淮南抗日根据地和敌后抗日游击战争。

解放战争中，任华中野战军第十纵队司令员。1947年2月任华东野战军第十二纵队司令员、苏北军区司令员，11月任华中指挥部副司令员兼第十二纵队司令员。1948年5月任江淮军区司令员。

淮海战役中，根据华野的作战部署，陈庆先组织成立了前线指挥部，派江淮军区副司令员饶子健率江淮军区主力旅第三十四旅（编制属华野第十二纵队）和独立旅参加作战。战役第一阶段，江淮军区两个旅进攻运河西岸，参加截击黄百韬兵团。11 月 20 日，江淮军区独立旅和第三十四旅包围了驻守灵璧的国民党军第十二军的二三八师，并准备攻打灵璧。战役第二阶段，11 月 25 日与华野十三纵密切协同，攻克灵璧城，全歼第十二军二三八师。后江淮军区两个旅转返濠城，绕道双沟南下，渡过淮河袭取明光，阻击南撤的李延年和刘汝明兵团。

1949 年 2 月任第三野战军第十兵团参谋长。

中华人民共和国成立后，历任第三野战军第二十三军军长，解放军军事学院战役战术教授会主任、训练部部长、副教育长、教育长。1958 年 5 月后任解放军军事学院副院长兼训练部部长、济南军区副司令员兼参谋长等职。

1955 年被授予中将军衔，获二级八一勋章、一级独立自由勋章、一级解放勋章。

1984 年 1 月 19 日在济南逝世。

曹荻秋

江淮军区政委

曹荻秋（1909—1976），原名曹仲榜，号健民。1909 年 8 月 1 日出生，四川资阳人。1926 年考入成都师范大学历史系学习。1929 年 9 月加入中国共产党。1930 年任中共广汉特委书记、中共温江县工委书记、中共重庆市委宣传部部长。1931 年 3 月任中国左翼文化界总同盟秘书，后任中国社会科学研究总会党团书记。

抗日战争中，任中共江苏省委文化委员会副书记。1938 年任中共鄂西北省委宣传部部长、豫鄂边省委宣传部部长。1939 年 10 月任中共皖北特委书记。1940 年后任盐阜行署主任、苏北行署副主任等职。曾参与开辟和巩固皖北、苏北地区抗日根据地。

抗战胜利后，任中共盐阜地委书记、中共盐阜区区委书记、盐阜支前司令部司令员兼政委。

解放战争中，1946 年 6 月任苏北军区副政委。1947 年 1 月任华东野战军第十二纵队政委，3 月任中共苏北区区委书记、华中行政办事处主任，9 月任中共华中工委宣传部部长。1948 年 5 月任中共江淮区区委书记、江淮军区政委。

淮海战役中，组织领导江淮等地区党政军民全力以赴支援前线。1948 年 11 月 22 日兼任华中支前司令部政委，参与统一组织领导苏北、江淮人民支前工作。支前司令部成立后，各地、县领导兼任支前组织领导人，曹荻秋在宿县东北八里张给县以上干部作了支前工作动员，要求他们全力组织好战役支前工作，要亲自率领民工队伍完成支前任务。经过深入的思想动员，华中地区涌现出父子争当民工、

妻子送夫当民工、年轻人推迟婚期当民工的支前热潮。曹荻秋注重加强民工思想政治工作,广泛组织开展立功评功活动,及时在优秀民工中发展党员,发挥党员的模范带头作用。12月26日至29日,曹荻秋在徐州参加了华东、中原、冀鲁豫、华中联合支前会议。联合支前会议要求华中负责战场东、南两面的支前工作,支前任务相当艰巨。曹荻秋结合作战形势和支前任务,进一步领导支前动员工作广泛而深入地开展,号召华中地区党政军民一切为了前线、一切为了战争的胜利,采取一切措施,圆满完成支前任务。

1949年2月任华东支前司令部副司令员,6月任上海西南服务团团长。

中华人民共和国成立后,历任重庆市委第三书记、重庆市委第二书记、重庆市委第一书记、四川省委第三书记、重庆市副市长、重庆市市长。1955年起任上海市委副书记、上海市委书记处书记、上海市常务副市长、上海市市长,曾兼任对资本主义工商业改造十人小组组长、上海市经济计划委员会主任。

"文化大革命"中受迫害,1976年3月29日在上海逝世。1978年4月中共中央为曹荻秋平反昭雪。

管文蔚

苏北军区司令员

管文蔚（1904—1993），1904 年 1 月 24 日出生，江苏丹阳人。1924 年参加中国共产党领导的学生运动。1926 年 9 月加入中国共产党。1927 年 6 月任中共丹阳县委委员，7 月任丹阳县农民协会副会长兼秘书长，8 月任中共丹阳县委书记。1928 年 9 月任中共武进县县委书记、苏常特委巡视员，12 月任中共金坛县委书记。1929 年 10 月进入上海中央干部训练班学习，12 月任中共无锡县委书记。

抗日战争中，1938 年 2 月任丹阳抗日自卫总团总团长，7 月任丹阳游击纵队司令员。1938 年 9 月任新四军挺进纵队司令员。1940 年 8 月任靖泰临时行政委员会主任，11 月任苏北临时行政委员会主任。1941 年 3 月任苏中行政委员会主任，11 月兼任苏中军区第二军分区司令员。1943 年 1 月兼任中共苏中区区委敌军工作委员会书记。1944 年 2 月任苏中公学副校长。1945 年 4 月任苏中军区司令员，8 月任苏中行政委员会主任。参与领导创建和发展苏中抗日根据地和抗日游击战争。

抗日战争胜利后，1945 年 10 月任中共中央华中局委员。1946 年 3 月任华中野战军第七纵队司令员。

解放战争中，1947 年 6 月兼任苏中军区司令员。1947 年 1 月任华东野战军第十一纵队司令员，11 月任中共华中工委常委、华东野战军华中指挥部司令员。1948 年 3 月任苏北军区司令员，5 月兼任华中工委江南工作委员会书记。曾参加苏中战役。

淮海战役中，管文蔚率苏北军区部队于 1948 年 11 月 6 日攻克海州，11 月 7 日攻占新浦，后在淮阴、淮安地区对国民党军开展袭扰作战，阻滞其向北增援淮海战场，配合了中野和华野主力在淮海战场的大规模作战。同时解放了淮阴、淮安、高邮、宝应等地。

1949 年 1 月兼任华中大学校长，4 月任苏南军区司令员、无锡市军事管制委员会主任、中共无锡市市委书记、苏南行政公署主任，6 月兼任华东军政委员会委员。

中华人民共和国成立后，1952 年 5 月任中共苏南区区委第一副书记，9 月兼任苏南军区政委，10 月任江苏省委副书记。1955 年 2 月任江苏省副省长。1977 年 12 月任江苏省政协副主席。1981 年 12 月任江苏省委顾问。

是第五届、第六届全国政协常务委员。

1993 年 9 月 5 日在南京逝世。

傅秋涛

鲁中南军区司令员

傅秋涛（1907—1981），曾用名旭高、武民。1907年8月3日出生，湖南平江人。1925年参加农民运动，任三眼桥雇农工会委员长。1929年3月加入中国共产党。1930年任平江县嘉义区雇农工会委员长、赤卫团政委。1932年4月任湘鄂赣省赤色总工会委员长、湘鄂赣省赤色职工联合会书记、中共湘鄂赣省委员会委员。1933年3月任湘鄂赣省军区政治部主任。1934年1月任中共湘鄂赣省委副书记、浏（阳）宣（春）万（载）工作团书记、第三作战分区政委。

1934年11月任中共湘鄂赣省委书记、湘鄂赣省军区政委。1936年12月任湘鄂赣省苏维埃政府主席兼省军区政委。1937年5月任湘鄂赣军区人民抗日军事委员会主席。曾参与创建和巩固湘鄂赣苏区革命根据地和反"围剿"作战。

抗日战争中，1937年11月任湘鄂赣抗日军第一游击支队司令员。1938年1月任新四军军政委员会委员、新四军第一游击支队副司令员兼新四军第一团团长。1940年任新四军新第一支队司令员。1941年1月任新四军第一纵队司令员兼政委，后进入中共中央华中局党校学习，11月任新四军第七师副师长。1943年3月兼任皖江军区代司令员。参与领导创建和发展皖中抗日根据地和反日军"扫荡"作战。

抗日战争胜利后，1945年10月任中共鲁南区区委书记、山东军区鲁南军区政委。

解放战争中，1948年10月任中共鲁中南区委第一副书记、鲁中南军区司令员、军区第一副政委，11月兼任华东支前委员会主任、华东支前司令部司令员。

淮海战役中，负责统一调拨华东地区的民力和粮食。在大规模的支前运动中培养干部，发展党员，提倡实行耕战互助、合理负担、有偿派差等政策措施，有效地调动了人民群众的友前积极性。领导大规模修建山东地区公路、桥梁和电话线，保障交通和通信畅通。积极动员群众参军，为一线部队及时补充兵员。同时组织建设武装民兵，配合野战军完成剿匪、开辟新区和征集粮草等任务。领导建立了严密的粮食运输体系，确保部队打到哪里，粮站、粮库建到哪里。1948 年 12 月 2 日，徐州解放的次日，兼任徐州特别市军事管制委员会主任，接管徐州。领导抢修徐州周围 800 余公里铁路线，及时抢修茅村铁桥，保障一线部队粮弹及时补给。12 月 9 日兼任陇海、津浦铁路临时管理委员会主任，统一领导两条铁路线的抢修工作。杜聿明集团被围于陈官庄地区之后，傅秋涛采取帮助部队就地筹借粮食和有偿运粮相结合的办法，从华东支前委员会抽调 2000 余名干部配合部队就地筹粮，在徐州及周边地区动员商家汽车，有偿为部队紧急运粮。1949 年元旦，负责征调猪肉慰问华东野战军各部队。在淮海战役期间，华东支前委员会共动员 200 余万民工和民兵支前、参战，筹措、运送粮食约 10 亿斤，油、盐、肉等数百万斤，鞋、袜数百万双。

1949 年 3 月起任中共山东分局第一副书记、中共山东分局副书记、华东运输司令部司令员、上海市军事管制委员会运输司令部司令员。

中华人民共和国成立后，1950 年 7 月任中共中央复员委员会秘书长、人民革命军事委员会人民武装部副部长。1952 年 1 月任人民革命军委人民武装部部长，11 月任中央军委兵役法起草委员会秘书长。1955 年 4 月任解放军总参谋部队列部部长。1957 年任解放军总参谋部动员部部长。1975 年任解放军总参谋部顾问。1978 年 12 月任中共中央纪律检查委员会常委。

1955 年被授予上将军衔，获一级八一勋章、一级独立自由勋章、一级解放勋章。

是第二、第三届国防委员会委员。

1981 年 8 月 25 日在北京逝世。

康生

鲁中南军区政委

　　康生（1898—1975），原名张宗可，字少卿。1898 年出生，山东胶南（今属青岛）人。1924 年进入上海大学学习。1925 年 4 月加入中国共产党，后任上海总工会干事。1926 年起任中共上海大学特别支部书记、中共上海沪中区委书记、闸北区委书记、沪西区委书记、沪东区委书记、中共江苏省委委员。1928 年任中共江苏省委组织部长。1930 年 9 月任中共中央审查委员会委员。1931 年起任中共中央组织部部长、中央职工部部长。九一八事变后，曾拥护王明"左"倾冒险主义。1933 年 7 月赴苏联，参加中国共产党驻共产国际代表团工作，并进入列宁学院学习。1934 年 1 月中共六届五中全会上当选为中央委员、中央政治局委员。

　　1937 年起任中共中央党校校长、中央社会部部长、中央情报部部长、中央书记处书记、中央总学习委员会副主任。1945 年 6 月在中共七届一中全会上当选为中央政治局委员。

　　1948 年起任中共鲁中南区区委书记、鲁中南军区政委、中共中央山东分局书记、中共中央华东局副书记。

　　1950 年后长期养病。1956 年 9 月在中共八届一中全会上当选为中央政治局候补委员。1958 年任中央文教小组副组长。1962 年 9 月在中共八届十中全会上被增选为中央书记处书记。1966 年后任中央"文革"小组顾问、中共中央政治局委员、中共中央政治局常委、中共中央副主席等职。在"文化大革命"中，参与打击迫害大批党政军领导干部。

1975 年 12 月 16 日在北京去世。1980 年 10 月中共十一届五中全会向全党公布他的罪行，决定开除其党籍。

第二篇

国民党军参战部队将领

刘峙

徐州"剿总"总司令

刘峙（1892—1971），字经扶，别号天岳。1892 年 6 月 30 日出生，江西吉安人。1905 年冬赴日留学。1907 年起先后入湖南陆军小学、武昌陆军中学、直隶陆军第一预备学校、保定陆军军官学校学习，曾参加辛亥武昌起义、国民党"二次革命"。1916 年参加护国军，先后任岑春煊部参谋、驻川滇军连长、援赣第四军营长。1921 年后任粤军总司令部少校副官、中校副官、中校团附、孙中山北伐大本营第一游击大队长、广东东路讨贼军总司令部参谋兼卫队队长、建国粤军军事参议。1924 年 6 月起任黄埔军校兵学教官、参谋处科长、营长、团长等职，曾参加第一次、第二次东征。1926 年 2 月起任第一军第二师副师长兼参谋长、师长，曾参加北伐，任第一路军前线指挥、第一军第三纵队指挥官、第一军军长兼第二师师长。1927 年 10 月任军事委员会委员。1928 年任第一集团军第一军团总指挥兼第一军军长，第一军缩编为第一师后，任师长兼徐海"剿匪"总司令。1929 年在蒋桂战争中任讨逆军第一军军长兼第一师师长、讨逆军第二路总指挥、武汉卫戍司令、国民政府国军编遣委员会直辖第二编遣分区主任。1930 年任第二军团总指挥、津浦路总指挥、平汉线左翼军总指挥、河南省主席，曾参加中原大战。1931 年任国民政府委员、南路集团军总司令、驻豫绥靖公署主任。1932 年任"围剿"鄂豫皖苏区的中路军副司令官，9 月率部攻占新集、金家寨等地，蒋介石为褒奖刘峙，将新集改名为经扶县。1933 年任赣粤闽湘鄂"剿匪"军北路总司令，率部"围剿"中共中央苏区。1934 年 10 月任河南省保安司令。1935 年 4

月被授予陆军二级上将军衔，12 月任豫皖绥靖公署主任。1936 年 7 月任国防会议委员，获"国民革命军北伐誓师十周年"勋章，12 月任"讨逆军"东路集团军总司令。

抗日战争中，1937 年 8 月 12 日担任国民党第一战区第二集团军司令，驻防平汉路沿线，在抵抗日军沿平汉路南犯的作战中，率部连续溃退，连失重镇，被称为"逃跑将军"。1938 年 3 月 9 日任第一战区副司令长官，7 月任鄂湘川黔边区绥靖公署主任兼第五预备军司令官。1939 年 2 月 2 日任重庆卫戍总司令兼防空司令。1942 年因为"重庆隧道惨案"被免职。1945 年 2 月 11 日任国民党第五战区司令官。9 月在河南漯河接受日军投降。

1946 年 1 月任郑州绥靖公署主任，6 月指挥郑州绥靖公署和武汉行营部队围攻中原解放区，8 月率部进攻冀鲁豫解放区，9 月所部在定陶战役中被歼灭一部，蒋介石将刘峙撤职。后委以总统府战略顾问委员会委员职务，在上海家中赋闲。1948 年当选为第一届"国民大会"代表、主席团成员。6 月任徐州"剿匪"总司令部总司令。

淮海战役中，担任徐州"剿总"司令。战役第一阶段黄百韬兵团被围后，刘峙认为解放军主攻方向为徐州，因而主张"先巩固徐州，以有力部队行有限目标之机动攻击，策应黄百韬兵团作战"，拒绝执行蒋介石要求徐州"剿总"立即解黄百韬兵团之围的命令。蒋介石对刘峙进行严厉斥责，并命令杜聿明赴徐州担任徐州"剿总"副总司令兼前进指挥部主任，取代刘峙具体指挥"剿总"各部队作战。1948 年 11 月 29 日，刘峙率徐州"剿总"机关部分人员到蚌埠开设指挥所，统一指挥李延年、刘汝明两个兵团策应杜聿明集团和黄维兵团作战。

淮海战役结束后，1949 年 1 月刘峙被解职。后任总统府战略顾问委员会委员，7 月移居香港九龙。1950 年 10 月移居印度尼西亚。1953 年 1 月获准回台湾。1954 年 1 月被聘任为"总统府"国策顾问。2 月当选"国民大会"主席团主席。10 月任"行政院光复大陆设计研究委员会"委员。

是中国国民党第三、四、五、六届中央执行委员。著有《我的回忆》、《黄埔军校与国民革命军》等。

1971 年 1 月 15 日在台湾病逝。

杜聿明

徐州"剿总"副总司令兼前进指挥部主任

　　杜聿明（1904—1981），字光亭。1904 年
11 月 28 日出生，陕西米脂人。早年毕业于陕
西榆林中学。1924 年考入黄埔军校第一期学习，
并加入中国国民党，曾参加平定商团叛乱。黄
埔军校毕业后，先后任教导第一团第一营第三
连见习官兼军需，第三连第二排副排长、宣传
队员等职。曾参加第一次东征。1925 年赴河南
参与筹办国民军第二军校。后任第二军补充营
副营长兼第一连连长、高桂滋部特务营副营长。
1926 年北伐后，任黄埔军校武汉分校学兵团第
一营第三连连长。1927 年任国民党军总司令部训练处校阅委员会委员。1928 年任
中央陆军军官学校杭州预科大队第二中队队长。1929 年任中央陆军军官学校第七
期第四队队长，后兼任新编第一师第二旅参谋主任。1930 年任教导第二师第二旅
第一营中校营长、第六团团长，率部参加中原大战。后任陆军第四师第十二旅第
二十四团团长。1932 年 7 月率部参加对鄂豫皖红军的"围剿"，后任第十七军第
二十五师第七十三旅旅长、第二十五师副师长。

　　1933 年 3 月率部参加长城抗战，任第二十五师代理师长指挥作战。同年秋入
中央陆军军官学校高等教育班第一期进修，并参加复兴社。1936 年 3 月任南京陆
军交辎学校学员队队长，10 月 5 日被授予少将军衔。

　　抗日战争中，1937 年任国民党军陆军装甲兵团团长，在淞沪会战中指挥装甲
兵团一部协同步兵阻击日军。后参加南京保卫战。1938 年任第二〇〇师师长，12
月任新编第十一军副军长。1939 年任第五军军长，率部参加桂南会战，取得了昆

仑关大捷。后兼任昆明警备总司令。1941年2月作为"中国缅甸印度马来西亚考察团"团员,赴缅甸、印度、马来西亚三国考察。1942年3月任中国远征军第一路副司令官,率部入缅作战。回国后,1943年1月任第五集团军总司令兼昆明防守总司令、军事委员会驻滇干部训练团教育长。1945年2月被授予中将军衔,5月当选为中国国民党第六届候补中央执行委员,9月组织用武力改组了龙云的云南政府,解除了龙云对云南的统治。10月任东北保安司令。

1947年8月任东北行辕副主任。1948年当选为第一届"国民大会"代表,并为主席团成员,8月任徐州"剿总"副总司令兼第二兵团司令官。10月调任东北"剿总"副总司令兼冀辽热边区司令官,率部参加辽沈战役,11月2日辽沈战役结束,杜聿明指挥锦西、葫芦岛国民党军余部从海上撤退。

淮海战役中,战役第一阶段,11月8日杜聿明乘机抵达北平。11月11日凌晨飞赴徐州,复任徐州"剿总"副总司令兼前进指挥部主任,具体指挥救援被围在碾庄圩地区的黄百韬兵团。战役第二阶段,11月25日,从河南确山、驻马店地区赶赴徐州增援的黄维兵团被包围在双堆集地区。11月28日,蒋介石同意杜聿明提出的放弃徐州、退守淮河、救援黄维的建议,并决定徐州"剿总"司令刘峙率总部移至蚌埠,由杜聿明指挥邱清泉兵团、李弥兵团、孙元良兵团共3个兵团30余万部队迅速转移至淮河一线。11月29日,杜聿明正式下令放弃徐州,向西南方向"转进"。12月1日,杜聿明集团全部撤出徐州。12月3日,杜聿明收到蒋介石空投的亲笔信,命其"迅速令各兵团停止向永城前进,转向濉溪口攻击前进,协同由蚌埠北进之李延年兵团南北夹攻,以解黄兵团之围"。杜聿明阅信后认为如果遵蒋介石令必至全军覆没。如果按照"将在外,君命有所不受"的想法继续向永城出发,按原计划撤退到淮河附近,再向解放军攻击,解了黄维之围,尚可将功抵过。如果沿途受到解放军截击,部队遭受重大损失,又不能按计划解黄兵团之围,必然受到蒋介石的迁怒,受到军法处置。犹豫不决之际,杜聿明召集各兵团司令官商讨决策,最后决定遵蒋介石命向濉溪口进攻。12月4日杜聿明集团被华东野战军包围在陈官庄、青龙集和李石林地区。杜聿明按照蒋介石的指示以邱清泉兵团为主继续向濉溪口方向进攻。12月6日距离杜聿明指挥部所在地孟集仅1公里的黄庄和孙庄被解放军占领,杜聿明指挥部受到威胁,将指挥部由孟集向夏寨方向转移,路过李石林附近时遇到邱清泉和孙元良,邱、孙二人认为当前情况不利,要重新考虑战略。杜聿明和邱清泉、孙元良一起到李弥司令部商量对策,邱、孙二人主张突围，杜聿明左右为难，担心突围成功希望不大，突围失败既违抗命令又不能全师，无法向蒋介石交代。但仍决定邱清泉、孙元良、李弥三兵团分头突围。突围实施过程中，邱清泉、李弥兵团改变主意放弃突围，于是杜聿明下令停止突围，只有孙元良兵团切断与杜聿明指挥部的一切联系，开始突围行动并被解放军全部歼灭。杜聿明仍遵循蒋介石的命令，以邱清泉、李弥兵团继续向濉溪口方向攻击前进，并致电蒋介石要求抽调大军，集中一切可集中的力量与共军决战。蒋介石复电无兵可增，并要求继续攻击前进。12月10日由于空投粮弹不能满足十余万部队需要，杜聿明只好下令停止向濉溪口方向进攻，将部队收缩到东西长约10公里，南北宽约5公里的狭小范围内转入防御，固守待援，并以部分兵力寻隙突围。战役第三阶段，蒋介石致信杜聿明表示，无兵力可以抽调增援，将派空军并投掷毒气弹掩护杜聿明集团突围，杜聿明接令后给蒋介石回信，提出上、中、下三策，上策是由西安、武汉（必要时放弃）集中一切可以集中的力量，与人民解放军决战；中策是各兵团持久固守，争取"政治上的时间"。下策是全军遵令突围，结果可能是全军覆灭。并提出，部队已经粮弹两缺，如果突围，至少必须先投足够使用3天的粮弹，否则无法实施突围。然而12月19日起永城地区开始刮风并且阴雨绵绵，至23日开始下雪，气温剧降，飞机无法正常空投。面对士兵的饥寒交迫和解放军的政治攻势，为稳定军心，刺激国民党军军官升官发财的愿望，杜聿明下令晋升了一批中高级军官的职务。12月30日，蒋介石致电杜聿明："听说吾弟身体有病，如果属实，日内派机接弟回京医疗。"杜聿明复电："生虽有痼疾在身行动维艰，但不忍抛弃数十万忠勇将士而只身撤走。请钧座决定上策，生一息尚存，誓为钧座效忠到底。"1949年1月3日，永城地区天气好转，蒋介石坚持要杜聿明补足粮弹后在空军掩护下实施突围。1月9日，杜聿明率部在空军掩护下向西突围，遭遇解放军进攻。当晚，杜聿明召集邱清泉、李弥等人研究再次突围方案，关于夜间和白昼突围问题争执不下。杜聿明见各部队已经开始崩溃，便指示各部队分散突围，并向蒋介石发了最后一份电报："各部队已混乱，无法维持到明天，只有当晚分头突围。"随即与邱清泉一起带特务营向北突围，见邱清泉惊慌失措，便带着副官卫士等10余人转向东北，被老乡发现报告给解放军后被俘。

中华人民共和国成立后，杜聿明作为重要战犯在北京功德林战犯管理所改造，1959年12月4日第一批被特赦。1961年3月，任全国政协文史资料研究委员会专员。1964年被特邀为全国政协第四届委员会委员。1978年当选为第五届全国人大代表、全国政协第五届常委，担任文史资料研究委员会军事组副组长。

著有《淮海战役始末》《辽沈战役概述》《中国远征军入缅对日作战述略》、《蒋介石解决龙云经过》《古北口抗战纪略》（与人合著）等。

1981 年 5 月 7 日在北京逝世。

孙震

徐州"剿总"副总司令

　　孙震（1892—1985），本名孙定懋，字德操，
别号梦僧。原籍浙江绍兴，1892 年 2 月 5 日出
生于四川成都。1910 年加入中国同盟会。1911
年在陕西参加辛亥革命。1912 年考入保定陆军
军官学校。1913 年参加"二次革命"失败后，
参加川军。1915 年起在川军担任排长、营长，
曾参加四川护国讨袁战争。1918 年任中央陆
军第二十一师骑兵团营长、川军骑兵独立旅第
一团上校团长、中央陆军第二十一师第四十一
旅八十一团团长，8 月晋升为陆军少将军衔。
1920 年任第二十一师第四十一旅旅长。1923 年 9 月晋升为中将军衔。1924 年 4 月
任第二十七混成旅旅长。1925 年任川西北屯殖军副总司令。1926 年兼任第二十一
师师长。1927 年任第二十九军副军长兼第一路司令。1928 年任川康绥靖总司令部
第二路副总指挥。1933 年兼任川陕边区"剿匪"前敌总指挥，围攻红四方面军入
川部队。1935 年任第二十九军军长兼川康"剿匪"第二路总指挥，参加追堵长征
中的红军，5 月任第四十一军军长兼西北"剿匪"第六纵队司令。1936 年 2 月 25
日被授予中将军衔，11 月获颁三等云麾勋章。"西安事变"后，任"讨逆军"第五
预备军司令官。

　　抗日战争中，任川军第一纵队副总司令，率部出川抗日。1937 年 10 月任第
二十二集团军副总司令兼第四十一军军长，率部在山西同日军作战。1938 年所部
编入第五战区，参加台儿庄战役，5 月任第二十二集团军总司令，率部转战晋南、
河南、山东等地。1939 年 5 月 2 日被授予上将军衔。1943 年 3 月任第五战区副司

令官兼第二十二集团军总司令，10 月 10 日获颁二等宝鼎勋章。1944 年 10 月入陆军大学将官班甲级第一期学习。1945 年 3 月率部在鄂北老河口与日军作战，5 月当选为国民党候补中央监察委员。1945 年 8 月任平汉线受降副司令官。

1945 年 12 月任郑州绥靖公署副主任、第五绥靖区司令官。1947 年 6 月任陆军总司令徐州司令部郑州前进指挥部主任。1948 年当选行宪"国民大会"代表，6 月 29 日任徐州"剿匪"总司令部副总司令兼郑州指挥部主任，同年秋调任川鄂绥靖公署主任，郑州前进指挥部所辖第四十一军、四十七军、九十九军编为第十六兵团，淮海战役中均被人民解放军歼灭。1949 年任重庆绥靖分署副主任兼川东绥靖司令、西南军政长官公署副长官。1949 年 12 月赴台湾。后任"总统府"国策顾问、战略顾问，"光复大陆设计研究委员会"委员。

1958 年 11 月晋升为"陆军二级上将"军衔。著有《楸园随笔》等。

1985 年 9 月 9 日在台北逝世。

刘汝明

徐州"剿总"副总司令兼第八兵团司令

刘汝明（1895—1975），字子亮。河北献县人。1912年1月在景县参加北洋左路备补军。1913年任警卫团少尉排长，参加镇压白朗起义。1914年2月任北洋陆军第七师第十四旅连长、第十六混成旅连长。1916年赴川南与护国军作战。1917年4月任第十六混成旅上尉营附，随旅长冯玉祥挫败张勋复辟，因而取得冯玉祥的信任，10月任第十六混成旅少校副官。1918年2月任第三团团附。1919年4月起任第三团营长、第四团营长。

1921年8月任第十一师第二十二旅第四十四团第一营中校营长。1922年参加第一次直奉战争，10月任第二十五混成旅上校团长。1924年7月18日被授予陆军少将军衔，9月任警卫第一旅旅长。1926年3月任第十师师长，4月3日被授予陆军中将军衔。1927年1月任国民联军第二军军长兼第十师师长。1928年3月9日任国民政府军事委员会委员，10月任第二十九师师长，11月任南京国民政府参事。1929年4月任第二集团军特务师师长，5月任西北军第十军军长，10月任第五路军总指挥。

1931年1月任东北边防军第三军副军长，6月任第二十九军副军长。1933年4月兼任暂编第二师师长，6月兼任第一四三师师长，率部参加喜峰口和罗文峪抗日作战。7月入庐山军官训练团受训。1935年6月起任察哈尔省主席兼保安司令、民政厅厅长、冀察政务委员会委员。

抗日战争中，1937年8月任第六十八军军长。1938年6月任第二十八军团军团长。率部参加徐州会战、武汉会战等。1939 年 1 月任第二集团军副总司令，率部参加随枣、枣宜会战。1943 年 1 月任第二集团军总司令，1944 年 8 月入陆军大学将官班第一期受训。1944 年晋升为上将。1945 年 8 月 15 日日军投降，刘汝明奉令率部到许昌受降。

1945 年 10 月任郑州绥靖公署副主任兼第四绥靖区司令官。1948 年 8 月任徐州"剿总"副总司令兼第四绥靖区司令。

淮海战役中，第一阶段，刘汝明率第四绥靖区由砀山车运蚌埠，11 月 15 日第四绥靖区改称第八兵团，任徐州"剿总"副总司令兼第八兵团司令官。到达蚌埠后，第八兵团主力控制浍河、淮河地区固守河防。第二阶段，11 月 24 日徐州"剿总"按照蒋介石的部署，命令刘汝明兵团和李延年兵团一道沿津浦线两侧向北攻击，徐州的邱清泉、孙元良兵团和黄维兵团一起南北对进，打通徐蚌线。刘汝明为保存实力，迟滞攻击前进。11 月 27 日遭遇解放军后，刘汝明慑于解放军的强大攻势，迅速退至浍河南岸。解放军攻占固镇北部交通据点后，刘汝明又下令主动放弃固镇，第八兵团撤至淮河北岸。因为刘汝明部来源于西北军，国防部出现质疑刘汝明主动弃守固镇的传言，而蚌埠又有举足轻重的位置，蒋介石为表示对刘汝明的倚重，派国防部政工局局长邓文仪到蚌埠慰劳刘汝明，并督促其向北进犯。12 月 1 日刘汝明为表示"忠心"和北进的决心，亲自陪同邓文仪到前线督战，并指挥所部攻下固镇车站，告知邓文仪固镇已被攻占，邓文仪信以为真，当面夸奖第八兵团作战"英勇"，并表示要回南京向蒋介石报告，请求嘉奖。当晚，刘汝明担心占领固镇的部队被解放军歼灭，命令部队撤回浍河以南地区，但起草了要求部队确保固镇，严密警戒的命令以应付邓文仪，并制造了"固镇大捷"的新闻。同时，刘峙命令刘汝明派第五十五军掩护李延年兵团向北攻击前进，并命令刘汝明的第六十八军归李延年指挥，掩护李延年兵团的侧后安全。第三阶段，黄维兵团被全部歼灭之后，刘汝明指挥第五十五军守备澥河沿岸，掩护李延年兵团和第六十八军后撤。此后，刘汝明积极策划率部南逃，将六十八军调至淮南路，将五十五军调至蚌埠以南地区，仅留一小部分兵力在淮河以北担任守备任务。国民党军第一〇七军军长孙良诚向解放军投诚以后，孙良诚曾与解放军代表周镐一起到蚌埠劝刘汝明弃暗投明，刘汝明一面假装考虑，一面将此情况报告蒋介石，致使孙良诚被逮捕，周镐被枪决。

淮海战役后，刘汝明将第八兵团集结在淮南路两侧地区，随时准备南撤。后任京沪杭警备副总司令兼第八兵团司令。渡江战役后，任闽粤地区"剿匪"总司令，率部撤退到福建厦门地区。厦门解放后，所部被解放军全部歼灭。刘汝明相继退至金门、台湾。1952 年在台湾退役。

著有《刘汝明回忆录》、《七七忆战友》、《七七抗战与二十九军》等。

1975 年 1 月在台北病逝。

冯治安

徐州"剿总"副总司令兼第三绥靖区司令

　　冯治安（1896—1954），原名治台，字仰之。1896 年 11 月 12 日出生，河北故城人。1912 年加入北洋左路备补军。1914 年随冯玉祥军进入陕西参加镇压白朗起义，升为排长。1916 年参加护国战争，升任连长。1921 年任模范连连长，曾被冯玉祥赏识，树立为全军的榜样，后升任学兵营营长，在山西参加讨伐陈树藩作战。1922 年进入军官教导团学习。1924 年 10 月任国民军手枪第二团团长，参加北京政变，后任西北军手枪旅旅长。1926 年 9 月任西北军第四师师长。1927 年 5 月起任第十四军军长、第二十三军军长。1928 年进入陆军大学特别班第一期学习。1929 年任第二十九军第二十八师师长、第十一军军长，率部参加中原大战。1931 年任第二十九军第三十七师师长。1932 年 8 月任察哈尔省警备司令。

　　1933 年日军进攻山海关、热河和长城各要塞后，任第三路军前敌副总指挥，率部参加喜峰口、罗文峪等战役。喜峰口战役胜利后，被授予青天白日勋章。1935 年 4 月被授予中将军衔，6 月入庐山军官训练团学习。1936 年 11 月任河北省政府主席兼保安司令。1937 年 4 月兼任晋察冀政务委员会委员，主持第二十九军军务。

　　抗日战争中，1937 年 7 月 7 日在卢沟桥抗战中，冯治安明确指示所部："为维护国家主权与领土完整，寸土都不许退，可采取武力自卫及断然处置。国家存亡在此一举，设若冲突，卢沟桥即是你们的坟墓！"7 月 8 日中共中央通电："拥护和赞扬冯治安部的英勇抗战。"7月底任第二十九军代理军长。8月任第一集团军副总司令兼第七十七军军长。1938年初率部配合徐州会战。台儿庄战役后，任第十九集团军军团长，率部参加武汉会战。1938年12月任第三十三集团军副总司令，率部在湖北长寿店、襄樊等地开展抗日斗争。1940年4月任第三十三集团军总司令兼第六战区副司令官。1945年5月当选为中国国民党第六届中央监察委员。抗日战争胜利后，在湖北和河南接受日军投降。

解放战争中，冯治安担任徐州"剿总"副总司令兼第三绥靖区司令官。

淮海战役中，第三绥靖区下辖第五十九军和第七十七军。冯治安率部奉命放弃临城、枣庄一线阵地，集中兵力守备韩庄、台儿庄运河南岸阵地及其以南地区。11月8日第三绥靖区副司令官何基沣、张克侠率所属第五十九军的两个师和七十七军的一个半师共计2.3万余人分别在贾汪、官路口和台儿庄同时举行战场起义。起义前，何基沣、张克侠二人曾多次劝说和争取冯治安起义，引起冯治安怀疑。冯治安设法对何基沣、张克侠进行监视控制，将张克侠长期留在徐州，不让其到前线直接掌握部队，连张克侠必须参加的绥靖区作战会议都搬到了徐州召开。何、张起义后，冯治安赴南京"请罪"，蒋介石任命其为京沪杭警备副总司令。

1949年去台湾后，任"总统府"战略顾问和"光复大陆设计委员会"委员。1954年12月16日在台北病逝。逝世后被台湾当局追赠为"陆军上将军"。

韩德勤

徐州"剿总"副总司令

韩德勤（1892—1988），曾用名韩韬，字楚箴。1892 年 10 月 8 日出生，江苏泗阳人。1909 年考入江苏陆军小学第四期，后相继在湖北陆军第二预备学校、河北陆军学堂、保定陆军军官学校第六期步兵科学习。1918 年入北洋军担任见习军官，后任川军第一混成旅旅部参谋、第一团团附。1926 年加入中国国民党，任第二十师团附、国民革命军新编第二十一师副官处处长。1927 年任第三师参谋长、新编第九军参谋长、第三师副师长。1928 年任陆军第二师第五旅副旅长、第三师第七旅旅长。1929 年任新编第三旅旅长、第五十二师副师长。1930 年任第五十二师师长。1931 年兼任南昌卫戍司令。后任陆军第二师副师长。1932 年 4 月任江苏省政府委员兼保安处处长。1933 年任"剿共"北路军参谋长、江西绥靖公署参谋长。1935 年任军事委员会重庆行营办公厅主任、贵州省政府委员。1936 年任贵州省政府代主席，当年先后被授予少将军衔和中将军衔。1937 年任西安行营办公厅厅长。

抗日战争中，1937 年 8 月任第二十四集团军代总司令兼第八十九军军长，11 月任江苏省政府委员兼民政厅厅长、省政府代主席。1938 年 3 月兼任第三十三师师长，率部参加徐州会战，5 月任江苏省政府主席。1939 年 2 月任鲁苏战区副总司令，10 月任江苏省政府主席兼任江苏省保安司令。1943 年 3 月，在山子头战役中被新四军俘虏，被释放后，任鲁苏战区苏北第一游击区总指挥。1945 年任第三战区副司令长官，5 月当选为中国国民党第六届候补中央监察委员。

抗日战争胜利后，任第三战区司令长官前进指挥所主任，在浙江受降区接受日军投降。

解放战争中，1946 年 6 月任徐州绥靖公署副主任、陆军总司令部徐州司令部副总司令，11 月当选为"制宪国民大会"代表。1947 年 7 月当选为国民党党团合并后的第六届候补中央监察委员。1948 年 3 月当选为第一届"国民大会"代表，6 月任徐州"剿匪"总司令部副总司令，10 月兼任司令部政务委员会委员、常务委员。后任联勤总司令部副总司令。

淮海战役中，负责调集军用物资，空投徐州。

1949 年 5 月随国民党赴台湾，任"总统府"战略顾问委员会顾问。1952 年 10 月退役。1954 年起先后当选为第一届"国民大会"第二、三、四、五、六次会议主席团主席。

1988 年 8 月 15 日在台北病逝。

李延年

徐州"剿总"副总司令兼第六兵团司令

　　李延年（1904—1974），字吉甫，又名益寿。1904 年 3 月 11 日出生，山东广饶人。1923 年加入中国国民党。1924 年考入黄埔军校第一期，11 月任教导团排长。1925 年参加国民党军两次东征，任国民革命军第一军第二师第四团第三营长。1926 年 10 月任国民革命军第一军第二师五团团长，参加北伐战争。1929 年 5 月任第二师副师长，7 月任第九师第二十六旅旅长。1930 年任第八十八师副师长。1931 年任第九师师长兼徐州警备司令。1933 年任东路军第四纵队司令官兼第九师师长。1934 年 12 月起任绥靖第三区司令兼第九师师长、绥靖第四区司令。1935 年 4 月 9 日被授予中将军衔。

　　抗日战争中，任第二军军长兼第九师师长，率部参加淞沪会战。1938 年 5 月率部增援台儿庄会战，截击日军援军，后任第十一军团军团长兼第二军军长，率部参加武汉战役。1939 年任第三十四集团军副总司令兼第二军军长，率部参加昆仑关战役。1942 年任第三十四集团军司令官。

　　1945 年任第十一战区副司令长官兼山东挺进军总司令，8 月在山东地区接受日军投降。

　　解放战争中，1946 年任徐州绥靖公署副主任兼第九绥靖区司令。1947 年任第一兵团副司令官，6 月任陆军总部郑州指挥所主任、第二兵团司令官兼陆军总司令部徐州司令部副司令。1948 年任第九绥靖区司令官，6 月兼徐州"剿匪"总司令部副总司令，10 月兼任蚌埠指挥所主任，主要负责指挥后方各绥靖区，统一指挥南线作战。

淮海战役中，11月6日李延年接到刘峙电令，放弃海州连云地区，向徐州集结。后又令第九绥靖区的第四十四军西进新安镇，归黄百韬兵团指挥。李延年率第九绥靖区赴蚌埠。11月中旬在蚌埠组建第六兵团。李延年任第六兵团司令官。第六兵团下辖第九十九军、第五十四军、第三十九军。11月下旬，顾祝同命令李延年率部北援黄维兵团，实现徐州和蚌埠之间的国民党军三路会师计划。李延年部署第五十四军为右路渡过淮河在津浦铁路以东北进，第九十九军为中路渡河后沿铁路沿线北进，第三十九军为左路沿铁路以西北进。各部北进中遭遇解放军坚决阻击，被阻于任桥地区。黄维兵团被包围之后，蒋介石又令李延年率部收复浍河、濉河、沱河地区，解黄维被围之急，此时第六十六军也划归李延年指挥，李延年率部向北攻击4天，仍被阻于浍河南岸。黄维兵团即将被全歼之际，蒋介石再次急令李延年率部北进掩护黄维兵团突围，但李延年兵团在解放军的坚决阻击下，根本无法前进，只得令各军构筑工事，就地抵抗。黄维兵团被全歼之后，12月17日李延年命令各军相互掩护后撤，逐次撤回蚌埠后，相继南调。

1949年任京沪杭警备副总司令兼第六兵团司令，4月任金华指挥所主任，5月后任福州绥靖公署副主任兼第六兵团司令官，9月人民解放军攻占福建平潭岛后，率部逃往台湾。1950年6月15日因"平潭岛撤退"被蒋介石以"无令撤退"问罪，判处其有期徒刑10年。服刑1年后假释出狱。

1974年11月17日在台北病逝。

李树正

徐州"剿总"参谋长

李树正（1913—1991），字清源。甘肃皋兰（今白银）人。1929年参军。黄埔军校第七期参谋班毕业，陆军军官学校参谋班、陆军国防大学参谋系毕业。曾任国民革命军第三十九军排长、连长、营长、团长等职。

1940年任国民革命军军令部第三处科长、副处长、处长。1941年1月曾拒绝参与制造皖南事变，被免职。1942年任第五军工兵团团长，随中国远征军赴缅甸，对日作战。抗日战争中，曾参加忻口会战、豫中会战、滇缅路抗战。

1945年日本投降时，曾以盟军中华民国代表身份前往东京湾参加密苏里舰接受日本投降典礼。

解放战争中，1947年7月任国防部第三厅第二处处长、国防部部长办公室主任。1948年9月22日被授予陆军少将军衔，10月任徐州"剿总"参谋长。

淮海战役中，1948年10月中旬徐州"剿总"副总司令杜聿明奉命赴辽沈战场之后，刘峙非常着急，李树正认为解放军中野和华野会合之前不敢进攻徐州，于是并未建议刘峙调整杜聿明原定的作战部署，仍将徐州"剿总"所部布置于以徐州为中心的东西两侧成一字形排列。杜聿明返回徐州之后，发现徐州周边国民党军报告均遭遇解放军主力进攻，刘峙和李树正都被战场形势迷惑，不能提供准确的作战形势依据。杜聿明经过分析后，提出大胆抽出徐州以西邱清泉兵团东援黄百韬，但李树正很怀疑这个意见，不敢同意抽兵东援。杜聿明又提出让黄百韬兵团固守碾庄，徐州国民党军先击破西侧中野的方案，李树正认为不符合蒋介石命令极力反对。对杜聿明提出的邱清泉、李弥兵团全力东援方案，也不表示意见，刘峙也犹豫不决，至 11 日刘峙才决定命邱清泉兵团东援。随着黄百韬兵团被全歼，黄维兵团被包围的形势发展，蒋介石决定放弃徐州，11 月 28 日李树正随刘峙一起乘飞机撤回蚌埠。

1949 年撤至台湾。1950 年 6 月被授予"陆军中将"军衔，9 月任"陆军总部"副参谋长。后任"国家安全委员会"委员、"国防部"研究院军事组首席讲座、《三军联合月刊》社总编辑。1971 年退役。

著有《新参谋业务》等。

1991 年在台湾病逝。

章毓金

徐州"剿总"副参谋长

章毓金（1907—1974），少号笠夫。1907年5月18日出生，安徽歙县人。中央陆军军官学校第六期步科、陆军交辎学校辎重兵科、陆军大学特别班第七期毕业。历任国民革命军第三十九军第五十六师排长、连长、营附、营长、参谋等职。

抗日战争中，历任国民革命军第一兵团参谋处参谋、第九战区参谋处参谋、湖南军管区征募处处长、军令部参谋等职。曾参加淞沪会战、兰封战役和长沙会战等战役。

解放战争中，1946年任徐州绥靖公署参谋处副处长。1948年淮海战役中任徐州"剿总"副参谋长兼第三处处长。11月28日随徐州"剿总"司令刘峙乘飞机赴蚌埠。后任第六兵团第九十六军师长。赴台湾后，进入"革命实践研究院"第三期、圆山军官训练团高级班第三期、陆军指挥参谋学校将官班第四期受训。1950年3月10日被授予"少将"军衔。后历任第八军副军长、"国防部"联合作战计划委员。退役后，任台湾普通汽车客运联合会秘书、第一商业银行顾问。

著有《游击部队与正规部队的配合作战》、《论敌后作战》、《论地面部队机动力》等。

1974年6月10日逝世。

孙元良

徐州"剿总"前进指挥部副主任兼第十六兵团司令

孙元良（1904—2007），1904 年 3 月出生于四川成都，原籍浙江绍兴。1924 年考入黄埔军校第一期，曾参加孙文主义学会。毕业后任国民革命军第一军第一师连长、营长，曾参加第一、第二次东征和平定刘（震寰）杨（希闵）叛乱。1926 年参加北伐，任第一军第一师第一团团长。1927 年进入日本东京陆军士官学校第二十一期炮兵科学习。回国后，任第一军第一师野炮营营长、陆军第二师第七团团长。1930 年 5 月参加中原大战。1931 年 5 月任警卫军第一师一旅旅长，率部参加平定石友三叛乱，后任第八十七师第二五九旅旅长。1932 年参加一·二八淞沪战役，任第八十八师副师长。1937 年任第八十八师师长、苏（州）常（州）守备司令、南京警备副司令，12 月率部开赴福建镇压"福建人民政府"，参加对红军的第五次"围剿"。1935 年 4 月被授予少将军衔。1936 年 10 月被授予中将军衔。

抗日战争中，率部驻防上海，1937 年 8 月参加淞沪会战，任第九集团军第八十八师师长。战后获云麾勋章，任第七十二军军长兼第八十八师师长。12 月参加南京保卫战，驻守城南雨花台一带。1943 年 9 月任第二十八集团军副总司令。1944 年 7 月兼任第二十九军军长，率部在贵州东南地区作战，曾获青天白日勋章。

解放战争中，1946 年 6 月任重庆警备司令。1947 年 10 月任郑州绥靖公署整编第四十七军军长。1948 年 9 月任徐州"剿总"前进指挥部副主任兼第十六兵团司令官。10 月奉命由商丘转至蒙城地区，保障津浦路徐蚌段安全。

淮海战役中，1948年11月初奉命开赴宿县，确保徐州后方安全。尔后又接令赴徐州以南三堡地区待命，后接替李弥兵团负责徐州防务。黄维兵团被围后，为了贯彻蒋介石提出的南北夹攻，打通徐蚌线的命令，孙元良部署部队由徐州向南攻击前进，但终被解放军坚决阻击。11月30日率部随杜聿明集团撤出徐州，向西南方向撤退。12月4日被解放军包围于河南永城境内的陈官庄地区。12月6日，孙元良和邱清泉建议杜聿明突围，得到杜聿明同意后，孙元良立即回到兵团司令部，传达突围命令，部署实施突围，并下令破坏重装备，切断电话线及其他一切通信设施。当日邱清泉和李弥以当面敌人重重为由，放弃突围计划，但因孙元良兵团失去联络而无法通知其变更的计划，晚上，孙元良率部单独突围，部队十分混乱，进至解放军阵地前时受到解放军阻击，全兵团被歼灭。孙元良化装潜逃。

1949年1月孙元良在南京和武汉收容溃散官兵，开赴四川丰都、万县等地重新组建第十六兵团，并任司令官兼第四十一军军长和第十编练司令部司令，12月任代理川鄂绥靖公署主任，后其所部在四川什邡起义，孙元良离开部队赴成都。1950年初到台湾，曾任瑞祥针织公司董事长。1956年去日本，旅居国外。1975年返回台湾定居。

著有《世界军事史》、《亿万光年中的一瞬》等。

2007年5月在台湾逝世。

舒适存

徐州"剿总"前进指挥部参谋长兼第二兵团副司令

舒适存（1898—1989），原名寿祺。湖南平江人。1918年参加湘军，历任湘军第二师排长、连长、营长。1926年任国民革命军第四十四军团长。1930年7月在长沙被红军俘虏，并参加工农红军，先后担任红八军参谋长、红三军团总指挥部参谋处作战科科长。1932年逃往南昌投降国民党，任南昌行营参议。1934年进入陆军大学特别班第二期学习。

抗日战争中，任第二师参谋长、荣誉第一师副师长、师长。曾率部参加台儿庄、昆仑关、鄂西保卫战等战役战斗。1943年3月任驻印新一军参谋长。1944年7月任新编第六军副军长。1945年1月任新编第一军副军长、第七十四军副军长。

解放战争中，1946年任新编第六军副军长兼长春警备司令。1948年任徐州"剿总"前进指挥部参谋长兼第二兵团副司令官。

淮海战役中，协助徐州"剿总"副总司令兼前进指挥部主任杜聿明，拟定作战部署，落实作战计划。1948年12月19日，舒适存和国民党空军总司令部第三署副署长董明德一起从南京飞抵陈官庄，带回了蒋介石的亲笔信，要求杜聿明组织突围。舒适存告诉杜聿明："委员长指示，希望援兵不可能，一定要照他的命令计划迅速突围。别的没有什么交代。"杜聿明很失望，但念于董明德在场，仍然拟定了大意为希望蒋介石调兵支援，如果突围，绝对达不到希望的效果的上、中、下三策，让舒适存和董明德飞往南京向蒋介石请示，因为连日大雪，12月29日舒适存才飞赴南京。舒适存到南京之后，蒋介石并未和舒适存提起"三策"的事，

只是有一次蒋介石写了一份"手谕"交给舒适存，要他立即到联勤总部查询，将库存防毒面具带回陈官庄，以备突围之用。舒适存返回陈官庄时，带回800余具防毒面具，空军也向陈官庄战场投下了大量的瓦斯弹，但此时杜聿明集团已经完全崩溃了。

1949年任南京卫成副司令，5月赴台湾，任陆军训练副司令。后任台湾防卫副总司令兼参谋长、环岛防卫工事督导处处长等职。1952年任"国防部"战略计划委员会委员。1959年退役，任台湾电力公司顾问。1966年兼任世界新闻专科学校教授。

1989年5月19日在台北逝世。

文强

徐州"剿总"前进指挥部副参谋长

　　文强（1907—2001），号念观。湖南长沙人。1924 年考入湖南艺群美术专门学校。1925 年加入中国共产主义青年团，考入黄埔军校第四期。1926 年由周恩来介绍加入中国共产党，又由邵力子介绍加入国民党。6 月进入国民革命军总司令部政治部战时政治训练班受训，9 月任国民革命军第二十军军事政治学校第一大队大队长。1927 年参加南昌起义，任红军第二十军政治部秘书、第三师特务连连长。1928 年受中国共产党委派，进入川军第二十八军第七混成旅第二团开展兵运工作，曾任副营长、手枪大队长、团附等职。1929 年任中共江巴兵委书记、红军第一师师长。1930 年任中共四川省委委员、中共四川省委常委兼军委书记、中共川东省委书记。1931 年被叛徒出卖而被捕，出狱后任少年通讯社社长。后再次加入国民党，任浙江省中央警官学校情报参谋训练班政治训练员、国民党参谋本部乙厅参谋。

　　抗日战争中，任国民党复兴社特务处驻上海办事处处长兼苏浙行动委员会人事科科长。1937 年 11 月起任国民革命军前方办事处主任、军事委员会教导总团政训处处长、"忠义救国军"政治部主任。1940 年任上海统一行动委员会兼军统局策反委员会主任委员。1942 年起任军事委员会高参、军统局华北办事处主任兼冀察战区挺进第八纵队司令、第一战区调查统计室主任。1944 年任军统局河南站站长兼中美合作所第三特种技术训练班副主任。1945 年任军统局北方区区长兼第一战区司令长官部肃奸委员会主任委员、军统局东北办事处处长。

解放战争中，1947年5月起任国防部保密局东北工作督导室主任、东北行营督察处处长、东北肃奸委员会主任委员、东北保安司令长官部督察处处长、保密局北平站站长。1948年任长沙绥靖公署办公室主任兼第一处处长。1948年9月任徐州"剿总"前进指挥部副参谋长。

淮海战役中，协助杜聿明指挥部队参加作战。杜聿明集团撤出徐州前夕，杜聿明将直属部队编成2个纵队，任命文强为第一纵队指挥官，指挥特务团、宪兵团、工兵团、炮兵团、通讯团撤退。文强按照指定的地点和时间到达集结地之后，等了3个多小时，只有几个部队主官到达，其所属部队都争先恐后地各自逃命去了。1949年1月8日，在解放军总攻的强大攻势下，杜聿明集团已经溃不成军，杜聿明和第二兵团司令官邱清泉一同去了邱清泉兵团第五军军部，指望第五军作掩护，杜聿明将前进指挥部的指挥交给了文强，此时文强亦无计可施，便选择了一个空地上的冰窖作为临时指挥部，杜聿明后来打来电话要求指挥部人员到第五军军部随他一起行动，指挥部内部混乱，竞相逃跑。1月10日文强被解放军俘虏。

1975年3月19日获得特赦。曾任全国政协文史资料研究委员会专职委员、民革中央监察委员、黄埔军校同学会理事、北京市黄埔军校同学会副会长、中国老年基金会常务理事等职。

是第六届、第七届全国政协委员。

2001年10月22日在北京逝世。

邱清泉

第二兵团司令

邱清泉（1902—1949），原名青钱，字雨庵。1902 年 1 月 27 日出生，浙江永嘉人。1922 年进入上海大学社会学系学习。1924 年考入黄埔军校第二期工兵科，1925 年参加第一次和第二次东征，历任工兵营第三连排长、连长。1927 年任黄埔军校武汉分校工兵大队第一队队长、国民革命军总司令部训练处科员、侍从室副官。1928 年 1 月任第九军第三师补充团营长，率部参加龙潭战役。1930 年参加中原大战。1931 年任第十师第五十九团团长。1932 年任豫皖鄂三省"剿匪"军总司令部政治训练处训练科科长。1933 年任中央陆军军官学校政治训练处处长兼复兴社中央陆军军官学校分社书记。1934 年进入德国工兵专门学校学习。1935 年进入柏林陆军大学学习，专修机械化部队战术。1937 年 5 月任中央教导总队参谋长，参加南京保卫战。1938 年 3 月任陆军第二〇〇师副师长兼突击第一纵队司令，参加兰封战役、信阳战役，10 月任第五军新编第二十二师师长。1939 年 6 月被授予少将军衔，12 月率部参加昆仑关战役。1940 年 5 月任第五军副军长，9 月任军事委员会委员长侍从室参议。1941 年 3 月任军训部第十六补充兵训练处处长兼重庆第三警备区司令。1942 年任西安中央陆军军官学校第七分校副主任。1943 年 1 月任第五集团军第五军军长。1944 年率部参加中国远征军，参加滇西会战。

抗日战争胜利后，曾指挥第五军第九十六师、第四十九师参加解除龙云政府武装。

解放战争中，曾率第五军在苏中战役、定陶战役、巨野战役、进攻山东解放区、豫东战役中进攻解放军。1948 年 5 月在豫东战役中指挥不力，导致失败，被蒋介石惩处。1948 年 9 月任第二兵团副司令官。济南战役中，奉命率部增援，途中被解放军阻击。济南战役失败后，率部移驻商丘。9 月 22 日被授予中将军衔，10 月任第二兵团司令官。

淮海战役中，邱清泉判断出要有一场大仗要打，自己也必然要参与其中，于是为打仗做好准备，他认为第二兵团在武器装备方面比解放军强，于是设计了所谓的"钓鱼战法"进行演习，还邀请了国防部军事人员和新闻记者参与观摩，但是只是虚张声势，并未敢在战场上使用。同时也使用发迷信的"毒咒"的方法企图提高士气。战役发起后，邱清泉率部从徐州以西边打边向徐州收缩，一路被解放军牵制，但仍然向蒋介石谎报胜利，虚报战绩。黄百韬兵团在碾庄地区被包围后，邱清泉奉命率部和李弥兵团一起向东增援黄百韬兵团。邱清泉为保存实力并未积极向东增援，蒋介石多次亲自打电话督促，邱清泉牢骚满腹又不得不部署部队执行东援计划。解放军为引诱国民党军向东深入，求歼邱清泉、李弥兵团，主动从潘塘地区向东转移之后，邱清泉急忙向国防部标榜战功，报告当面解放军总退却，国民党在南京和徐州还制造了"潘塘大捷"的闹剧。之后，由于受到解放军阻击、侧击，邱清泉兵团向东推进速度相当缓慢。直至黄百韬兵团被全部歼灭，邱清泉和李弥兵团还距离碾庄圩的黄百韬兵团有 21 公里，而且伤亡近万人。黄百韬兵团被全歼后，邱清泉、李弥兵团撤回徐州。后率部企图南下打通津浦线未逞。邱清泉曾抱怨："这打的什么仗？怎么要我同时执行两项任务呢？大概不把我打光，他们是不甘心的。"1948 年 11 月 30 日，邱清泉率第二兵团随杜聿明集团撤出徐州，向西南方向撤逃，12 月 4 日被解放军包围在河南永城境内的陈官庄地区。邱清泉和杜聿明集团下辖的另外两个兵团——李弥和孙元良兵团采取三面掩护、一面进攻，逐次跃进的战法突围，邱清泉兵团负责向濉溪口方向进攻。由于进展缓慢，邱清泉和孙元良主张三个兵团分头突围，但杜聿明同意突围后，邱清泉和李弥又主张放弃突围，只有孙元良兵团一个兵团实施突围，后孙元良兵团被解放军全部歼灭。突围失败后，邱清泉兵团继续向濉溪口方向进攻，逐渐损耗严重，战斗力急剧下降，加之天气条件恶劣，空投补给很难满足官兵和作战需要。12 月 10 日奉命放弃进攻，在陈官庄地区固守待援。1949 年 1 月 6 日解放军向陈官庄地区的杜聿明集团残部发起总攻，1949 年 1 月 10 日，邱清泉命令第二兵团残部突围并自行决定去向，自己在突围中毙命身亡。后被国民党追赠为陆军上将军衔。

著有《教战一集》、《教战二集》、《军队生活教育》等。

谭辅烈

第二兵团副司令

谭辅烈（1903—1982），江苏高邮人。曾先后在苏州省立体育专科学校、西江陆海军讲武堂、黄埔军校第一期步科、日本陆军骑兵学校及机械化专门学校学习。曾任中央直辖广东东路讨贼军第一师第一旅第二团第二营第七连司务长、粤军第五路游击营三连排长、虎门各军总指挥处军需官。1924年5月进入黄埔军校第一期第一队学习，参加孙文主义学会活动。毕业后任黄埔军校教导团排长、连长、国民革命军第一军第二师第六团营长、团长、骑兵第一旅第二团团长、骑兵第十旅旅长。曾参加第一、二次东征和北伐战争。1930年起任国民党河南省党部执行委员、江苏中学校长。1933年7月任独立骑兵第十一旅旅长。1936年任津浦路南段警备司令部参谋长。

抗日战争中，任中央军校第十四期第一总队骑兵科长、中央军校第十五期教育处副处长、第十六期步骑兵总队总队长、中央军校教育处处长、国民党甘肃省党部委员、第一战区独立骑兵旅旅长。

解放战争中，1946年起任郑州绥靖公署高参、甘肃天水骑兵学校校长。1948年任徐州警备司令。1948年9月被授予少将军衔。

淮海战役中担任第二兵团副司令官、徐州警备司令。1948年11月底，杜聿明集团决定撤出徐州之后，曾命令徐州警备司令谭辅烈征用徐州市城郊所有公私车辆，供撤退使用。将徐州市各公司银行的现金集中，随军押运。但是当谭辅烈实施此项任务时，发现征用到的汽车并不多，银行现金早已先于国民党军撤退前专机运走。杜聿明还为组织各部队有序撤离徐州，将其直属部队编成两个纵队，任命副参谋长文强为第一纵队指挥官，谭辅烈为第二纵队指挥官，负责指挥警备司令部原属部队、地方部队、机关警卫、留守部队以次撤退，但是各部队都已各自逃跑，基本无人听从指挥。1949年1月10日，谭辅烈和徐州"剿总"司令杜聿明、第二兵团司令官邱清泉和第二兵团参谋长李汉萍一起离开陈官庄，后四人便失去联络。

1949年谭辅烈到台湾，任"国防部"高参。1956年退役，自己筹款兴办淡水鱼养殖场。

著有诗集《春去梦回》等。

1982年6月6日逝世。

高吉人

第二兵团副司令

高吉人（1902—1979），字善庭。1902 年 12 月 19 日出生，陕西靖边人。黄埔军校第四期步兵科、中央陆军军官学校高教班第三期毕业，中央训练团党政高教班结业。曾参加北伐战争，历任排长、连长、营长。1931 年任第二十五师第二十一团团附。1933 年任第二十一团团长。1936 年任陆军装甲兵团补充营营长。1938 年任第二〇〇师第一一五二团团长。1939 年任第二〇〇师副师长，率部参加随枣会战、第一次长沙会战和昆仑关战役。1942 年 3 月率部参加中国远征军，5 月任第二〇〇师代理师长，参加滇西作战。1943 年任第二〇〇师师长，4 月任中央训练团第二大队大队附。1945 年 4 月任第五军副军长兼第二〇〇师师长，后任整编第七十师师长。

1948 年 11 月参加淮海战役，任第七十军军长。第七十军属第二兵团，下辖第三十二师、第九十六师、第一三九师 3 个师。黄百韬兵团被解放军包围在碾庄后，高吉人率第七十军奉命随第二兵团于大坝南北之线至陇海铁路地区展开，目标是在空军和炮兵的掩护下攻击前进，解碾庄圩附近黄百韬兵团之围。11 月 13 日起，第七十军向华东野战军第七纵队、第十一纵队的阻援部队攻击，占领了第七纵队殷山、邓庄阵地和第十一纵队盛山、邓家楼阵地。后在华东野战军第十一纵队反击下被迫退出盛山、邓家楼两地。第七十军随第二兵团进攻，伤亡较大，在解放军主动后撤的情况下，13 日向东推进约 3—6 公里。14 日第七十军占领前杨新庄、张庄、刁庄、崔庄等地。15 日占领华野十一纵之城西头、中山、大赵庄阵地。16

日占领华野十一纵之小赵庄、鼓山阵地。17日开始，解放军为切断邱、李兵团和徐州联系，主动后撤至大许家一线。国民党军误以为解放军"溃退"，大肆鼓吹"徐东大捷"，并令邱、李兵团"追击"，邱、李兵团在大许家地区受到解放军顽强阻击，19日第七十军之团山阵地被解放军攻克，威胁狼山等地阵地。22日，黄百韬兵团被全部歼灭。杜聿明下令邱、李兵团后撤，返回徐州。根据国民党采取三路会攻，打通徐蚌的作战方针，徐州的邱清泉、李弥、孙元良兵团，蚌埠的李延年、刘汝明兵团和黄维兵团，分别从原驻地向宿县进攻，南北夹击打通徐蚌线，恢复铁路运输。高吉人奉命率第七十军向徐州以南进攻。由于徐南进攻受阻，11月30日杜聿明集团放弃徐州，向西南方向撤退，高吉人亦率第七十军向陈官庄方向撤退。12月4日，根据蒋介石的指令，杜聿明部署邱清泉兵团由青龙集向濉溪口方向进攻，以解黄维兵团之围。受到华东野战军十纵顽强阻击，邱清泉为保存实力，将第五军按兵不动，以第七十军和第七十四军为一线进攻部队，高吉人和第七十四军军长邱维达对此十分不满。12月10日，由于天气恶劣，粮弹匮乏，战斗力减弱，杜聿明下令停止向濉溪口进攻，并以一部向东南方向试探性进攻突围，高吉人指挥所部在豆凹、鲁楼、郭楼阵地与解放军进行反复争夺，突围不见成效。1949年1月6日，解放军对杜聿明集团实施总攻，第七十军一天内损失近3个半团，高吉人在战斗中身负重伤，不能继续指挥部队作战，调任第二兵团副司令官。后高吉人被俘，在解放军后方医院治疗恢复健康后逃回南京。改任第五军军长，驻防福建，进入闽南军官团受训。1949年8月赴台湾，任金门防卫司令部副司令官、台湾东部防守区副司令官。1952年任预备兵团副司令官。1968年退役。

1979年8月25日在台北病逝。

王长海

第二兵团副司令、第三绥靖区第七十七军军长

王长海（1895—1971），号子容。山东平原人。陆军检阅使署军官团、第二集团军军官学校高级班毕业。1916年参加北洋陆军第十六混成旅。1921年8月任陆军第十一师第二十二旅第四十三团排长。1922年4月任第二十五混成旅第一团连长。1924年10月任第十一师第二十一旅营长。1926年3月任第三师第九旅营长，9月任第四路骑兵团第一营营长。1927年6月任第四方面军骑兵团团长。1928年9月任暂编第九师骑兵团团长。1929年1月任第二十八师骑兵团团长，6月任西北军第十一军第二十四师副师长兼第七十一旅旅长。1931年1月任东北边防军第三军第十一师第一旅第一团团长，6月任第三十七师第一〇九旅第二一七团团长。1933年6月任第一三二师第一〇九旅旅长。

抗日战争中，1937年8月任第一三二师师长，9月22日被授予少将军衔。曾率部参加徐州、武汉、随枣、常德、鄂西鄂北等会战。1946年4月任第一三二旅旅长。

解放战争中，1946年11月任整编第七十七师师长。1948年9月22日被授予中将军衔，整编第七十七师改称为第七十七军后，任军长。

淮海战役中，王长海的第七十七军隶属于第三绥靖区，驻防贾汪地区。11月8日第三绥靖区副司令官何基沣、张克侠领导所属部队第五十九军两个师、第七十七军一个半师在贾汪、台儿庄地区战场起义。起义后，王长海率第七十七军残部五千多人在徐州不老河南岸集结。11月9日奉徐州"剿总"命令在徐州南二堡南运。后遭解放军截击，受重创，退回徐州南三圣庙地区停留后调往徐州附近东贺和西贺村附近。11月30日王长海率部奉命经萧县向西撤退。撤至永城东北地区遭遇解放军堵击，军部部分投降。王长海逃脱，至陈官庄后被第二兵团第七十四军军长邱维达派人软禁，所属官兵被缴械，王长海被委任为第二兵团副司

令。1949 年 1 月 10 日第七十七军残部被解放军全部歼灭。

淮海战役后，王长海逃出战场，1949 年 2 月任国防部参议。后去台湾，1952年 10 月退役。

1971 年 11 月 24 日在台北病逝。

李汉萍

第二兵团参谋长

李汉萍（1908—1972），又名李汉平，字怀端。湖北汉阳（一说湖南长沙）人。黄埔军校第六期步科、中央训练团党政班第三期、陆军大学正则班第十五期毕业。历任国民革命军第六路军教导团连长、中央陆军军官学校第六分校学员总队中队长、步兵科科长、第二十六师独立旅中校副团长。

抗日战争中，任第六战区第九十三军参谋处中校课长、第九战区第二十四集团军总司令部参谋处处长、副参谋长。

解放战争中，1946年起任国防部第九军官总队办公室少将主任、第九编练司令部少将参谋长、徐州"剿总"第二兵团参谋长。

淮海战役中，协助第二兵团司令官邱清泉指挥参战，研究部署作战计划，协调与各军长和徐州"剿总"的关系。在邱清泉兵团向徐州以东攻击前进，企图增援黄百韬兵团的作战中，李汉萍向邱清泉提出两套作战方案，一是占领潘塘、房村，攻击大许家；二是先占领邓家楼、林佟山，分两路向东攻击。邱清泉采用了第二方案。后来蒋介石多次督促邱清泉全力东援，邱清泉又和李汉萍商量了"钻隙迂回"的战法，派不是邱清泉嫡系的第七十四军孤军深入，以应付蒋介石的命令，该计划后也以失败而告终。邱清泉兵团随杜聿明集团撤出徐州之后，负责侧卫掩护的邱兵团第五军第四十五师郭吉谦部被解放军包围，李汉萍主张郭吉谦部是掩护部队，在大军撤退过程中与解放军遭遇实属正常，不能停止大军行动，用主力救掩护部队，兵团大军应继续西撤。邱清泉因郭吉谦是其亲信和战将，坚决

要以主力救援郭吉谦师，导致大兵团西撤速度减缓。杜聿明集团被包围在陈官庄地区之后，国民党军多次突围均告失败，邱清泉十分绝望，曾提出如果自己战死，让李汉萍担任兵团指挥，李汉萍认为自己资历较浅，推荐了高吉人担任代理指挥。邱清泉自此一蹶不振，终日酗酒麻痹。1949 年 1 月 9 日，李汉萍依然主张突围总比坐以待毙好，但是杜聿明、邱清泉并未决心突围，李汉萍曾拟定单独突围，但念于和杜聿明的私人关系以及参谋长的责任，始终没有实施。10 日凌晨杜聿明决定最后突围，李汉萍赶至杜聿明的掩蔽部，于是和杜聿明、邱清泉以及第二兵团副司令官谭辅烈一起突围，不久四人便失去联络，天明后，李汉萍被解放军俘虏。

被俘后，进入华东军区解放军官训练团学习。1966 年 4 月被特赦。

1972 年病逝。

董熙

第二兵团副参谋长

董熙（1904—？），又名耀亭。察哈尔阳东（一说河北阳原）人。陆军大学正则班第十二期毕业。曾任国民党中央训练团军事组副组长、国民党中央训练团第二大队大队附、第七十军参谋长。1948年任第二兵团副参谋长。

淮海战役中，随第二兵团参加作战，1949年1月10日，在第二兵团即将被全歼之际，一直犹豫不决没有下令突围的杜聿明突然决定最后突围出包围圈，邱清泉通知第二兵团参谋长李汉萍去见杜聿明一起实施突围，李汉萍本对杜聿明和邱清泉已经绝望，但此时又有些动摇，董熙极力反对去和杜聿明和邱清泉会合，他劝告李汉萍："现在到了这样山穷水尽的时候，为什么不远走高飞，还要自投罗网呢？"后董熙逃离陈官庄战场。

淮海战役后，赴台湾，1955年任陆军总司令部副参谋长。1961年1月任台湾警备总司令部参谋长。

熊笑三

第二兵团第五军军长

熊笑三（1905—1987），1905 年 9 月 4 日出生，湖南长沙人。黄埔军校第六期骑兵科、武汉珞珈山军官训练团第二期毕业，曾入革命实践研究院第二十五期受训。1927 年任骑兵第一旅见习官、排长、连长。后任第二师骑兵连连长，骑兵团团附。

抗日战争中，1938 年任第二〇〇师第六十三团团附。1939 年起任国民革命军第五军第二〇〇师第六十五团团长、国民革命军新编第二十二师团长、国民革命军第二〇〇师副师长。曾参加淞沪会战、南京保卫战、武汉会战、昆仑关战役、中国远征军第一次入缅作战等。

解放战争中，1946 年 10 月任国民革命军第二〇〇师师长。1947 年 9 月任整编第二〇〇旅旅长。1948 年 4 月任整编第五师副师长。1948 年 9 月任第五军军长。

淮海战役中，熊笑三的第五军是国民党军"五大主力"之一，是第二兵团司令邱清泉的起家部队，全部美式装备，熊笑三是邱清泉一手培植的心腹，因而邱清泉一直为保存实力，不肯把第五军放在一线战场使用。11 月底随第二兵团一起从徐州向河南永城方向转移，后被解放军包围在永城境内的陈官庄地区。1949 年 1 月被解放军围歼而溃不成军，1 月 9 日晚，熊笑三只身潜逃。

淮海战役结束后，任第五编练司令部副司令官。后逃至香港，1951 年赴台湾，任"国防部"部员、石门水库管理局专员。1971 年退休。

1987 年 12 月 14 日逝世。

舒荣

第二兵团第十二军军长

舒荣（1898—1974），号子光。云南弥渡人。黄埔军校第三期步科、中央训练团党政第十期毕业。历任第十师连长、营长、黄埔军校第四期区队长。1933年任第十三军第八十九师第五三四团团长。1937年任补充旅旅长。

抗日战争中，历任第八十九师第二六七旅旅长、第八十九师副师长、第八十九师师长。1943年6月任第十三军副军长。曾率部参加南口、台儿庄会战等。

解放战争中，1947年担任第十二军军长。1948年9月22日被授予少将军衔。

淮海战役中，舒荣的第十二军隶属于邱清泉的第二兵团建制。第十二军驻防徐州东南，任务为掩护徐州飞机场。舒荣曾率部跟随邱清泉兵团向徐州东和徐州南进犯，均受到解放军阻击。1948年11月30日随杜聿明、邱清泉等撤出徐州。12月4日被解放军包围在河南永城境内的陈官庄地区，试图突围失败后转为固守待援。1949年1月10日，第十二军被解放军全部歼灭，舒荣潜逃。后赴上海，仍任重建后的第十二军军长。

上海解放前夕逃往台湾。后退出军界，以经营果园为业。

1974年6月21日在台湾逝世。

邓军林

第二兵团第七十军军长

邓军林（1902—1985），湖南祁阳人。1927年参加北伐，任第二师连长。1930年毕业于中央陆军军官学校军官研究班宪兵科。历任国民革命军第四团第二营第八连连长、教导第二师连附、连长、第四师连长。1934年毕业于中央陆军军官学校高等教育班第一期。

抗日战争中，1937年任第四师营长、中央装甲兵团军官队长，同年毕业于南京陆军机械化学校驾驶班第四期。1938年1月任第五军二〇〇师特务营营长，10月任第五军第二十二师六十五团团长。参加昆仑关战役。后任新编二十二师步兵指挥官兼六十五团团长。1942年参加中国远征军入缅甸对日军作战，1943年进入美军驻印度将官短期高级战术学校第一期学习，同年任第五军九十六师副师长。

抗日战争胜利后，任第五军第九十六旅副旅长、代旅长。

解放战争中，1947年任九十六师师长兼机械化第一快速纵队司令。

淮海战役中，1948年12月任第二兵团第七十军副军长兼第九十六师师长。淮海战役第三阶段杜聿明集团被华东野战军包围在河南永城陈官庄地区，1949年1月6日华东野战军对对被包围的杜聿明集团发起总攻，第七十军军长高吉人身负重伤，不能继续指挥部队作战，邓军林升任第七十军军长。1月10日在河南永城陈官庄被俘。被俘后，进入中国人民解放军华东军区解放军官训练团学习。

1956年，被送到北京功德林战犯管理所改造。1963年4月9日获特赦，分配在南京工作。曾任南京市政协委员。

　　著有《昆仑关战役》、《1942 年缅甸作战回忆》、《淮海战役第七十军覆灭记》、《龙凤战役亲历记》、《整编第五军豫东杞县战役概况》等。

　　1985 年 5 月 17 日在南京病逝。

余锦源

第二兵团第七十二军军长

余锦源（1904—1951），字汇渊。1904 年 10 月 22 日出生，四川金堂人。黄埔军校第二期步科、中央训练团校官研究班、陆军大学将官班甲级第三期毕业。1925 年任黄埔军校潮州分校第一期入伍生大队第三队区队长。1926 年任潮州分校第二期学员大队第二队队长、第十四师第四十二团营长。1927 年 11 月任第十四师第四十二团团附。1928 年任第二师第四旅第八团团附。1930 年任第四十五师暂编第一团团附。1931 年任第十师独立旅第一团团附、独立旅第二团团长，12 月任第八十三师第二四七旅副旅长。1932 年任第八十三师第二四七旅第四九四团团长。

抗日战争中，1937 年 9 月任第二四九旅副旅长。1939 年 3 月任第八十三师副师长，8 月任第一九〇师师长。1941 年 5 月任第十军副军长。1943 年任吉泰师管区司令。1945 年 2 月任第十四军军长，6 月 28 日被授予少将军衔，8 月进入陆军大学将官班甲级第三期学习。后任军政部第四军官总部总队长。

抗日战争胜利后，1946 年 1 月进入中央警官学校高教班第一期学习。

解放战争中，1946 年 8 月任中央警官学校副教育长，9 月任警官学校第三分校主任。1947 年 5 月任整编第七十二师师长。1948 年 9 月任第七十二军军长。

淮海战役中，余锦源率第七十二军先是作为徐州"剿总"直属部队担任徐州城防任务。由于战役第一阶段，邱清泉、李弥兵团向东增援黄百韬进展缓慢，邱清泉向杜聿明告急，要求徐州九里山附近的第七十二军调往徐东战场，但是第七十二军被解放军冀鲁豫军区部队牵制，无法东调。直至 1948 年 11 月 20 日，才得以东调加入东援集团，杜聿明在召见余锦源时，余锦源表示"可以一连打下几个村庄解黄百韬之围"。战至 21 日，第七十二军便伤亡累累，无寸尺之功，余锦源向杜聿明连呼不能再攻了。战役第二阶段，第七十二军奉命随第二兵团向徐州以南攻击，试图打通徐蚌线，亦未成功。11 月底随第二兵团西撤至永城境内的陈官庄地区，后被解放军包围。1948 年 12 月 24 日为刺激国民党军官升官发财、扩张部队的愿望，杜聿明下令从第七十二军抽调干部组建第一一六军，归第二兵团指挥，实际上是归第七十二军指挥。收容的孙元良兵团残部组建为第一一二师列入第七十二军建制。1949 年 1 月 9 日，第七十二军受到解放军猛烈攻击，副军长谭心主持与解放军联络，准备向解放军投降。余锦源提出：连以下官兵由解放军处理，营以上官佐全部释返国民党统治区，新华社不刊登本军投降消息的要求。解放军表示同意后，余锦源仍不愿意签字，后迫于内部和外部的压力，勉强签字"全军放下武器"。

1949 年 2 月解放军释放余锦源回到国民党统治区，3 月任第七编练司令部副司令官，12 月任"成都防卫总司令部"副总司令，12 月 27 日在四川邛崃兵败向解放军投诚。

1951 年逝世。

邱维达

第二兵团第七十四军军长

邱维达（1904—1998），原名邱青白，字力行，号杏荪。1904 年 4 月出生，湖南平江人。黄埔军校第四期、陆军大学特别班第六期毕业。1925 年 2 月加入中国国民党。历任国民革命军第一军第一师排长、第四军军部教导团第十连连长、第一师第五团副营长、独立第三十二旅第六九四团副团长。1934 年 7 月起任补充第一旅参谋主任、第九十九师第二九五旅第五九〇团副团长。

抗日战争中，任第十五集团军第七十四军第五十一师第三〇六团团长、第二十四集团军参谋长、第四方面军参谋长、第五十一师师长、台枣地区警备司令。曾参加淞沪会战、武汉会战、长衡会战、雪峰山会战。

抗日战争胜利后，1946 年 4 月任整编第七十四师副师长。

解放战争中，整编第七十四师被解放军全部歼灭，1947 年 5 月任重建的整编第七十四师师长。1948 年 9 月任第七十四军军长，9 月 22 日被授予少将军衔。

淮海战役中，邱维达的第七十四军隶属于邱清泉的第二兵团，驻防于徐州丰县以南地区。黄百韬兵团被围之后，邱清泉兵团接令向东增援黄百韬，邱维达率领第七十四军作为邱清泉兵团的总预备队，驻在徐州九里山附近。由于邱清泉兵团向东推进阻力很大，受到解放军阻击和侧击，杜聿明决定调第七十四军前往潘塘镇附近，从右翼向解放军阻援兵团左侧后迂回攻击，加快东进速度。黄百韬兵团被全歼后，邱维达奉命率部向徐州以南进攻解放军阻援部队，试图打通与双堆集地区黄维兵团的联系，从1948年11月24日直至11月30日平均一天只能前进0.5至1.5公里。11月30日晚邱维达率第七十四军跟随杜聿明集团向徐州西南方向撤退，12月4日被解放军包围在河南永城境内的陈官庄地区，被围后邱维达的七十四军任务为和七十军一起向濉溪口方向突围，邱维达亲自到前线指挥所督阵指挥，企图打开突围缺口，然而突围相当艰难。孙元良兵团在突围中被全歼之后，被围的杜聿明集团逐渐转为固守待援。1949年1月6日解放军对被包围的杜聿明集团发起总攻，1月10日第七十四军被全部歼灭，邱维达被解放军俘虏。被俘后，进入华东军区解放军官训练团学习。

1950年被派往华东军政大学教员研究班任教员，后任南京军事学院教员。1958年任江苏省政府参事室参事。是第五、第六届江苏省政协委员。

著有《我参加南京保卫战经过》、《何应钦在黔阳安阳召开中美联合军事会部署雪峰山会战》、《日本宣布向中国无条件投降经过》、《王牌军整编七十四师孟良崮覆灭记》、《孟良崮战后调查记》、《第二兵团被歼记》、《我对湘西雪峰山会战的回忆》、《蒋介石秘令炸汪坟》、《第五十一师罗店防御战》、《淳北阻击战》、《第二九五旅在贵州追堵红军第二、六军团》、《回忆在黄埔军校的年代》等。

1998年3月29日在南京逝世。

梁栋新

第六兵团参谋长

梁栋新（1905—1973），原名一致，又名东新。广西容县人。黄埔军校第五期步科毕业，后入陆军大学第十期学习。在国民党军中历任排长、连长、营长，抗日战争中任第三十四集团军参谋处处长、第六军参谋长等职。

抗日战争胜利后，任第三十四集团军参谋长。

解放战争中，1946 年任第六兵团参谋长。1948 年随第六兵团参加淮海战役。1949 年任第六兵团副司令官，随部队撤回台湾。

1973 年 3 月 15 日在台湾逝世。

王伯勋

第六兵团第三十九军军长

王伯勋（1900—1983），又名王廷烈、王白心。贵州安龙人。贵州陆军讲武堂第二期、日本陆军步兵学校、陆军大学特别班第六期毕业。1920年起历任黔军排长、连长、营长、国民革命军第一军副官、潮梅警备司令部独立营营长、团长、第十军军部参谋处处长、山东泰安县代县长等职。1928年5月任国民革命军第十军第三十师五十八团团长，8月任第十师第二十九旅第五十八团副团长。1931年1月赴日本留学。1932年7月任第二十五军第一师参谋长。1934年10月任湘黔边区"剿匪"司令部参谋长。1935年9月任贵州省保安第一团团长。

抗日战争中，1937年10月任预备第二师第五团团长。1938年7月任第八十六军第一〇三师参谋长，参加武汉会战。1943年12月任第八军第八十二师师长，在滇西参加"松山战役"。1945年任第八军荣誉第一师师长、第八军副军长，参加滇西会战。

解放战争中，1947年1月任第八军第一〇三师师长，7月任整编第八师一〇三旅旅长。1948年1月任整编第八师副师长，8月任第三十九军军长。

淮海战役中，1948年11月底解放军迫近淮河北岸，驻防蚌埠的李延年兵团多次向蒋介石求援，蒋介石命令将华中地区的第二十八军、第二十军以及河北昌黎地区的王伯勋第三十九军，还有第五十四军调往蚌埠地区，王伯勋率部海运上海转到蚌埠，归属李延年的第六兵团。王伯勋的第三十九军以原第一〇三师为基干，是贵州地方部队逐渐"中央化"而来，干部有较浓的地方观念，战斗力尚强。到达蚌埠后担当兵团预备队，后奉命渡过淮河沿津浦铁路徐蚌段西侧为左路军北上，试图打通徐州和蚌埠的联系，遭遇解放军阻击。为增援黄维兵团，王伯勋又奉命率部收复浉河地区各据点。黄维兵团被全部歼灭后，王伯勋率部随李延年兵团一起退守淮河以南。

淮海战役结束后，王伯勋兼任南京警备副总司令。1949 年 9 月任第十九兵团副司令官，12 月率部在贵州起义。

中华人民共和国成立后，任贵州省交通厅厅长、贵州省政府参事室主任、贵州省政府委员、贵州省人大常委、贵州省政协常委、民革贵州省委副主任委员。1983 年 4 月当选为贵州省第五届政协副主席。

1983 年 11 月 9 日在贵阳病逝。

阙汉骞

第六兵团第五十四军军长

阙汉骞（1901—1972），字拨云。湖南宁远人。1925年考入黄埔军校第四期步科。1926年任黄埔军校第五期学生区队队附、第六期学生区队队长。参与对江西苏区的第三、四、五次"围剿"。

抗日战争中，1937年8月任陆军第十四师七十九团团长，参加淞沪会战。后任陆军第十四师第四十旅旅长，参加武汉会战。1938年任陆军第一八五师副师长。1939年任第十四师师长，参加长沙战役和昆仑关战役。1944年任第五十四军副军长，参加中国远征军，赴缅甸对日作战，7月任第五十四军军长。

抗日战争胜利后，兼任广州警备司令。

解放战争中，1947年任整编第五十四师师长，1948年1月22日被授予中将军衔，后任第五十四军军长。

淮海战役中，率部驻防蚌埠地区。曾参加从蚌埠北上增援黄维兵团作战，但始终受到解放军坚决阻击。蒋介石为了督促第五十四军快速北援，曾派蒋纬国率战车部队支援作战，阙汉骞部署第五十四军步兵随战车向前推进，遭遇解放军阻击后，步兵立刻溃退，战车被解放军包围，战车部队损失一部。蒋纬国得知后非常生气，严厉斥责阙汉骞，并要求他立刻组织反击，阙汉骞只得严令第五十四军继续展开攻击。激战之后，阙汉骞立即以所在战场多为河湖沼泽地，不利于战车机动作战为由，上报统帅部要求将战车部队调回。黄维兵团被全部歼灭后，率第五十四军撤回淮河以南地区。

1949 年 5 月任淞沪防卫部副司令兼浦东兵团司令官，参加抵抗解放军渡江作战。赴台湾后，担任中部防守司令官、台湾防卫副司令官。1950 年任东部防守司令官，后任"国防部"参议。1952 年任澎湖防卫司令官。

著有《兵学漫谈》、《戎马余闲录》、《戎马关山话当年》等。

1972 年 11 月 11 日在台北病逝。

于兆龙

第六兵团第九十六军军长

于兆龙（1901—1963），字瑞图。山东滨县（今滨州）人。黄埔军校高教班第三期、陆军大学特别班第七期毕业。1928 年任国民革命军第四军独立第五旅营长，后任国民革命军第四十四师团长、第一三一旅旅长、第三一二旅旅长。1937 年 5 月 21 日被授予少将军衔。

抗日战争中，任军政部西北购马所所长、第四十四师步兵指挥官、第四十四师师长、淄博矿区警备总队总队长。曾率部参加第三次长沙会战。

解放战争中，1946 年任国防部附员、整编第七十七旅旅长、整编第七十三师副师长。1948 年任整编第四十五师师长，9 月率部参加济南战役，后任第九十六军军长。

淮海战役中，率部担负蚌埠守备任务并负责蚌埠市的治安。

淮海战役结束后，随军南撤。赴台湾后，担任澎湖中部防卫区司令。1954 年退役，后任"国防部"战略计划委员会委员。

1963 年 5 月 3 日病逝。

胡长青

第六兵团第九十九军军长

胡长青（1907—1950），字南章。1907年10月2日出生，湖南临湘人。黄埔军校第四期工兵科通讯专业、国民党陆军大学第九期毕业。叶挺曾召集胡长青参加南昌起义，但胡长青在途中放弃起义。后历任国民党陆军第一师营长、参谋主任、参谋处处长。曾参加"围剿"红军。

抗日战争中，任第一军第一师第一旅副旅长，参加淞沪会战，后任补充旅第二团团长。1938年起任补充旅旅长、第二十四师第七十二旅旅长、第八师副师长、中央陆军军官学校第七分校学生总队总队长等职。1942年5月任第二十七军第四十五师师长。1945年2月任第五十七军副军长，同年6月被授予少将军衔。

解放战争中，1947年3月任整编第六十九师师长兼广州警备司令。1948年8月任第九十九军军长，10月下旬率部随第十六兵团由郑州赴蚌埠。

淮海战役中，11月5日根据顾祝同命令，"第十六兵团以蒙城为中心，进行清剿，掩护津浦路之安全"，于是第十六兵团部率第四十一、第四十七军在蒙城驻防，胡长青之第九十九军仍驻防蚌埠地区。11月11日，第九十九军脱离第十六兵团建制，改由李延年指挥。11月15日第九绥靖区改组为第六兵团，第九十九军归属第六兵团。李延年、刘汝明兵团奉命向北攻击前进，11月19日胡长青率第九十九军攻至任桥地区，受解放军中原野战军第九纵队阻击，停止前进。至11月26日，李延年、刘汝明兵团发现华东野战军主力南下，认为此举针对李、刘两兵团而来，急忙部署南撤，胡长青率第九十九军率先南撤，很快撤至浍河南岸，试图相机西

进策应黄维兵团突围。至 11 月底，继续南撤至淝河以南。12 月初开始，率领第九十九军随第六兵团越过淮河，向曹老集以北地区攻击前进，受解放军顽强阻击，攻击偶有进展，但相当缓慢，连续数日不过推进 5—6 公里。黄维兵团被全部歼灭之后，胡长青及其九十九军随第六兵团迅速南撤至淮河以南。

1949 年 9 月任第六十九军军长，退守西康。1950 年任第五兵团司令兼摄川康游击纵队总指挥，3 月在西康孟获岭遭遇溃败后自杀。

黄百韬

第七兵团司令

黄百韬（1900—1948），原名新，字焕然，号寒玉。1900 年 9 月 9 日出生，广东梅县人，出生于天津。早年在北洋陆军江苏督军李纯部任排长、连长等职，后进入金陵军官教育团第五期学习。1920 年后投靠军阀张宗昌，在张宗昌部任营长、团附、参谋、团长、旅长等职。1928 年任国民革命军第八师参谋长，12 月任第四十八师第二八四团团附。1929 年 3 月任第四十八师师长。1930 年任第一四二旅副旅长。1931 年 5 月任第四十一师第一二三旅旅长。1932 年 2 月任第一四四旅旅长。1935 年 6 月任第四十一师师长，曾参加对江西苏区红军的"围剿"，后入陆军大学特别班第三期学习。1936 年 1 月被授予少将军衔。

抗日战争中，任第六战区司令长官部参谋处处长、冀察战区司令长官部参谋长、军事委员会高参、第三战区司令长官部参谋长。曾参加第二次、第三次长沙会战，浙赣会战等，曾参与制造"皖南事变"。1943 年 4 月 26 日被授予中将军衔，10 月任第二十五军军长。

抗日战争胜利后，任整编第二十五师师长。

解放战争中，1947 年任第一兵团第四纵队司令。1948 年 8 月任第七兵团司令官。第七兵团下辖第二十五军、第六十三军和第六十四军，均非国民党军嫡系部队，但作战都较为勇猛，战斗力比较强。11 月初，原属第二兵团的第一○○军在奉命开赴东海加强第九绥靖区防御的途中，接令赴新安镇，归第七兵团建制，第一○○军为国民党军嫡系部队。

淮海战役中，黄百韬兵团驻守在新安镇地区。11 月 4 日蒋介石下令将兵力集中于徐蚌铁路两侧作攻势防守，因而，顾祝同命令黄百韬率部向徐州收缩，"应确保运河西岸，与第一绥靖区、第三绥靖区密切联系，并在运河以西地区清剿。"11 月 5 日顾祝同原定通过船只把连云港地区的第九绥靖区机关人员和所属部队接至上海的计划变更，改令第九绥靖区由陆路撤往徐州，第四十四军改归黄百韬兵团指挥。于是原定于 11 月 5 日开始向徐州集结的黄百韬兵团，在新安镇地区等待第四十四军，至 7 日起才开始西撤。11 月 8 日黄百韬兵团部率第六十四军、第四十四军以集团滚进的方式到达运河集，第二十五军和第一〇〇军先后到达炮车、运河车站。当日下午，解放军追击部队已逼近运河车站，与第二十五军和第一〇〇军后尾部队交火。11 月 9 日黄百韬兵团大部通过运河，但是部队损失较重，建制混乱，官兵疲劳，黄百韬本想继续西撤，但 10 日接到国防部电令："第七兵团未过运河，已失相当力量，而且这样凌乱，恐继续西进，被解放军尾追，陷于溃散，故命独断专行，如有必要，在碾庄圩略加整顿，如能击退敌人再走亦可。"遂黄百韬决定在碾庄圩固守待援，依托村庄和原有工事加强防御，形成逐村设防，圆周形的野战防御阵地。在坚固阵地的同时，也常派部队出击。在解放军强大的攻击力下，黄百韬在碾庄圩的固守阵地不断缩小，部队损失严重，黄百韬多次组织突围，终告失败。11 月 22 日，黄百韬在突围失败的情况下，和第二十五军副军长杨廷宴一起逃遁，行进中，黄百韬腿部中流弹，在杨廷宴的搀扶下在隐蔽处休息，黄百韬说："我有三不解：一、我为什么那么傻，要在新安镇等四十四军两天？二、我在新安镇等两天之久，为什么不知道在运河上架设军桥？三、李弥兵团既然以后要向东进攻来援救我，为什么当初不在曹八集附近掩护我西撤？"黄百韬交代杨廷宴设法逃出去报告情况之后，便毙命身亡。其第七兵团被全部歼灭。1949 年 1 月被追赠陆军上将军衔。

黄国梁

第七兵团副司令

　　黄国梁（1900—1978），号日如。1900 年 7 月 12 日出生，广东增城人。1919 年毕业于云南讲武堂第十二期步科，后毕业于保定陆军军官学校。曾加入粤军，参加两次东征，讨伐陈炯明。1926 年参加北伐战争，任团长、副师长。1927 年任第九军第十四师师长。1928 年任第九军第二师第四旅旅长，3 月任军事委员会委员。1929 年 7 月任讨逆军第八路军总指挥部参事。1930 年 6 月任武汉行营参议。1931 年 1 月任第十七军总指挥部参议，9 月任第四集团军教导大队大队长。1932 年任第一集团军总部参议。后任直属警卫旅副旅长兼第一团团长、第十八军副师长等职。1936 年 2 月 5 日被授予少将军衔。

　　抗日战争中，1937 年 10 月任第六十七师师长、第四十六军第九十二师师长，12 月任长沙警备司令。1938 年 9 月任第三十七军军长。1938 年 4 月 6 日被授予中将军衔。1940 年 2 月任第六十五军军长。

　　解放战争中，1946 年任整编第六十四师师长，后兼任徐州绥靖公署参议。1948 年春任整编第二军军长、第七兵团副司令。

　　淮海战役中担任第七兵团副司令官。1949 年 1 月任广东省保安副司令。7 月任海南警备副司令。1950 年赴台湾，任"国防部"中将高参。1959 年 10 月退役。

　　1978 年 5 月 11 日在台北病逝。

魏翱
第七兵团参谋长

魏翱（1904—1960），湖南零陵人。陆军大学特别班第四期毕业。1940年任第三战区司令长官部参谋处参谋。1942年任第三战区司令长官部参谋处处长。1943年任暂编第九军参谋长。1948年8月任第七兵团参谋长。淮海战役中，协助第七兵团司令官黄百韬指挥作战，向第七兵团各军部署和传达黄百韬的作战命令，11月22日在碾庄地区被解放军俘虏。后在关押中病故。

陈士章

第七兵团第二十五军军长

陈士章（1902—1985），号俊杰。河北赵县人。1927 年毕业于黄埔军校第五期政治训练班，后入中央陆军军官学校军官研究班。1928 年入中央陆军军官学校军官团。

抗日战争中，任第九十二师五四九团副团长、第一九〇师一一一团团长、第四十师第一一八旅旅长。1939 年 12 月任第二十五军四十师副师长、师长。皖南事变中曾率部围攻新四军。曾参加浙赣会战。

解放战争中，1946 年起任整编第二十五师四十旅旅长、第二十五师师长、第二十五军军长。1948 年 9 月被授予少将军衔。

淮海战役中，陈士章的第二十五军隶属于第七兵团，驻防新安镇以东的阿湖地区。黄百韬兵团奉命由新安镇向徐州西撤后，黄百韬命令陈士章率第二十五军等海州的第四十四军通过阿湖地区后，随第四十四军西撤，在陇海路以北和第一〇〇军相互掩护撤退。11 月 8 日第二十五军尚未完全渡过运河，被解放军追上，并展开战斗，第二十五军被解放军歼灭一部。黄百韬兵团被包围之后，陈士章率第二十五军在碾庄圩以北的小牙庄、尤家湖向北防御。在解放军的强大围歼攻势下，11 月 20 日第二十五军大部已被解放军击溃，陈士章化装逃脱，后第二十五军随第七兵团一起被解放军全部歼灭。

逃出淮海战场后，任重新组建的第二十五军军长，并被授予中将军衔。

1949 年 8 月在福建永春被解放军俘虏。1975 年 3 月被特赦，赴美国定居。

著有《黄百韬的起家与败亡》、《蒋军第四十师袭击新四军经过》、《淮海战役第七兵团的毁灭》等。

1985 年在美国逝世。

王泽浚

第七兵团第四十四军军长

王泽浚（1904—1974），号润泉。四川西充人。四川军官训练团、南京中央军校高教班第六期毕业。1925 年 4 月任川军第一师第一旅第一团第二营营长，9 月任陆军第十六师第三十一旅第六十一团第二营营长。1926 年 5 月任第六十一团团长，12 月任国民革命军第二十一军第五师第九旅第十七团团长。1928 年 8 月任第二十一军第二师第四旅第十团团长。1932 年 12 月任第四旅旅长。1935 年 10 月任第四十四军第二师第六旅旅长。1936 年 5 月任第一四九师第四四七旅旅长。

抗日战争中，1938 年 3 月任第一四九师师长，9 月任第四十四军副军长兼第一四九师师长。1939 年 6 月 17 日被授予少将军衔。1940 年 11 月任代理第四十四军军长。1941 年 5 月任第四十四军军长兼第一四九师师长。

解放战争中，1946 年 6 月任整编第四十四师师长。1948 年 3 月任第九绥靖区副司令官兼整编第四十四师师长，9 月 22 日被授予中将军衔，任第四十四军军长。

淮海战役前，王泽浚及其四十四军属第九绥靖区李延年部，驻防海州（今连云港）地区。1948 年 11 月初，第四十四军奉命放弃海州，以海运南撤。11 月 6 日徐州"剿总"命令立即西撤，归第七兵团指挥。王泽浚率部归建黄百韬兵团，随黄百韬兵团向徐州方向转进，通过运河后负责在运河以西和徐州以东地区与解放军作战。黄百韬兵团被解放军包围在碾庄地区后，王泽浚奉命指挥第四十四军向南防御。11 月 12 日第四十四军山炮营炮弹耗光，王泽浚向黄百韬报告后，黄百韬命令王泽浚将火炮上交兵团部，王泽浚只好照办，并将山炮营改为步兵营使用。后王泽浚在碾庄车站指挥所指挥作战时被炸弹炸伤腿部，急忙钻进吉普车赶赴碾庄圩内包扎，所属士兵以为军长逃跑，纷纷放弃阵地逃窜。黄百韬发现后，不准第四十四军进入碾庄，并命令王泽浚收容部队。王泽浚只好将部队带往前、后黄滩防守。后所部受到解放军猛烈进攻，溃不成军，王泽浚被解放军俘虏。

著有《第四十四军在碾庄圩被歼记》等。

1974 年 1 月 19 日在北京秦城监狱病逝。

陈章

第七兵团第六十三军军长

陈章（1902—1948），字戎光。1902 年 11 月出生，广东罗定人。福建军官学校炮兵科、广东讲武堂、陆军大学特别班第七期毕业。1918 年入伍。历任国民革命军第四军第十一师炮兵营第一连连长、第四军教导团第一营营长、第十一师第三十三团第二营营长、第五十九师第二三五团团长。1931 年 5 月任第二师第四团团长，7 月任第一集团军独立二旅旅长，曾参加"围剿"红军。1933 年任独立第二旅政训处主任，后任第一集团军第五十九师第一五二旅旅长。1935 年任余汉谋部第二师副师长。1936 年 2 月被授予少将军衔，任"抗日救国军"独立旅旅长。1936 年 7 月任一五二师师长，被授予中将军衔。1937 年进入庐山训练团受训。

抗日战争中，任第四路军一五二师师长。1941 年 1 月任第六十三军副军长。

解放战争中，1946 年任整编六十二师副师长。1948 年 10 月任第七兵团第六十三军军长。

淮海战役中，黄百韬部署第六十三军占领新安镇，掩护第九绥靖区李延年部通过新安镇后，从窑湾镇渡过运河向碾庄撤退，担任第七兵团西撤的侧背掩护。陈章接到命令后，并未对窑湾地区的情况进行具体勘察，就部署 1 个团开赴窑湾架桥准备全军渡河。此时解放军已进至窑湾地区，陈章派去的团被解放军歼灭过半，陈章得知后并未引起重视，只是增加兵力企图强渡运河。第六十三军大部在掩护第九绥靖区部队通过新安镇后，开始向窑湾开进，陈章轻视解放军，率部行动迟缓，8 日依然率部在距窑湾 20 多里的堰头镇宿营，结果当夜被解放军袭击，陈章只身逃至窑湾镇，各部纷纷突围至窑湾后被解放军包围。陈章指挥第六十三军就地固守待援，包围圈内官兵相当混乱。11 月 11 日六十三军阵地被解放军攻破，陈章战死，六十三军被全歼。

1949 年 1 月被国民党追赠上将军衔。

刘镇湘

第七兵团第六十四军军长

刘镇湘（1906—1986），又名浓奋，字涵伟。广西防城人。黄埔军校第五期步科、广东军事政治学校深造班毕业。历任黄埔军校教导团学生队队长、国民革命军第四军第十二师连长、营长。1935 年 9 月任第一集团军第三军第九师第二十六团团长。1936 年 9 月任第四路军总部参事。

抗日战争中，1938 年任珞珈山中央训练团教材科科长、零陵中训团办公室主任。1939 年 1 月任第九战区司令长官部参谋处参谋，5 月任第九战区第二志愿兵团团长，9 月任第七十三军第十五师步兵指挥官。1940 年 2 月任军政部第三补训处附员。1941 年 1 月任第六十四军第一五六师四六八团团长。1943 年 9 月任第六十四军第一五六师副师长。1944 年任第六十四军第一五六师师长。

解放战争中，1946 年任整编第六十四师副师长兼第一五六旅旅长，1947 年 9 月任整编第六十四师师长，1948 年 6 月任第六十四军军长，9 月 22 日被授予少将军衔。

淮海战役中，刘镇湘的六十四军配属黄百韬的第七兵团建制。黄百韬命令刘镇湘率第六十四军掩护从连云港东移的第四十四军撤退。何基沣、张克侠率部起义之后，黄百韬兵团被包围在碾庄地区，刘镇湘因为六十四军已经修筑好防御工事，且六十四军为粤系部队，善于在平原和水网地区作战，不善于山地作战，力主就地抵抗解放军，不再向西转移。此时六十四军是黄百韬兵团中唯一能战的部队，加上蒋介石命令黄百韬兵团在碾庄圩地区准备决战，因而采纳了刘镇湘的意见。战至 11 月 22 日，第六十四军之一五六师师长钟世谦、副师长李振中率第四七七团等部共 2 千多人向解放军投诚，其余部队均被解放军全部歼灭。刘镇湘被俘。

1975 年 3 月刘镇湘被特赦。特赦后，曾任广西壮族自治区政协委员。

著有《第六十四军碾庄圩覆没纪要》、《湖南抗战回忆记》、《整编六十四师进攻鲁中南的经过》等。

1986 年 9 月在南宁逝世。

周志道

第七兵团第一〇〇军军长

周志道（1900—1984），号靖方。1900 年 4 月 4 日出生，江西永新人。1926 年 10 月毕业于黄埔军校第四期步科。1927 年任国民革命军第十七军第二师第一团第一营第一连党代表，参加北伐。后任补充第六团第二营第八连连长、第二十二师参谋处参谋、第一军教导团第一营第一连连长、独立第十四旅第一营副营长、独立第三十二旅第一九四团第三营营长。1932 年 6 月任第一九六团副团长、代团长。1933 年任补充第一旅第二团团长。1936 年任第五十一师三〇三团团长。曾参加对红军的"围剿"。

抗日战争中，1937 年 9 月任第五十一师第一五一旅旅长。1939 年任第五十一师副师长。1941 年任第五十一师师长。1945 年任第一〇〇军副军长、第五十一师师长。曾参加淞沪抗战、南京保卫战、台儿庄会战、长沙会战、上高会战、浙赣会战、鄂西会战、常德会战、长衡会战、湘西雪峰山会战。

解放战争中，1946 年起任整编第八十三师副师长、师长、第一〇〇军军长。1948 年 9 月被授予少将军衔。

淮海战役中，1948 年 11 月初，周志道率第一〇〇军调往海州加强第九绥靖区防守力量，未到海州，即奉命停止东进，由城头、阿湖地区折返新安镇，改隶第七兵团指挥。到达新安镇后，淮海战役即发起，周志道率第一〇〇军随第七兵团向徐州收缩，11 月 9 日主力通过运河，但是担任掩护任务的第四十四师未能过河，因为堵塞在运河铁桥东的一辆弹药车起火爆炸，位于桥西担任炸桥任务的第二十五军工兵分队误以为解放军追到桥东，立即引爆了预设在桥上的炸药，将运河铁桥炸断，导致没有渡过运河的第四十四师的 2 个团停留在桥东未能渡河。黄百韬兵团主力到达碾庄后，周志道因为渡河时第四十四师已经损失 2 个团，要求四十四师不在碾庄停留，直接回徐州补充，黄百韬因周志道已经下了命令，而未加阻止，后第四十四师残部被阻歼于八义集地区。11 月 16 日奉命据守彭庄、贺台子的第一〇〇军遭到解放军猛攻，第一〇〇军全线溃败，残部 5 千余人退守碾庄圩西北的大牙庄，周志道负伤逃回碾庄圩，后返回徐州，所部被解放军全部歼灭。

1949 年 4 月任重建的第一〇〇军军长兼第五编练司令部副司令官，6 月任国防部部员。后赴台湾，任"国防部"参议、陆军总司令部高参室主任。1959 年退役，任台湾糖业公司顾问。

著有《八十忆往》等。

1984 年 5 月 10 日在台北病逝。

田镇南

第八兵团副司令

田镇南（1888—1974），字柱峰，号位午。河南项城人。保定陆军速成学堂、陆军大学将官班甲级第二期毕业。曾任北洋陆军第二师排长、连长、营长、团长等职。1921年任湖北督军署谘议。1922年任河南七县武装警察大队长。1924年任国民联军第二军旅长。1925年任陆军检阅使公署参军。1927年任国民军联军右路军总参赞、西北军第五十九军副军长、河南民团第四军军长。1928年任国民革命军第二集团军第二方面军总参赞。1929年任青海省政府委员、省政府交通处处长、财务委员会委员、省道办事处副主任、省政府总参赞、西宁市筹备委员会委员长、甘肃造币厂监督。1930年任第五路军总参赞。1931年任军事委员会参议兼第二十六路军总参议。1933年8月任第四十二军副军长。1936年1月29日被授予少将军衔，10月5日被授予中将军衔。

抗日战争中，1937年8月任第三十军军长兼豫南游击司令，参加徐州、武汉会战。1939年2月任第二集团军副总司令，参加随枣会战。1940年8月任河南省政府委员。1943年任第五战区豫南游击总指挥。1945年任第二集团军副总司令。

解放战争中，1946年任第四绥靖区副司令官。1947年兼任开封城防司令。1948年5月兼任河南省政府委员。

淮海战役中，1948年11月10日，第四绥靖区改编为第八兵团，任第八兵团副司令。

淮海战役后，赴台湾，任"立法院"立法委员、"总统府"国策顾问等职。

1974年12月2日在台湾病逝。

曹福林

第八兵团副司令兼第五十五军军长

曹福林（1891—1964），字乐山。1891 年 11 月 22 日出生，河北景县人。1912 年参加北洋军。1918 年任第十六混成旅排长、连长、团长。1928 年任暂编第十师副师长。1929 年 6 月任第二十九师师长。后任第十四军军长。1935 年 4 月 9 日被授予中将军衔。

抗日战争中，1937 年 8 月任第三集团军第五十五军军长兼第二十九师师长。1938 年 6 月任第三集团军副总司令。后任第二集团军副总司令兼第五十五军军长。参加徐州会战、武汉会战、枣宜会战。

解放战争中，1946 年任第四绥靖区副司令兼整编第五十五师师长。1948 年 6 月任第五十五军军长。

淮海战役中，1948 年 11 月 10 日第四绥靖区改编为第八兵团，任第八兵团副司令兼第五十五军军长。曹福林率第五十五军守备津浦路以西浍河、北淝河地区河防，控制新马桥、曹老集以西地区。黄维兵团被围之后，刘汝明兵团奉命沿津浦线北上，增援黄维兵团，受到解放军阻击和追击。固镇被解放军攻占后，曹福林立刻率第五十五军撤至淮河北岸，后一直在浍河、淮河之间机动守备。杜聿明集团被包围后，曹福林又奉命率第五十五军驻防蚌埠以南地区，随时准备向南撤退。

1949 年率部担负长江南岸江防守备任务。解放军渡江后，曹福林率部退守厦门，任厦门防守司令。赴台湾后，1952 年 10 月退役。后任台湾电力公司顾问。

1964 年 6 月 9 日在台北病逝。

刘汝珍

第八兵团副司令兼第六十八军军长

刘汝珍（1904—1999），字子瑞、子锐。河北献县人。陆军检阅使署学兵团、陆军大学将官班乙级第二期毕业。曾任西北军独立第二十五旅第六七九团团长。1928年任第二集团军手枪旅副旅长。1930年起任陆海空军总司令部处长、第二十九军独立旅旅长。1935年赴苏联学习。

抗日战争中，任中央训练团第一大队大队附、第六十八军预备第三十六师师长。1943年4月任第六十八军军长，参加豫西鄂北会战。1945年2月20日被授予少将军衔。

解放战争中，1946年任整编第六十八师师长，曾参加定陶战役、鲁西南等战役。1948年9月22日被授予中将军衔，后任第八兵团副司令兼第六十八军军长。

在淮海战役中，刘汝明兵团奉命在蚌埠以北防堵解放军南下，并警戒徐蚌间铁路安全。刘汝珍奉命派第六十八军1个师固守固镇浍河铁桥，亲自率两个师沿津浦路防堵南下的解放军。解放军南下阻击李延年、刘汝明兵团后，刘汝明兵团南撤，刘汝珍率两个师退至浍河南岸，解放军攻击固镇，刘汝珍又命令守备固镇的1个师放弃固镇，撤回浍河南岸。刘汝明念于国防部政工局局长邓文仪前来督战，不得不命令刘汝珍率部向固镇和浍河铁桥发起攻击，因解放军主动后撤，刘汝珍部占领固镇，并谎报固镇大捷的战报。12月下旬以后，杜聿明集团在陈官庄陷入绝境，刘汝珍奉命逐次将第六十八军撤至淮南路，随时准备向南撤逃。

1949年率部担负铜陵至九江段防卫，4月解放军突破长江防线后，率部继续南撤，在江西祁门地区第六十八军被歼。刘汝珍率残部逃往金门，转逃至台湾。

晚年移居美国。1999年11月逝世。

杨然

第八兵团参谋长

杨然（1908—1972），字景灏、景浩。山东沂水人。东北陆军讲武堂第十期步科、陆军大学特别班第五期毕业。

抗日战争中，任第五战区参谋处科长。1944 年任第二集团军参谋处处长。1945 年任第四绥靖区副参谋长兼第三处处长。

解放战争中，1946 年任第四绥靖区参谋长。

淮海战役中，1948 年 11 月 10 日第四绥靖区改为第八兵团，任第八兵团副参谋长，不久后任参谋长，参与协助刘汝明部署、指挥第八兵团在蚌埠西北地区向北攻击，企图增援黄维兵团，受到解放军节节阻击，未全力北进，回缩至蚌埠地区。

淮海战役结束后，随第八兵团撤退到长江以南。后赴台湾。

1972 年 3 月 22 日逝世。

李诚一

第八兵团副参谋长

李诚一（生卒年不详），号成日，湖南湘乡人。1928 年任陕西省党部训练部秘书。1936 年任冀察绥靖公署宣传处课长、第九战区长官部作战参谋。

抗日战争中，1937 年奉军事委员会和第九战区委派进驻第二十九军刘汝明部开展联络工作。1940 年任第六十八军副参谋长兼参谋处处长，1945 年 12 月任第四绥靖区第二处处长。

解放战争中，1948 年任第四绥靖区副参谋长，9 月 22 日被授予少将军衔。

淮海战役中，1948 年 11 月 10 日第四绥靖区改为第八兵团，任第八兵团副参谋长。因刘汝明兵团基础为西北军，蒋介石一直担心刘汝明"叛变"，李诚一在第八兵团任副参谋长，也是蒋介石派驻在刘汝明身边用以监视其行动。淮海战役后，随第八兵团南撤。

1949 年 10 月在厦门向解放军军管会投诚。后被关押，1975 年 3 月获特赦，曾任贵阳市政协委员。

黄维

第十二兵团司令

黄维（1904—1989），原号悟我，改号培我。1904 年 2 月 28 日出生，江西贵溪人。1924 年考入黄埔军校第一期。毕业后在教导团和第一军任排长、连长、营长、团长，参加过东征和北伐战争。1928 年任第十一师团长，进入陆军大学特别班第一期受训。1931 年任第十八军第十一师第三十一旅旅长。1933 年 9 月任第十一师师长。1935 年 4 月 13 日被授予少将军衔。1936 年赴德国学习。曾参加对红军的第四、第五次"围剿"。

抗日战争中，1937 年 9 月任第十八军第六十七师师长，参加淞沪会战。1938 年任第十八军军长。1939 年 6 月 6 日被授予中将军衔。1940 年 11 月任第五十四军军长。后任昆明防守司令、军事委员会高级参谋、监训处副处长、青年军编练总监部副监、军委会干部训练团副教育长、青年军编练总监部东南分部主任。

抗日战争胜利后，任青年军第三十一军军长。

解放战争中，1946 年 6 月任联勤总司令部副总司令。1948 年任新制军官学校校长、陆军第三训练处处长，9 月任第十二兵团司令官。第十二兵团下辖第十八军、第十军、第十四军、第八十五军，是国民党部队的主力兵团之一。

淮海战役中，1948 年 11 月初，黄维率第十二兵团在驻马店地区集结，奉命率领十二兵团经正阳、新蔡、阜阳、蒙城、宿县，向徐州方向开进，参加淮海战役。11 月 23 日开始进攻南坪集。11 月 24 日第十八军和第十军进至浍河北岸，受到解放军阻击。黄维发现有被解放军合围的危险，但又不甘心放弃对宿县的占领。犹豫了数个小时后，得知徐州的邱清泉、李弥兵团和蚌埠的李延年、刘汝明兵团都没有按计划进攻后，决定后撤，将十二兵团全部撤到浍河南岸。11月25日十二兵团被解放军包围在南坪集、东坪集以南，蕲县集以西之双堆集、芦沟集之间狭长地区内，并且部队比较混乱。黄维一面电呈蒋介石，请求救援，一面部署突围。黄维设想以4个主力师，齐头并进，迅猛突围。但在与八十五军一一〇师师长廖运周商量时，黄维又采纳了廖运周的建议，以一一〇师先行动，进展得手后，其他师迅速跟进，扩大战果。11月27日，廖运周率领一一〇师突围，廖运周事前向共产党报告了黄维的突围计划，并准备好了战场起义的联络事宜，离开黄维后立即率该师5千多人成功举行战场起义，黄维兵团突围失败。11月29日黄维调整部署固守待援，并组织兵力，调集炮火，对双堆集附近解放军阵地进行打击，令各军分区设防，各师以村落为基点搞三层纵深防御（前沿阵地、主阵地、核心阵地）。各层阵地由明堡、暗堡组成地堡群，并构成许多三角形梅花形据点，每个角落均布成交叉火网。地堡群由交通沟、盖沟（暗沟）相连接。各阵地既可以独立为战，也可以相互支持，村与村互为犄角。屡次组织突围，而屡次失败，消耗巨大而且包围圈越来越小。12月10日第八十五军二十三师师长黄子华率部投诚，使黄维兵团防御体系彻底破裂，双堆集阵地东南失去外围，完全暴露在解放军面前。12月15日黄维见大势已去，制定了"四面开弓，全线反扑，觅缝钻隙，冲出重围"的突围方针，实施最后的突围。黄维和兵团副司令胡琏判断解放军进攻的重点是双堆集南面和东南面，西面和北面兵力相对较少，因此将主要突围方向选定在正西、正北和正东北三面。黄维和胡琏一起亲自指挥第十八军第十一师向西和西北方向突围。当日下午，黄维又改变了计划，下令拆除通往各军的电话线，关闭电台，令第十一师提前突围，黄维乘坐的坦克在通过平谷堆附近的黄沟河后不久就发生了故障，他下车随败兵溃逃，天黑后迷失了方向，在野地里被解放军俘获。至此，第十二兵团11.4万余人被全部歼灭。黄维被俘后，被送到东北的佳木斯监狱。1956年，黄维转往北京功德林监狱，后移到秦城监狱。

1975年3月19日获特赦。曾任第五、六、七届全国政协常委、祖国统一联谊委员会委员。

著有《关于青年军的回忆》、《第十二兵团被歼纪要》、《一寸山河一寸血的淞沪战争》、《纪念万家岭大捷五十周年》等。

1989年3月20日在北京病逝。

胡琏

第十二兵团副司令

胡琏（1907—1977），原名从禄，又名俊儒，字伯玉。1907 年 11 月 16 日出生。陕西华县人。1925 年参加国民二军，考入黄埔军校第四期步科，加入中国国民党。1926 年后，任国民革命军第二十师排长、连长，参加北伐战争。1929 年后任第十一师营长，曾参加蒋桂、蒋冯战争和中原大战，参加对红军的第三、四、五次"围剿"，1933 年任第十一师第六十六团团长。

抗日战争中，1937 年 8 月率部参加淞沪会战，10 月任第六十七师步兵第一一九旅旅长。1939 年参加第一次湘北会战，任第十八军第十一师副师长。1940 年参加枣宜会战。1941 年任福建预备第九师师长。1942 年任第十一师师长。1943 年任第十八军副军长、军事委员会委员长侍从室高参。1944 年 8 月任第十八军军长。1945 年参加湘西会战，6 月被授予少将军衔。

解放战争中，1946 年任整编第十一师师长，曾率部参加围攻中原解放军，进攻苏北和鲁南解放区。1947 年任第十八军军长，率部进攻山东解放区。1948 年 9 月 22 日被授予中将军衔，任第十二兵团副司令官。十二兵团组建是以整编第十八军为基础，理应由胡琏担任司令官，但是整编第十八军在华中"剿总"司令白崇禧指挥之下，因为整编十八军是白崇禧的主力部队之一，而胡琏为陈诚系干将，所以白崇禧对胡琏既拉拢又打击，蒋介石不得不任黄维担任第十二兵团司令官，胡琏为副司令官。十二兵团组建后，胡琏以其父病危和治疗自己牙病为由请假赴汉口。

淮海战役中，十二兵团由河南确山、驻马店地区北上增援徐州战场，被解放军包围于安徽境内的双堆集地区，至 1948 年 11 月底已被解放军打得残缺不全。11 月 28 日，蒋介石召见胡琏，让他去协助黄维指挥，在这种情况下，被委以"力挽狂澜"之重任，胡琏认为这正是他显露"将才"的时机，便欣然应答。12 月 1 日，蒋介石派飞机将胡琏送往双堆集战场。12 月 7 日，在多次突围失败的情况下，黄维和胡琏多次磋商后认为，依靠第十二兵团自己的力量已不可能突出解放军的重重包围，必须有强有力的部队配合和大量的空中支援才有希望。于是决定派胡琏回南京，当面向蒋介石报告情况。到南京后，胡琏向蒋介石报告了双堆集战场的情况，并请求增援部队和空军协助十二兵团突围，蒋介石同意突围。胡琏回到双堆集后，告知黄维蒋介石批准突围的指示，并和黄维研究之后认为，外线无强大兵力接应，无空军的有力支援，突围危险性太大，决定打一天算一天，等待南京和蚌埠布置妥当后再作突围准备。在解放军不断的攻击下，十二兵团的包围圈在日益缩小。12 月 15 日，黄维和胡琏见大势已去，决定采取"四面开弓，全线反扑，觅缝钻隙，冲出重围"的方针实施突围，黄维和胡琏各乘一辆坦克突围，胡琏突围成功，回到了南京。黄维被解放军俘虏，十二兵团被解放军全部歼灭。

1949 年 4 月任第二编练司令部司令官、第十二兵团司令官，10 月率部参加金门战役。1950 年任金门防卫军司令。1954 年任第一野战军团司令。1957 年 7 月被授予"陆军二级上将"军衔，9 月任金门防卫司令部司令兼金门战地政务委员会主任。1958 年任陆军总司令部副总司令。1964 年任"驻南越大使馆大使"。后任"总统府"战略顾问，被授予"陆军一级上将"军衔。是中国国民党第七、八、九、十、十一届中央委员会委员。

著有《泛述古宁头之战》、《金门忆旧》、《越南见闻》、《古宁头作战经过》等。1977 年 6 月 22 日在台北逝世。

吴绍周

第十二兵团副司令兼第八十五军军长

　　吴绍周（1902—1966），原名吴见登，字国宾、子斌。贵州天柱人，苗族。1922年考入贵州学兵营，后入贵州讲武堂第五期学习。1923年在黔军第二师第四混成旅第八团参军，后任排长、副官、连长等职。1926年任国民革命军第十军第二十八师第二团第二营副营长、营长，参加北伐。1927年任第十军第三十师第三团团长。1928年4月任整编第二十九旅团长。1932年任第二六七旅第五十三团团长。曾参加进攻鄂东黄安红军根据地。1933年进入南京高等教育班第二期学习，参加复兴社。1934年任第八十九师参谋长。

　　抗日战争中，任第八十九师第二六九旅旅长。1938年任第一一〇师副师长、师长，参加台儿庄战役。1942年2月任漯河指挥总部主任，3月任第十三军军长。1943年5月任第八十五军军长，参加中原大会战。1945年任第九集团军副司令。

　　解放战争中，1946年任整编第八十五师师长。参与进攻中共沂蒙山区革命根据地。后任第四兵团副司令官兼第八十五军军长。1948年10月任十二兵团副司令兼第八十五军军长。率部从广水出发，经正阳、新蔡、阜阳、蒙城，向宿县急进。

　　淮海战役中，1948年11月下旬率八十五军进至南坪集地区。11月25日和黄维兵团一起被解放军包围在双堆集地区。11月27日第八十五军一一〇师在黄维兵团试图突围过程中举行战场起义，后吴绍周部在双堆集地区固守待援。12月10日第八十五军第二十三师、第二一六师的1个团和军部卫生大队又向解放军投诚，此时吴绍周已经成为光杆军长。12月15日随黄维、胡琏一起乘战车突围，后被解放军俘虏。被俘后，进入华北军区解放军官教导队改造。

中华人民共和国成立后，曾被聘为湖南省文史馆馆员。1962年任湖南省人民政府参事。

著有《第八十五军的分化瓦解》、《关于汤恩伯》、《第十三军南口抗战纪实》、《豫西南抗战回忆》等。

1966年5月10日在长沙病逝。

肖锐

第十二兵团参谋长

肖锐（1907—1966），别号慎哉。湖北麻城人。黄埔军校第六期步科、陆军大学参谋班第三期、陆军大学第十七期毕业。曾任第九十九师营长、团长、参谋主任、参谋长等职。

抗日战争胜利后，任第十八军整编第十一师参谋长、整编第十一师第十八旅旅长。

1948年第十二兵团组建以后，担任第十二兵团参谋长，参加淮海战役。肖锐因1948年11月下旬患急性盲肠炎，被送往蚌埠医院医治而离开战场。淮海战役中第十二兵团被解放军全部歼灭。

1949年赴台湾，任第一三六师副师长、师长、第六军副军长。1960年被授予"中将"军衔，后任金门防卫司令部副司令。1964年退役。

1966年4月27日病逝。

韦镇福

第十二兵团副参谋长

　　韦镇福（1909—? ），号铁僧。1909 年出生，广西蒙山人，壮族。中央陆军军官学校第一分校步科、中央陆军军官学校高等教育班第五期、陆军大学特别班第五期毕业。历任第四军排长、连长、营长，第四军驻衡阳新兵训练处主任、学兵团团长。

　　抗日战争中，任步兵团团长、副旅长、师部高参。1942 年任驻印远征军司令长官部高参兼作战科科长、军委会军令部作战厅科长、第四战区司令长官部高参兼东南干训团教育处处长。1944 年任青年军干训团教育处处长、青年军编练总监部参谋处处长。曾参加淞沪会战、武汉会战等。

　　解放战争中，1946 年任广东省保安司令部副司令。1947 年任武汉新制军校训练部副部长兼第六军官训练班主任，10 月被任命为广东省第二区行政督察专员兼保安司令，未到职。1948 年随黄维到第十二兵团任职，任第十二兵团副参谋长，被授予少将军衔。

　　淮海战役中，协助黄维指挥部署作战，后第十二兵团被解放军全部歼灭，韦镇福在双堆集地区被解放军俘虏。

　　中华人民共和国成立后，任解放军军事学院高级系教员、军事史料处研究员、北京市黄埔军校同学会理事。曾参加《辞海》,《中国军事史》战史、兵器、战术部分的编辑撰稿工作。

文文修

第十二兵团副参谋长

文文修（1910—1978），号心谷。湖南醴陵人。南京中央陆军军官学校第八期第二总队炮科、庐山军官训练团校尉班第四期、陆军大学正则班第十五期毕业，美国驻印度兰姆伽军官班结业。历任国民革命军荣誉第一师连长、营长、师部参谋处作战科科长、中央陆军军官学校第三分校教育处高级教官、战术班主任、军委会战干三团大队长、第五军参谋处作战科科长、第十八军副参谋长。

淮海战役中，任第十二兵团副参谋长、代参谋长。在双堆集地区被解放军俘虏。1975 年 3 月 19 日被特赦。

1978 年逝世。

覃道善

第十二兵团第十军军长

覃道善（1903—？），号仲明。湖南石门人。黄埔军校第四期步科、中央训练团党政班第十期毕业。曾在国民革命军第十八军任职，参加北伐战争。

抗日战争中，任第十八师五十二旅旅长、第七十六师副师长、第十八师师长等职，参加武汉会战、湖南会战等。

解放战争中，任整编第三师师长、第十八军副军长、第十军军长。1948年9月第十军编入第十二兵团，覃道善奉命率部集结于河南确山、驻马店一带。

淮海战役中，覃道善率部随黄维的第十二兵团向徐州进发。1948年11月25日被解放军包围在安徽双堆集地区，后根据第十二兵团司令官黄维部署，在双堆集地区与解放军展开激烈作战，战至12月15日，该军已受重创，覃道善率领其残部由双堆集的王大庄向东北方向突围，曾一度打开缺口，但很快被解放军封闭，后覃道善被俘，全军被歼灭。

1961年12月被特赦。后任湖南省参事室参事。

著有《第十军被围歼记》、《我在岳阳接受日军投降的回忆》等。

熊绶春

第十二兵团第十四军军长

　　熊绶春（1907—1948），字霖生。江西南昌人。黄埔军校第三期步科、日本户山军官学校、日本步兵专门学校毕业。曾参加第二次东征和北伐战争，历任国民革命军第一军第二师排长、连长。1927年赴日本学习。1931年任陆海空军总司令部特务第一团副团长、代理团长，参加"一·二八淞沪会战"，后任军事委员会干部训练班教育组长、中央步兵学校教官、军委会南昌行营干训班组长、星子特训班大队长。1934年起任河南保安处学兵团长、河南省保安第三团团长。

　　抗日战争中，任郑州警备司令部参谋长、第七军官大队长、沙市警备司令部参谋长、第九战区军官大队大队长、渝北警备司令部参谋长。1939年任第一〇三师副师长，率部参加第二次长沙会战。1942年任第八军第一〇三师师长。1943年任云南河口警备司令。1944年参加滇西反击战、松山战役。1945年6月20日被授予少将军衔。后任青年军师长、第十四军副军长。

　　解放战争中，任整编第十师副师长。1948年任第十师师长，第十二兵团组建后，所部划归第十二兵团建制，任第十二兵团第十四军军长。

　　淮海战役中，熊绶春率领第十四军从河南确山、驻马店一带随第十二兵团向徐州进军，先头部队第十八军渡过浍河之后受到解放军攻击向浍河南岸南坪集收缩，十二兵团司令黄维令第十四军和第八十五军掩护其撤退。结果第十四军立足未稳便被先行到达浍河南岸的解放军抄袭了右翼。虽经拼死反击，击退解放军抄袭部队，但是也遭受解放军重创。由此第十四军随第十二兵团一起在双堆集战场固守待援，后受到解放军围歼。1948 年 12 月 11 日，第十四军 1000 余人在 6 辆坦克的掩护下向解放军阵地反击，战斗中熊绶春在掩体附近被解放军炮弹击中，毙命身亡。后被国民党追赠陆军上将军衔。

杨伯涛

第十二兵团第十八军军长

杨伯涛（1909—2000），字荡波，又名序章。1909 年 4 月 19 日出生，湖南芷江人，侗族。1926 年在黔军入伍，参加北伐战争。1927 年进入第六军教导团学习，任第六军第十九师排长、第二军警卫排排长。1929 年春考入黄埔军校武汉分校第七期学习，未毕业即调任教导第三师任排长。1930 年中原大战后，随教导第三师并入第十八军。1931 年 9 月升任连长。1935 年考入南京陆军大学第十四期。

抗日战争中，1937 年 8 月任第十八军营长，参加淞沪会战。后任十八军军部参谋。1938 年 7 月任第十八军第十一师参谋主任，参加南昌保卫战。1939 年 2 月任第九十四军第一八五师第五五三团团长。1940 年 5 月参加枣宜会战。1941 年任第一八五师参谋长，参加反攻宜昌作战。1943 年 1 月任第八十六军参谋长，参加鄂西战役，7 月任第六战区总部参谋处处长，10 月参加常德会战，任第十八军十一师师长。

解放战争中，任整编第十八师第十一旅旅长。1948 年 7 月任整编第十八师师长，9 月 22 日被授予少将军衔，10 月任第十八军军长，第十八军配属第十二兵团建制。

淮海战役中，率第十八军作为右纵队随十二兵团由河南确山出发，经正阳、新蔡赴阜阳。作为先头部队，第十八军虽遭解放军迎头阻击，但是在炮兵和火焰发射器的配合下，得以渡过涡河，后又渡过浍河。渡过浍河后，前方遭遇解放军重兵阻击，后方蒙城又被解放军占领，此时黄维才意识到第十八军已经进入解放军设置的"口袋阵"中。杨伯涛建议黄维兵团连夜向固镇西南铁路线靠拢，取得和李延年兵团联系与后方补给之后，再沿津浦路北上。黄维犹豫不决，耽误 11 个小时后，才决定转移。1948 年 12 月 23 日，第十八军先入双堆集地区，兵团其余各军先后到达双堆集。后廖运周率部起义，12 月 15 日黄维兵团被全部包围在双堆集地区，后被解放军围歼，第十八军从 12 月 9 日起防御体系开始瓦解，战至 15 日溃不成军，杨伯涛和黄维、胡琏一道突围，后被解放军俘虏。

1959 年 12 月 4 日被特赦，后任全国政协文史专员，第六、七届全国政协委员，民革中央监察委员，黄埔军校同学会理事，祖国和平统一促进会委员。著有《学习毛主席军事著作：记解放战争蒋军的覆灭》《陈诚军事集团纪要》《美军战术之研究》《第十一师作战纪实》《雪峰山战役》《杨伯涛回忆录》《湘西会战纪实》《第十八军从进攻到被歼》等。

2000 年 2 月 20 日在北京病逝。

李弥

第十三兵团司令

　　李弥（1902—1973），字炳仁，号文卿。云南腾冲人，出生于云南莲山。1924年参军，任滇军第七师师部勤务兵、副官。1925年入黄埔军校第四期步兵科学习。1927年任第三军军官教育团排长。后任南京总司令部警卫团连长、国民革命军第二十二军营特派员、营长、副团长等职。1930年任第五十九师三五〇团团长。1932年任第五师团长。曾在湖南、广西、云南、贵州、四川参加"围剿"红军。1936年起任江西瑞昌县县长、宁都保安副司令兼保安十六团团长。

　　抗日战争中，1938年任第三十六军第九十六师第二六八旅副旅长、旅长，率部出川抗战。1939年任第三十六军第五师副师长，率部参加第一次长沙会战和昆仑关战役。1940年参加枣宜战役，任第八军荣誉第一师师长。1942年任第八军副军长兼湖南芷（江）绥（宁）师管区司令。1944年参加松山战役，任第八军军长。1945年6月28日被授予少将军衔。1945年参与杜聿明部第五军解除昆明龙云政府武装。

　　解放战争中，1947年5月任整编第八师师长，11月任整编第八军军长。1948年6月任第十三兵团司令，7月开赴蚌埠集结。

　　淮海战役中，黄百韬第七兵团被包围后，李弥兵团和邱清泉兵团奉命从徐州向东，分别沿陇海铁路南北侧推进，增援黄百韬兵团，与解放军的阻援部队展开激战。黄百韬兵团被全部歼灭后，李弥兵团和邱清泉兵团撤回徐州。11月30日杜聿明集团放弃徐州，率领邱清泉、李弥和孙元良兵团向西南方向撤退，12 月 4 日，被解放军包围于永城东北。至 1949 年 1 月 10 日，杜聿明集团的邱清泉、李弥和孙元良兵团被全部歼灭。李弥于 1 月 10 日化装逃脱。

1949 年 5 月任重建的第十三兵团司令官兼第八军军长。后任第六编练司令部司令，率部开赴云南，曾任"云南省政府主席"，带部队赴开远、蒙自地区。1950年 1 月第八军在蒙自被解放军全部歼灭，李弥逃至缅甸、老挝和泰国交界的三角地带。9 月在缅甸北部，纠集外逃残部和部分土顽武装，组建"反共抗俄救国军滇南边区第一纵队"，12 月任"云南省人民反共救国军总指挥"、"云南省政府主席兼云南绥靖公署主任"。1953 年 1 月李弥残部在缅甸改称"云南反共救国军游击总部"，因与缅甸的反政府军联络合作，缅甸政府对李弥残部进行军事围剿。1954 年李弥逃往台湾。

赴台湾后，任"国大"代表，中国国民党第七届候补中央委员、第八届中央委员和第九届、第十届中央评议委员，"光复大陆设计研究委员会"委员等职。1964 年退役。

1973 年 12 月 7 日在台北病逝。被台湾当局追赠"陆军二级上将"军衔。

赵季平

第十三兵团副司令

赵季平（1898—?），号季湘。湖南桃源人。陆军大学特别班第二期毕业。抗日战争中，1938年6月24日被授予少将军衔。后任暂编第六师师长，参加第二、三次长沙会战、浙赣会战、常德会战、湘西会战。

1948年淮海战役中担任第十三兵团副司令官，协助第十三兵团司令官李弥指挥作战。11月29日李弥接到杜聿明放弃徐州的口头命令之后，召开了十三兵团军、师长会议，赵季平参加会议，参与部署十三兵团撤出徐州。12月3日，李弥兵团撤至王白楼附近待命，李弥根据作战形势分析，决定趁解放军包围未稳之机部署突围，赵季平奉命负责通知空军突围时派飞机掩护，并以装甲兵团一个营参加作战。在突围中，空军配合很差，投弹数枚之后，便一飞了事。李弥的突围计划以遭遇严重损失而告终。

陈冰

第十三兵团副司令

陈冰（1901—? ），号镜如。山西长治人。保定陆军军官学校第八期步科、陆军大学特别班第一期毕业。1935 年 4 月 22 日被授予少将军衔。1948 年 8 月任第十三兵团副司令官，参加淮海战役。

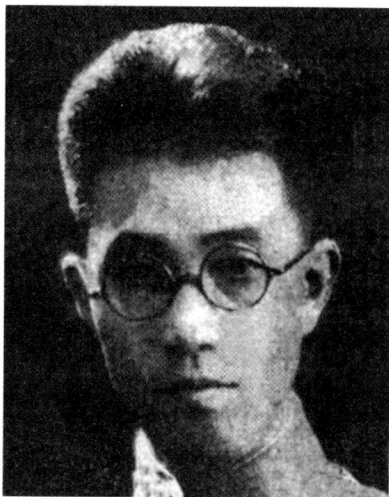

李九思

第十三兵团副司令

　　李九思（1900—1978），字子有。河南邓县人。中央陆军军官学校高等教育班第八期、庐山中央军官训练团党政班毕业。曾任第二十九军排长、副连长、营长，第三十八师独立第二十六旅团长、副旅长、旅长。1939年任第五十九军第三十八师师长，参加随枣会战、常德会战、豫西鄂北会战。1942年1月31日被授予少将军衔。

　　1948年任第五十九军副军长，淮海战役期间担任第十三兵团副司令。失败后被解放军俘虏。

　　1975年3月19日被特赦。特赦后，历任全国政协文史专员、江苏省政协秘书处专员、江苏省第四届政协委员等。

　　著有《缅怀诤友克侠》、《我参加抗日战争杂记》等。

　　1978年逝世。

吴家钰

第十三兵团参谋长

吴家钰（1910—? ），号幕新。湖南湘乡人。陆军大学第十五期毕业。淮海战役中担任第十三兵团参谋长，1949 年 1 月 10 日被解放军俘虏。

周羽皋

第十三兵团副参谋长

周羽皋（1906—1974），字泽世，号泽翱。湖南澧县人。黄埔军校第三期步科、陆军大学第十五期毕业。历任黄埔军校入伍生团见习官、国民革命军第一军第二师第五团排长、连长、北伐军总司令部参谋处侍从参谋、军政部第十五补充兵训练处第一团团长、宪兵学校研究委员。

抗日战争中，任陆军大学兵学科高级教官、峨眉山中央军官训练团办公厅总务处副处长。

解放战争中，1946 年任第六绥靖区司令部参谋处处长。1947 年任陆军大学乙级将官班第三期班主任。1948 年任第十三兵团副参谋长、陆军大学教务处副处长。1949 年到台湾。

1974 年 5 月 8 日在台北逝世。

周开成

第十三兵团第八军军长

周开成（1905—？），又名周鼎、涤州。湖北潜江人。中央陆军军官学校武汉分校第五期步科、南京中央陆军军官学校高教班第一期毕业。历任国民革命军排长、连长、营长、团附。

抗日战争中，任第八军第二师第七团副团长、代理团长、新编第一军荣誉第一师第一团团长，曾参加昆仑关会战。后任荣誉第一师副师长，参加中国远征军，赴印度、缅甸抗日。

解放战争中，1946年任整编第八军独立旅旅长、第八军第四十二师师长。1948年任第十三兵团第八军副军长。

淮海战役中，周开成任第十三兵团第八军军长，率第八军驻防曹八集以西。1948年11月8日何基沣、张克侠在贾汪地区起义之后，徐州"剿总"急令李弥的第十三兵团开赴徐州，周开成率部随兵团回徐州。后奉命在陇海路以北向东攻击，救援黄百韬兵团。在向徐东攻击的作战中，第八军虽偶有战果，但伤亡严重，并且攻占的部分村庄又被解放军占领，直至黄百韬兵团被全部歼灭，周开成率部撤回徐州。11月底杜聿明命令放弃徐州向徐州西南转移，第八军负责徐州总撤退的掩护部队。后因李弥兵团处于掩护位置，总是挨打挨饿，杜聿明令李弥兵团和邱清泉兵团交换阵地。第八军驻防李石林南贺村庄。后随杜聿明集团被解放军包围在陈官庄地区，1949年1月9日第八军指挥机构全部被解放军炮火打乱而失灵，周开成率其参谋长袁剑飞、第二三七师师长孙进贤等人向陈官方向逃窜，途中被解放军俘虏。

1975 年 3 月 19 日被特赦。后任湖北省政协文史专员、湖北省参事室参事。

著有《淮海战役中的第八军》、《荣一师光复龙陵之战》、《第八军进攻胶东解放区的回忆》等。

黄淑

第十三兵团第九军军长

黄淑（1907—1986），号志良。广东五华人。黄埔军校第三期军官补习班、庐山中央军官团校尉班毕业。

抗日战争中，任第一六六师补充旅副团长、第四八九团团长、参谋长、第一六六师副师长、师长，曾率部参加桂柳会战。

解放战争中，1946年任第十三兵团第九军军长、整编第九师师长。1948年9月22日被授予少将军衔。

淮海战役中，担任第十三兵团第九军军长，在陈官庄地区被解放军俘虏。

1961年12月25日被特赦。后任广东省政协秘书处专员、省政协委员和文史专员。

著有《第九十七军在黔桂边境抗战经过》、《淮海战役中第九军被歼经过》、《李弥第八军在胶东的三年》、《临朐战役纪实》、《重点进攻胶东的回忆》等。

1986年病逝。

司元恺

第十三兵团第一一五军军长

司元恺（1898—1953），字怡唐。1898 年
11 月 5 日出生，河北青县人。1918 年在陆军第
一混成旅参军。1921 年考入保定陆军军官学校
讲武堂第一期。后任陆军第二十三师第九十团
排长、国民革命军第五军营长。曾参加北伐。

抗日战争中，任第四十军第三十九师第
一一五旅第二三〇团团附、第二二九团团长、
第一一五旅副旅长、独立第四十六旅旅长、第
四十师副师长。1942 年 5 月任新编第四十师师
长。1944 年 7 月任第四十军第三十九师师长。
1945 年 8 月任整编第四十师第三十九旅旅长。

解放战争中，任第四十军第三十九师师长。1948 年 9 月 22 日被授予少将军衔。

淮海战役中，率第三十九师从安阳空运徐州归属第十三兵团建制，驻防九里
山一带。1948 年 12 月第十三兵团被解放军包围在陈官庄地区后，第十三兵团司
令李弥将司元恺的第三十九师配属第八军指挥，后司元凯升任第一一五军军长。
1949 年 1 月 10 日在陈官庄地区被解放军俘虏。被俘后，进入华东军区解放军官训
练团学习。

1953 年病逝。

曾甦元

第十六兵团副司令

曾甦元（1905—1960），又名苏元。四川广汉人。黄埔军校高教班、陆军大学特别班第七期毕业。1930年任第二十九军川陕边区"剿匪"第二纵队司令。1931年任第二十九军独立二旅旅长，后任第二十九军第一师第三旅旅长。1934年参加"围剿"红军。1935年任第四十一军第一二四师第三七二旅旅长。1936年2月27日被授予少将军衔。

抗日战争中，曾参加娘子关抗战，1938年3月参加台儿庄战役，5月任第四十一军第一二四师师长。1939年参加随枣会战。1940年参加枣宜会战。1941年参加豫南会战。1942年5月任第四十一军副军长。1943年4月任第四十一军军长，参加鄂西会战、常德会战。

解放战争中，1946年任国防部部员。1948年3月当选第一届"国民大会"代表。后任第十六兵团副司令官。

1949年12月在四川什邡参加起义。后任解放军华东军区第九兵团副参谋长兼朝鲜东海岸防御指挥所第二副参谋长，参加抗美援朝作战。1953年任华东军区高级参议、南京军事学院军事主任教员、民革江苏省委常委、江苏省政协常委、江苏省林业厅厅长。

是全国政协第二、三届委员。

1960年2月逝世。

张益熙

第十六兵团参谋长

张益熙（1902—1948），号仰青。四川宜宾人。黄埔军校第五期炮科、陆军大学特别班第六期毕业。1938 年 3 月任独立炮兵第二团团长。后任中央陆军特种兵联合分校炮科教官、师参谋主任、兵团参谋处处长等职。1948 年 8 月任第十六兵团参谋长。

淮海战役中，随孙元良的第十六兵团被解放军包围在陈官庄地区，12 月 6 日随孙元良的第十六兵团单独实施突围，突围失败，第十六兵团被歼。孙元良化装逃脱，张益熙随孙元良突围时，身负重伤，在包围圈内毙命身亡。

高健

第十六兵团副参谋长

高健（1911—？），号子久。湖北洪湖人。中央陆军军官学校武汉分校第七期步科、陆军大学将官班乙级第三期毕业。1930年任国民革命军第二师第四旅第七团第二营机关枪一连排长、连长。1931年起任第五军第八十七师第二五九旅第五一七团第一营机关枪连连长、第八十八师特务连连长、第二六二旅第五二三团第三营营长。

抗日战争中，任第八十八师补充旅第一团副团长、代团长。1938年任中央陆军军官学校第一分校第十总队副总队长兼第一队队长。1939年任空军军士学校学员总队总队长。1941年任中央陆军军官学校第一分校山地兵教导团副团长、团长。1943年任第二十九军第九十一师第二七二团团长。1945年任暂编第二十九师师长。

解放战争中，1946年12月任第三方面军总部政治部督察，进入陆军大学将官班学习。1948年10月任第十六兵团副参谋长。

淮海战役中，1949年1月在河南永城陈官庄地区向解放军投降。后曾任山东解放军官教导团俱乐部主任，解放军军事学院战役战术教授会五级教员、基础系主任教员等职。1958年转业后，任湖北荆州专署建设局科长、民革中央团结委员、民革湖北省委会顾问、湖北省黄埔军校同学会副会长。1972年退休，1984年改为离休。

熊顺义

第十六兵团副参谋长

熊顺义（1910—2004），字正仁。四川威远人。国民革命军第二十九军川西北屯殖总司令部军事教育团学生队结业，中央陆军军官学校军官训练班三期、陆军大学特别班第七期毕业。历任第二十九军排长、连长、第四十一军参谋兼军部干部训练班队长、营长、第四十一军第一二四师第三七二旅第七四四团团长等职。

抗日战争中，1938年3月任第四十一军前敌指挥部参谋长，参加徐州会战，6月任第四十一军第一二四师第三七二旅第七四三团团长，参加武汉会战。后任第四十一军第一二四师第三七二团团长，参加随枣会战。1942年后，任第五绥靖区司令部第四处处长兼干部训练班教育长。

解放战争中，1947年任第四十一军第一二二师副师长。1948年任第十六兵团副参谋长兼第三处处长、第四十一军第一二二师副师长。

淮海战役中，担任第十六兵团副参谋长。1948年12月孙元良率第十六兵团单独实施突围后，随孙元良突围，率领1个团突围过程中误与第二兵团第五军交火，后率部返回包围圈。回到总部向杜聿明报告情况后，奉命收容残余部队，后被杜聿明委任为第一二二师师长，奉命向青龙集东南方向攻击，遭遇解放军阻击，被围陈官庄包围圈内。1949年1月9日参与和解放军谈判，放下武器而被俘，后化装潜逃。经徐州、郑州逃到武汉，参加了孙元良重新组建的第十六兵团，任第四十一军第一二二师师长。1949年12月在四川什邡起义。

中华人民共和国成立后，1955 年转业，1986 年起任山东省人民政府参事、济南市政协常委、民革济南市委副主委、山东省政协文史资料委员会专员、山东省黄埔军校同学会副会长。

著有《川军七四三团晋东抗日纪实》、《滕县抗日守卫战纪实》、《信罗战役简记》、《孙元良兵团被歼经过》等。

2004 年 8 月 11 日在济南病逝。

胡临聪

第十六兵团第四十一军军长

胡临聪（1902—1989），字剑门。1902 年 1 月 10 日出生，四川犍为人。四川陆军讲武学堂、陆军大学特别班第二期毕业。曾在川军第二十九军任职，参加"围剿"川陕边区红军。1934 年进入陆军大学学习。

抗日战争中，任第四十一军高参、第二十二集团军总部参谋处处长。1938 年 4 月任第四十一军第一二二师第三六六旅旅长。1939 年 6 月任第四十一军第一二二师副师长兼三六五团团长。1940 年 5 月任第二十二集团军参谋长，曾参加信罗会战、随枣会战。1945 年 3 月 8 日被授予陆军少将军衔。

解放战争中，1946 年任第五绥靖区副司令官。1947 年任整编第四十一师师长。1948 年 9 月任第四十一军军长，9 月 22 日被授予陆军中将军衔。

淮海战役前，胡临聪的第四十一军归属第十六兵团驻防郑州，后奉命东移商丘西北地区，准备进攻济南战役后在山东整补的华东野战军。国民党军放弃进攻山东解放军计划后，10 月 24 日胡临聪率四十一军随十六兵团移驻宿县、蒙城地区，保障津浦路徐蚌段安全。

淮海战役中，11 月 11 日根据刘峙和杜聿明的"收缩兵力，准备援黄（黄百韬兵团）"的命令，率四十一军随十六兵团兵团部由宿县向徐州以南地区收缩集结。计划第四十一军主力在宿县等待火车接运。当日傍晚，胡临聪得知解放军大部队已进至宿县以西之青疃集、三塘、百善集地区，担心四十一军被堵在宿县或途中走不了，于是下令不等火车接运，立即徒步行军连夜赶赴徐州以南三堡一带与十六兵团主力会合。11 月 19 日率部从徐州以南地区调防九里山地区，接替第七十二军防务。黄维兵团被围后，率部向南攻击，试图落实徐州、蚌埠和黄维兵团三路会师打通徐蚌线的计划。11 月 25 日奉命进攻解放军两广纵队防守的孤山地区之纱帽山阵地。因为国防部新闻局派人陪同美国记者前来观战，并且有一个记者是麦克阿瑟派来考察的，为了给此记者留下好印象，以争取美国援助，胡临聪对此次进攻特别重视，亲自坐镇指挥，用上了 2 个师的兵力，发射了千余发炮弹轰炸，在美国记者的亲眼目睹下，占领了纱帽山阵地。12 月 10 日胡临聪率第四十一军随第十六兵团突围，突围失败后，在安徽亳县（今亳州）被俘。

1960 年 11 月被特赦。后任四川省政协委员、四川省政协秘书处专员。

1989 年 3 月 19 日在成都病逝。

汪匣锋

第十六兵团第四十七军军长

汪匣锋（1902—1961），字剑泉，又名铸龙、龙泉、尚方、接励。四川简阳人。中央陆军军官学校高等教育班第四期、川军第三师军事教育团、陆军大学特别班第三期毕业。历任川军第三师排长、连长、营长。1927年任川陕边防军第八团团长、第一团团长。1932年任川陕边防军第二师第三旅旅长。1933年任第二十三军参谋长。1934年任第二十三军第二师副师长、代理师长。

抗日战争中，1939年6月任第四十五军参谋长，率部参加随枣会战。1943年任第四十五军第一二五师师长，参加常德会战。

解放战争中，1946年任整编第一一五旅旅长。1947年任整编第四十七师副师长、师长。1948年任第四十七军军长，9月22日被授予少将军衔。

淮海战役中，第四十七军驻防蒙城西北关。1948年11月11日奉命由蒙城出发赴徐州以南三堡一带布置警戒。到达徐州后，第十六兵团负责徐州防务。第四十七军在陇海路西线光山、华山、太山、云龙山、二堡地区加强工事，并对萧县、宿县方面搜索警戒。11月底杜聿明集团由徐州向西南方向撤退之后，第四十七军奉命经萧县、红庙、洪河集、永城大道一线向永城西关转进。后被解放军包围于陈官庄地区。12月6日在孙元良兵团单独实施的突围中，汪匣锋被解放军俘虏。

1961年10月病逝。

何基沣

第三绥靖区副司令

何基沣（1898—1980），字芑荪。1898 年
10 月 10 日出生，河北藁城人。清河陆军预备
学校、保定陆军军官学校第九期步科、陆军
大学特别班第一期毕业。1923 年参加西北军，
曾参加"北京政变"，参与接管紫禁城。1927
年 4 月任国民革命军第二集团军教导团团长。
1932 年任第三十七师第一〇九旅副旅长兼军政
部参事。

日军进攻华北以后，何基沣率部参加长城
抗战，任第一一〇旅旅长。1934 年进入庐山军
官训练团第一期受训。1935 年 4 月被授予少将军衔。

抗日战争中，1937 年 7 月日军进攻卢沟桥，何基沣亲临卢沟桥前线，命令部
队打响了还击第一枪，揭开抗日战争的序幕，后率部在宛平城顽强抵抗日军进攻。
7 月 29 日所部退出卢沟桥、宛平、西苑等地，驻防涿州、良乡，9 月任第七十七
军第一七九师师长，沿津浦线阻击日军。在保卫大名血战中，率部抵抗日军三天
三夜的围攻，最后弹尽粮绝，大名失守，举枪自戕并留下"不能打回北平过元旦，
无颜以对燕赵父老"的遗言。后被部下及时抢救，挽回生命。在养伤期间，受斯
诺的《西行漫记》影响，于 1938 年赴武汉见到周恩来，经周恩来介绍，何基沣到
延安见到毛泽东、刘少奇、朱德。1939 年 3 月被中共中央批准为中共特别党员，
任国民党第三十三集团军第七十七军副军长兼一七九师师长。1943 年 9 月任第
七十七军军长。

解放战争中，1947 年任徐州"剿总"第三绥靖区副司令官。1948 年 9 月被授

予中将军衔。

淮海战役前夕，经周恩来指示，中共华东局派人与何基沣和张克侠（第三绥靖区副司令官）取得联系，何基沣和张克侠即着手为战场起义做好准备工作，何基沣在第三绥靖区所属第七十七军和第五十九军做了大量工作，争取尽可能多的部队参加起义。11月8日，在华东野战军山东兵团南下的关键时刻，何基沣、张克侠共同领导第三绥靖区所属第五十九军之三十八师、一八〇师，第七十七军之一三二师、三十七师———一团和一〇九团的一个营共计2.3万余人在贾汪、官路口及台儿庄同时起义。何基沣、张克侠领导的战场起义敞开了徐州的北大门，使华东野战军山东兵团迅速通过该部防区，直插陇海线，及时切断了沿陇海路向徐州撤退的黄百韬兵团和徐州的联系，为淮海战役中全歼黄百韬兵团创造了极其有利的条件。起义后，何基沣和张克侠率领起义部队北上山东益都休整。

1949年2月任中国人民解放军第三野战军第三十四军军长。渡江战役后，任南京警备司令部副司令员。

中华人民共和国成立后，任中国人民政治协商会议第一、三届全国委员会委员、第五届全国委员会常务委员，华北行政委员会委员兼水利局局长，水利部副部长，国务院水土保持委员会副主任兼秘书长，农业部副部长、党组成员等职。

1980年1月20日在北京逝世。

张克侠

第三绥靖区副司令

张克侠（1900—1984），别号树棠，又名双印、大伟、慕义、子华。1900 年 10 月 7 日出生，河北献县人。1917 年考入清河陆军军官预备学校。1921 年考入保定陆军军官学校第九期步科。1923 年加入西北军。1924 年任孙中山大本营军政部科长、陆军讲武学校教育副官、军士队队长。1925 年参加北伐，任北伐军第一营营长、西北军学兵团团附。1927 年入莫斯科中山大学学习。1929 年秘密加入中国共产党，任第二集团军司令部参谋、第二十五师参谋长。1930 年任第二十九军第三十八师参谋长。九一八事变后，入南京陆军大学第十期学习。1933 年起任察绥民众抗日同盟军高级参谋、干部学校副校长、第二十九军副参谋长。

抗日战争中，1937 年 7 月参加卢沟桥抗战。后任第六战区司令部高级参谋、副参谋长。1939 年起任第五十九军参谋长、第五战区右翼兵团总司令部参谋长、第三十三集团军干部训练班教育长。1942 年 1 月 31 日被授予少将军衔。1944 年任第三十三集团军参谋长、副总司令，率部在山东、河南一带抗日。

解放战争中，1946 年 6 月任第三绥靖区副司令官兼徐州城防司令。1948 年 9 月 22 日被授予中将军衔。

淮海战役中，由于之前多次劝第三绥靖区司令官冯治安起义，因而遭到冯治安怀疑，冯治安令张克侠一直住在徐州，不许其接近驻在贾汪地区的第三绥靖区部队。11 月 8 日张克侠秘密离开徐州，到贾汪与第三绥靖区副司令官何基沣一起，率五十九军两个师、七十七军一个半师共 2.3 万余官兵，在贾汪、台儿庄防地举行起义，使徐州的东北大门敞开，让解放军得以迅速插进陇海线，切断由新安镇向徐州转进的黄百韬兵团与徐州的联系，同时占领了阻击徐州之敌向东增援黄百韬的有利阵地。起义后，受到了中共中央的勉励和褒奖。

1949 年 2 月任解放军第三十三军军长，率部参加渡江战役、上海战役，后兼任上海淞沪警备区参谋长。

中华人民共和国成立后，曾任林业部副部长、农业部副部长、中国林业科学研究院院长等职。

1955 年被授予一级解放勋章。

是全国政协第五届常务委员。

著有《在西北军中从事党的地下工作的经历》、《第三绥靖区部队起义经过》、《秘密岗位》等。

1984 年 7 月 7 日在北京逝世。

李文田

第三绥靖区副司令

　　李文田（1894—1951），字灿轩。河南浚县人。保定陆军军官学校第六期步科毕业。参加西北军，任滦河兵工厂总监、团长、旅长等职。1920 年参加直皖战争。1922 年参加第一次直奉战争。1924 年参加第二次直奉战争和"北京政变"。1925 年参加南口大战、抗击直奉联军作战。1926 年参加冯玉祥的五原誓师。1929 年任西北军第六十旅旅长。后任第三十八师副师长兼一一二旅旅长、察哈尔省政府副主席兼保安司令、天津警备司令兼公安局长。1936 年 2 月 5 日被授予陆军少将军衔。1937 年 4 月任天津市代理市长。

　　抗日战争中，1937 年 7 月负责主持天津军政。后任第三十八师代理师长、第五十九军代理军长，率部在河北省参加抗日，12 月任第五十九军副军长。1938 年第五十九军划归第五战区，奉命开赴豫东、淮河，转战临沂，曾率部取得临沂大捷。后任第二十七军团副军团长兼五十九军副军长，率部参加武汉会战、随枣会战、枣宜会战。1940 年任第三十三集团军副总司令，率部参加襄河战役、宜昌保卫战、鄂西防线江北保卫战、石牌保卫战。

　　解放战争中，1946 年任第三绥靖区副司令官，曾在苏中战役与解放军作战。1948 年 9 月 22 日被授予中将军衔。淮海战役中，何基沣、张克侠起义成功，冯治安命李文田代理第三绥靖区司令官，收容残余部队。黄百韬兵团被歼后，第三绥靖区被撤销番号。李文田于 1949 年 3 月 21 日任总统府参军处参军。5 月被解放军上海军管会逮捕。1951 年 2 月去世。

陈继淹

第三绥靖区参谋长

　　陈继淹（1898—？），号希文。河北阜平人。陆军大学第七期肄业。曾任北京政府京师卫戍司令部总参议、察哈尔都统署总参谋长。1928 年 6 月任国民政府蒙藏委员会委员。1929 年 2 月任国军编遣委员会第二编遣区总务局局长。1935 年任北平市公安局局长。1941 年任第五十九军副军长、第三十三集团军参谋长。

　　抗日战争胜利后，任第三绥靖区参谋长。1948 年 3 月被选任为第一届"国民大会"河北省代表。1948 年 9 月 22 日被授予中将军衔。

　　淮海战役中，第三绥靖区副司令何基沣、张克侠率部起义，陈继淹拒绝起义，随司令官冯治安率残部南撤。1949 年 10 月被解放军俘虏。

刘振三

第三绥靖区第五十九军军长

刘振三（1894—1971），字育如。河北故城人。国民军军官训练所、陆军大学将官班甲级第一期毕业。历任西北军排长、连长、团长、旅长。曾赴德国警官学校留学，1930年任第二十九军第六师特务团团长。1931年任第二十九军第三十八师团长。

抗日战争中，任第一一三旅旅长、第五十九军第一八〇师师长，率部参加北平、天津抗日作战。1939年6月17日被授予少将军衔。曾率部参加徐州会战、武汉会战、随枣会战。1940年7月任第五十九军副军长。1943年8月任代理第五十九军军长。1944年1月任第五十九军军长。

解放战争中，曾率部在莱芜战役、济南战役中与解放军作战。1948年9月22日被授予中将军衔。

淮海战役中，担任第五十九军军长。战役发起前，刘振三以看病为由去了上海，淮海战役中第五十九军的两个师在副军长孟绍濂率领下跟随何基沣、张克侠在贾汪、台儿庄地区战场起义。

淮海战役后，刘振三调任淞沪警备司令部副司令，后去台湾。

1971年6月13日在台湾病逝。

周嵒

第一绥靖区司令

周嵒（1895—1953），字奉璋。浙江嵊县人。陆军大学第七期毕业。1914年考入保定陆军军官学校炮兵科第三期学习。1916年任浙军炮兵见习官、排长、连长。1927年任国民革命军第二十六军炮兵团团附、军部参谋处科长。1928年参加北伐，后任第二十六军军部参谋处科长、第五团团长、第六师第三十六团团长、第六师参谋长、第十七旅旅长，曾率部赴江西"围剿"红军。1931年任第六师副师长。1933年任第六师师长，率部参加对中央红军的第四次、第五次"围剿"。1935年4月9日被授予中将军衔。

抗日战争中，1937年8月任第七十五军军长兼第六师师长，率部参加淞沪会战。1938年参加台儿庄会战，6月任江南区指挥官兼第七十五军军长，参加武汉会战。1939年1月任第三十一集团军副总司令，9月任第三十三集团军副总司令。1940年5月参加枣宜会战，7月任第二十六集团军总司令。1943年11月参加常德会战。1945年5月当选为中国国民党第六届中央监察委员，8月任第六战区副司令官。

抗日战争胜利后，1946年2月担任第六绥靖区司令。1948年9月任第一绥靖区司令。淮海战役中，率部驻防淮阴、苏中地区。

1949年1月任京沪杭警备副总司令，2月任浙江省政府主席兼浙江警备司令。赴台湾后，1950年4月任"总统府"战略顾问。1952年10月退役。

1953年7月22日在台北病逝。

孙良诚

第一绥靖区副司令兼第一〇七军军长

孙良诚（1893—1951），又名良臣，字少云。天津静海人。陆军大学特别班毕业。1912 年在北洋左路备补军第二营入伍。1916 年任连长，参加护国战争。1920 年参加直皖战争和在陕西驱逐陈树藩战斗。1922 年参加第一次直奉战争，任第十六混成旅团长。1924 年 9 月任西北边防督办公署新编第一混成旅旅长，参加"北京政变"，10 月任国民军第一军第二师第一旅旅长。1926 年任国民军第一军第二师师长，10 月任国民联军援陕军总指挥兼第六路司令，11 月任第四军军长。1927 年 4 月任冯玉祥部第三路司令，参加北伐，6 月任国民革命军第二集团军第一方面军总指挥兼第三军军长。1928 年 2 月任国民政府军事委员会委员，5 月任山东省政府委员兼省政府主席，9 月任山东省"剿匪"总指挥。1929 年 5 月任开封、兰封警备司令，12 月任西北军副总司令兼前敌总指挥。1930 年 3 月任反蒋联军第二方面军第二路军总指挥兼前敌总指挥，参加中原大战。1932 年 6 月任军事参议院参议。1933 年 6 月任察哈尔民众抗日同盟军骑兵挺进军总指挥。1936 年 1 月 22 日被授予中将军衔。

抗日战争中，1939 年 2 月任河北省政府委员兼冀察战区第一游击纵队司令。1940 年 8 月任山东省政府委员兼鲁西行署主任、冀察战区游击总指挥。1941 年 2 月任第三十九集团军副总司令，3 月兼任冀察战区副总司令。1942 年任汪伪政权第二方面军总司令，8 月兼任汪伪政权开封绥靖公署主任。1944 年任汪伪政权苏北绥靖公署主任。

抗日战争胜利后，所部被蒋介石收编，孙良诚任新编第二路军总指挥。解放战争中，1946 年任国防部暂编第五纵队司令。1947 年任暂编第二十五师师长。1948 年任第一绥靖区副司令官兼第一〇七军军长。

淮海战役中，孙良诚率第一〇七军驻防江苏睢宁地区，1948 年 11 月 11 日奉徐州"剿总"的命令向徐州方向转移。11 月 12 日上午，解放军追上孙良诚部，并将其包围，歼灭该军教导团。孙良诚曾经与解放军秘密联系，承诺解放军发起攻击前在睢宁举行战场起义，然而战役发起数日，孙良诚迟迟未动。被包围后，孙良诚亲自到解放军前沿部队指挥所联络，要求起义，遭到解放军拒绝。后孙良诚被迫同意投诚，率其军部、军直属队、第二六〇师共六千余人投诚。孙良诚投诚后主动提出与驻防蚌埠的第四绥靖区司令官刘汝明是同乡，而且同期参军，在西北军共事多年，交情很深，愿去说服刘汝明反正。解放军同意孙良诚前往蚌埠。结果刘汝明为博得蒋介石好感，将孙良诚赴蚌埠之事告诉了蒋介石，导致陪同孙良诚去蚌埠的解放军干部被捕，后被杀害。孙良诚也被关押，后被保释，隐居上海。1949 年 5 月 27 日上海解放后被逮捕，关押在苏州监狱。

1951 年病逝。

王作华

第一绥靖区第四军军长

王作华（1902—1971），广东罗定人。西式讲武学堂肄业、黄埔军校第二期炮科、陆军大学将官班第四期毕业。曾任黄埔军校第六期炮兵大队队附、国民革命军第十六师连长、营长。1932 年任第五十二师独立团团长、第十八军参谋处处长。1935 年起任第八十三军警备旅旅长、第十一师团附、广东警备团团长。

抗日战争中，1937 年任广东韶关区警备副司令。1938 年任广东保安第二旅旅长。1939 年任广东省保安副司令兼第二旅旅长、第十二集团军暂编第二军暂编第七师师长。1943 年任肇清师管区司令、第九战区司令长官部高参，曾参加常德会战、第四次长沙会战、衡阳保卫战。1945 年任第十集团军整编第四师师长。

解放战争中，1948 年任徐州"剿总"第一绥靖区第四军军长。9 月参加济南战役与解放军作战，9 月 22 日被授予少将军衔。

淮海战役中率第四军担任淮阴守备任务，1949 年 1 月所部被解放军全歼，只身逃往南京。

1949 年 4 月任京沪杭警备总司令部第四军军长，参加抵抗解放军渡江作战，失败后，赴台湾。

1971 年逝世。

王克俊

第一绥靖区第二十一军军长

王克俊（1890—1975），号杰夫。四川岳池人。四川陆军军官训练团、中央陆军军官学校高教班第三期毕业。历任川军连长、营长，1930 年 8 月任第二十六师七十六旅一五二团团长。1934 年 8 月任第二十六师七十六旅副旅长，在湖南参加"追剿"红军。

抗日战争中，1938 年 7 月任第二十九军第二十六师第七十八旅旅长。1939 年 3 月参加南昌会战，5 月任第二十九军第二十六师副师长。1940 年 11 月任第四十九军第二十六师师长。1941 年 3 月参加上高战役，后入中央训练团将校班第二期受训。1942 年 8 月 6 日被授予少将军衔。1943 年 12 月任第四十九军副军长。

解放战争中，1946 年 6 月任国防部部员。1947 年 10 月任沈阳警备司令部副司令。1948 年 4 月任整编第二十一师师长，9 月任第二十一军军长，参加济南战役与解放军作战。

淮海战役中，率领第二十一军归属第一绥靖区，驻防淮阴、苏中一带。

淮海战役后，1949 年 2 月任第一绥靖区副司令官兼第二十一军军长，12 月 21 日率部在四川金堂起义。后任四川省人民政府参事，全国政协第一、第二届特邀人士委员。

1975 年 6 月在成都病逝。

王严

第一绥靖区第五十一军军长

王严（1904—1977），原名王礼贤，字力行。山东郯城人，回族。黄埔军校第三期辎重科、陆军大学将官班毕业。1924 年 6 月进入上海法政大学学习。1925 年入黄埔军校第三期辎重科学习，参加第二次东征。1926 年 1 月任黄埔军校第四期政治科区队长，8 月任国民革命军第一军第二师排长、第二十一师监护队队附、辎重队队长，11 月任第二十一师第六十二团第一连连长。1927 年 6 月任第二十一师司令部参谋，参加北伐战争。1929 年 10 月任国民革命军第五十二师第三团第三营营长。1930 年 9 月任第三团团附。1932 年 10 月任第十一师第六十一团团长。1935 年 10 月任第九十八师第二九二旅旅长。1936 年 2 月任第九十八旅旅长。

抗日战争中，1938 年 8 月任国民革命军第一一八师师长。1939 年 3 月率部参加南昌会战，6 月被授予少将军衔，11 月参加桂南会战。1943 年 11 月参加常德会战。1944 年 10 月任第三十二军副军长。1945 年改任第十八军副军长。

解放战争中，1946 年 5 月任整编第五十一师师长。1947 年 4 月任第五十一军军长。1948 年 2 月被授予中将军衔，9 月率部参加济南战役与解放军作战。

淮海战役中担任第五十一军军长，归属第一绥靖区建制，驻防淮阴、苏中地区。1949 年赴台湾。曾任金门防卫副总司令、澎湖驻军副总司令等职。1962 年退役。1977 年 8 月 5 日在台北病逝。

杨干才

第二十军军长

杨干才（1901—1949），原名臣栋，字蚩才。四川广安人。曾入川军第九师讲武学堂第一期学习。历任第九师排长、第十六师连长、国民革命军第二十军营长、团长。1935年任第二十军第一混成旅副旅长兼第三团团长，参加"追堵"长征中的中央红军。1936年任第二十军第一三四师第四〇二旅旅长。

抗日战争中，率部参加淞沪会战、徐州会战、武汉会战、历次长沙会战、桂柳会战。1938年10月任第二十军第一三四师师长。1939年4月10日被授予少将军衔。1942年7月任第二十军副军长，曾入中央训练团受训，并任大队附。1944年9月任第二十军军长。

解放战争中，1948年6月任第十兵团司令官兼整编第二十师师长，8月兼任第十四兵团副司令官，9月22日被授予中将军衔。

淮海战役中，担任第二十军军长。1948年12月中旬率部由汉口船运南京浦口，后到滁县担负守备任务。

1949年兼任南京卫戍总司令部滁县指挥所主任，4月24日在抵抗解放军渡江战役中，在安徽芜湖一线兵败身亡，7月26日被追赠上将军衔。

罗贤达
第六十六军军长

罗贤达（1905—1950），字建三。湖南长沙人。中央军事政治学校长沙分校第五期炮科、中央训练团党政研究班第三期毕业。历任第十四师连长、第十一师营长等职。

抗日战争中，1938年10月任第十八军第十一师第三十一旅第六十二团团长。1939年3月任第十八军第十一师第三十一团团长。1940年参加枣宜会战。1941年9月任第十八军第十一师副师长兼政治部主任。1943年12月任第八十六军第六十七师师长。1945年6月任第六十六军第十三师师长。曾参加淞沪会战、南京保卫战、徐州会战、武汉会战、鄂北会战等。

解放战争中，任整编第六十六师第十三旅旅长。1948年7月任整编第六十六师师长，率部参加济南战役与解放军作战，9月22日被授予少将军衔。后任第六十六军军长，率部参加淮海战役，第六十六军隶属国防部，原位于盱眙、五河一带，1948年12月1日调至蚌埠，由李延年指挥。1949年4月29日在渡江战役中被俘。

1950年在关押中逃跑被击毙。

李涛

第二十八军军长

李涛（1902—1988），字惊涛。江苏安东人。黄埔军校第三期步科、日本陆军士官学校第二十期毕业。1926 年 1 月任黄埔军校第四期入伍生第三团排长，3 月任黄埔军校第四期步兵军官预备团第一营第一连第三排排长，5 月任步科第二团第一营第一连第三排排长，10 月任第九军参谋。1927 年 9 月任第九军军部副官主任。1928 年 7 月任第二师特务营营长。1930 年 10 月赴日本留学。1931 年 9 月任江苏省保安第三团团附、营长。

抗日战争中，1937 年 12 月任预备第三师副官处主任。1938 年 3 月任第五十二师副官主任，8 月任第五十二师第一五四团团长。1939 年 1 月任第三战区江南挺进军第二纵队副司令。1940 年 1 月任第二纵队司令，8 月任第六十三师副师长。1941 年 5 月任第三战区司令长官部干部训练团总务处处长兼学员总队总队长。1945 年 1 月任第三战区司令长官部副官处处长。

抗日战争胜利后，1945 年 11 月兼任杭州警备司令部副司令。

解放战争中，1946 年 7 月任整编第五十二旅旅长。1947 年 5 月任整编第二十八师师长。1948 年 9 月 22 日被授予陆军少将军衔，10 月任第二十八军军长，参加淮海战役。1948 年 12 月任第十四兵团副司令官。1949 年 3 月任第六兵团副司令官，8 月赴台湾。

1988 年 1 月 5 日在台北病逝。

米文和

第四绥靖区副司令兼第一八一师师长

米文和（1893—1970），字坦甫。河南郾城人。陆军大学将官班甲级第二期、中央陆军军官学校武汉分校高等教育班毕业。历任西北军第十六混成旅排长、连长、营长，第六师第一旅第十八团团长等职。1927年任第五路军旅长、第二集团军第十四军补充旅旅长，参加北伐。1928年任第二十三师第六十八旅旅长兼特别党部筹备委员、执行委员。1929年任讨蒋国民军第六师师长。1930年任第四方面军第二军军长，参加中原大战。1931年7月任石友三部第五集团军第二军军长，随石友三"讨伐"张学良部。1933年任察哈尔抗日同盟军第四军军长。

抗日战争中，任第一集团军第一八一师参议、副师长。1938年6月任第十军团暂三师师长。1940年任第三十九集团军暂编第二十八师师长。1941年任第六十九军代理军长兼暂编第二十八师师长。1942年1月任第六十九军军长。1942年10月任第三十九集团军副总司令兼第六十九军军长。1943年2月任第四集团军副总司令兼第六十九军军长。后任豫鄂皖边区副总司令兼第六十九军军长、第二十六集团军副总司令兼第六十九军军长。1945年2月20日被授予少将军衔，3月率部参加豫西鄂北战役。

抗日战争胜利后，任整编第一八一师师长、整编第五十五师第一八一旅旅长、第四绥靖区副司令官兼整编第一八一旅旅长、第四绥靖区副司令官兼第五十五军副军长兼第一八一师师长、第八兵团副司令官兼第一八一师师长、第五十五军副军长兼第一八一师师长等职。1948 年 9 月 22 日被授予中将军衔。

　　淮海战役发起前，担任第四绥靖区副司令官兼第五十五军副军长兼第一八一师师长。1948 年 11 月 5 日米文和奉命率领第一八一师驻守商丘地区，暂时归属邱清泉兵团指挥。11 月 6 日淮海战役发起后，米文和率部放弃商丘，向东转移，遭遇解放军截击，在张公店地区被全部歼灭，米文和被俘虏。11 月中旬第四绥靖区改编为第八兵团。此时，米文和已被俘，第一八一师已被全歼。但在第八兵团序列中仍将米文和列为第八兵团副司令官兼第五十五军副军长兼第一八一师师长。

　　1970 年 2 月病逝。

第三篇

人民支前组织机构领导

张雨帆

华东支前委员会委员、政治部主任

张雨帆（1910—1986），山西文水人。1927年6月参加革命，1936年加入中国共产党。曾任北京大学左联宣传委员、左联机关刊物编辑。

抗日战争中，任中共鲁南区委书记兼鲁南军区政委。

解放战争中，任华东支前司令部副政委兼政治部主任。曾参与济南战役的支前工作。

淮海战役中，1948年11月4日任华东支前委员会委员、政治部主任。张雨帆领导华东解放区各地区、各县支前组织机构政治机关，巩固解放区人民踊跃支前的思想基础，提高人民支前的热情。号召党政军机关干部降低粮食标准，节省粮食，划拨公粮，救济农民，组织党政军干部成立工作队，深入农村，帮助农民生产救灾，和农民生活在一起，密切党群、干群和军民关系。注重在民工队伍中开展干部和党员教育活动，在民工连队中建立党支部，发展党员，开展立功评功活动和文化娱乐活动，在华东地区支前工作中组织开展了扎实有力的政治工作。

中华人民共和国成立后，历任中共浙江省委秘书长、绍兴地委书记、华东贸易部副部长、国务院商业部副部长、水产部副部长。1953年7月任中央商业干部学校校长。后任国家水产总局顾问。

1986年1月12日在北京逝世。

程照轩

华东支前委员会委员

程照轩（1908—1966），又名程金鉴。山东泰安人。1931 年 6 月加入中国共产党，任中共曲阜第二师范学校支部书记、中共曲阜特别支部书记。1932 年 5 月被国民党逮捕，在狱中组织地下党支部，开展对敌斗争。

抗日战争中，1937 年出狱，10 月创建泰安抗敌自卫团，并任主席，12 月任中共泰安县六区区委书记。1938 年任八路军山东抗日游击第四支队第二中队指导员、山东抗日联军独立第一师第二团政委、中共苏鲁豫皖边区省委民运部部长、省委组织部部长、中共中央山东分局组织部部长。1939 年进入中央党校、马列主义学院学习。

抗日战争胜利后，1945 年 10 月任鲁中南行署副主任。

解放战争中，1947 年 2 月任鲁中支前委员会副主任兼前方办事处主任。1948 年任鲁中南行政公署第二副主任，11 月任华东支前委员会委员兼财政部部长。

淮海战役中，参与组织华东广大解放区党政军民踊跃支前，领导各级支前财政机关，组织协调发展生产、增加收入、合理计划、分配开支，使财政工作有力地保障了华东地区支前任务的完成。

1949 年任华东军区支前司令部财粮部副部长、部长。

中华人民共和国成立后，任华东军政委员会农林水利部副部长、国务院农业部部长助理、中国农业科学院副院长、农业部副部长。

1966 年 7 月 23 日逝世。

张劲夫

华东支前委员会委员

张劲夫（1914—　），原名张世德。1914年6月出生，安徽肥东人。1934年参加中国左翼教育工作者联盟。1935年加入中国共产党。历任上海国难教育社中共总党团委员、中共战地服务团特别支部委员。

抗日战争中，1937年在中共江苏省委军委机关工作。1938年4月任中共安徽省工作委员会常委兼宣传部部长，5月任新四军江北指挥部政治部副主任、中共鄂豫皖区区委常委兼民运部部长。1940年1月任中共皖东津浦路东省委书记、新四军第五支队政治部主任，参与领导创建津浦路东抗日根据地。1941年1月任新四军第二师政治部副主任。1942年2月任新四军第二师第四旅政委兼中共淮南区区委宣传部部长，率部在淮南开展敌后抗日游击战争。

解放战争中，任中共鲁南第二地委书记兼鲁南军区第二军分区政委、鲁中南行政公署副主任。1948年11月任华东支前委员会委员、粮食部部长、前方办事处主任。

淮海战役中，部队作战对粮食的需求非常之大，淮海地区条件比较差，基础比较薄弱，因此部队的粮食供给主要靠山东各解放区供应。因战场范围大，粮食运输线长，运力比较薄弱，因此华东野战军对粮食运输和供给非常重视，华野曾在通令中提出"这次战役发起……所感困难者，唯有粮食问题……粮食工作应引起各级负责同志的注意"，张劲夫感到华东支前委员会粮食供给工作责任重大，仅仅依靠后方运输补给，无法满足前线的需要，因此研究决定从就近的鲁中南第四、

五、六专署征调 1 亿斤粮食供应一线作战需要，在此基础上，再从渤海、胶东转运粮食，支援作战。组织领导山东各解放区人民节衣缩食、勒紧腰带，千方百计节省粮食供应前线，渤海、胶东等地的人民不仅筹集粮食，而且男女老少齐上阵，全力转运军粮，保障粮食源源不断地从后方及时运到战场一线。1949 年元旦、春节，张劲夫还组织领导各级支前机构紧急征调 86 万余斤猪肉，保障部队节日肉食供应。

1949 年任杭州市委副书记、杭州市副市长。

中华人民共和国成立后，历任中共浙江省委常委、浙江省人民政府财政经济委员会主任、华东军政委员会财政经济委员会副主任、国务院地方工业部副部长、中国科学院副院长、国家科学技术委员会副主任、国务院财政部部长、中共安徽省委第一书记、安徽省省长、安徽省军区第一政委、国务院国务委员、国家经济委员会主任。

是中共第八届候补中央委员、第十一、十二届中央委员，第三、四届全国政协常委，中共第十三届中央顾问委员会常委。

魏思文

华东支前委员会委员

魏思文（1910—1967），原名郭维福，号锡五。山西文水人。1926 年加入中国共产主义青年团，1927 年加入中国共产党。1929 年任中共北平学生运动支部书记。1932 年起，任中共内蒙古临河县县委委员、中共山东即墨县县委委员、山东淄博游击支队指导员。

抗日战争中，任中共淄博矿区工委委员、中共淄博特委民运工作部部长、中共山东分局第一区区委组织部副部长、中共鲁南区区委组织部长、鲁南抗日干部学校副校长、中共鲁南区区委民运工作部部长、区委组织部部长。

解放战争中，任中共鲁南区区委组织部部长、民运部部长、中共鲁中南区区委组织部部长、华东支前司令部人力部主任、政治部主任、西南服务团第二团副团长。1948 年 11 月任华东支前委员会委员、人力部部长。

淮海战役中，组织领导华东各解放区人民群众积极投入支前工作，组织调配使用大量民力参与转运粮食，修筑铁路、公路和交通运输，转运伤员工作，在大规模民工支前工作中想方设法减少民力消耗，调动民工支前积极性。

中华人民共和国成立后，任中共川东区委第二副书记，川东行署副主任，北京工业学院副院长、代院长、院长、党委第一书记兼院长等职。

在"文化大革命"中受迫害，1967 年逝世。1978 年平反，并被追认为革命烈士。

赵锡纯

华东支前委员会委员

赵锡纯（1908—1991），山东烟台人。1937 年参加革命，1938 年加入中国共产党。曾任山东抗日救国军第三军一路副指挥、山东人民抗日游击队第五支队参谋长、八路军山东纵队第五支队参谋长、鲁中军区人民武装工作委员会主任、鲁中军区司令部参谋处长、鲁中南军区参谋长。

淮海战役中，任华东支前委员会委员、交通部部长。组织领导华东各解放区抢修公路、铁路、桥梁，架设电话线，保障支前物资、人力运输畅通，及时供给一线作战部队。先后修复济南至兖州铁路 128 公里、铁桥 31 座和陇海铁路东段、兖州至临城铁路等。在陇海路以北修筑临沂至滋阳、台儿庄、潍县等地 1300 余里、31 条公路，95 里大路，99 处附路转道，380 座桥梁，保障战场附近的鲁中南地区主要交通干线全面畅通。架设临沂至沂水，临沂至十字路，临沂至郯城，临沂至兰陵、邳县、运河站、峄县、滕县，兰陵至台儿庄、贾汪、徐州等 5 条电话线路，全长 876 华里。

淮海战役后，历任第三野战军徐蚌地区铁道运输司令部副司令员、上海市军管会铁道处副处长兼上海铁路局副局长。

中华人民共和国成立后，历任重庆铁路局局长，铁道部基建总局副局长、局长，中国铁道学会副理事长兼秘书长等职。

1991 年逝世。

梁竹航

华东支前委员会委员、秘书长

梁竹航（1905—1985），名茂修，字竹航。山东省新泰人。1923 年加入中国国民党。1930 年考入北京大学学习。1934 年在济南高中、北京大学历史系任教。

抗日战争中，1937 年任山东省立第一中学教务主任，参加共产党领导的抗日救亡运动。1938 年 2 月创办"鲁南抗战自救青年学校"，4 月任莱芜县抗日民主政府县长，组建抗日武装县保安大队，兼任大队长，8 月任鲁南民众总动员委员会武装部部长。1939 年 7 月创建"鲁南国民抗敌协会"，任副主任。1940 年 2 月组建"鲁南国民抗敌自卫军"，任司令，7 月起任国民党山东省临时参议会议员、省战时工作推行委员会委员、省民众总动员委员会常务委员、省各界救国联合会委员、省战时工作委员会军事组副组长、省总动员委员会民众武装部部长。1942 年 7 月任国民党山东省战时工作推行委员会民政处处长。后鲁南国民抗敌自卫军大部分编入八路军第一一五师教导二旅。1945 年 5 月，梁竹航成为中共候补党员。

解放战争中，1947 年 1 月任山东省支前委员会副主任，转为中共正式党员。1948 年 8 月任济南战役支前委员会秘书长。

1948 年 11 月任华东支前委员会委员、秘书长、民站部部长。

淮海战役中，参与领导华东各解放区支前工作，组织领导在支前交通运输线上建设民站，保障民工食宿、医疗、补给等。淮海战役后，随支前委员会赴蚌埠，支援渡江战役。

中华人民共和国成立后，任华东粮食总局局长、国家财政部粮食总局局长、财政部农税司司长、粮食部计划司司长、粮食科学院谷化科研主任等职。1973 年起参与编写《商业常用词词典》。

1985 年在北京逝世。

贺希明

华中支前司令部司令员

贺希明（1910—1979），原名何德润。广西桂林人。1930年进入中国公学社会科学院学习，曾参加"左联"活动。后曾任广西航空学校教官、安徽寿县县长。1940年率部加入新四军，加入中国共产党。曾任中共中央华中局政策研究室主任、苏皖边区第一行政区专员、苏北行政公署主任、华中行政办事处副主任。

淮海战役中，1948年11月22日任华中支前司令部司令员。华中支前司令部成立后，贺希明立即赶赴淮海战场前线，了解支前工作情况，组织领导在广大人民群众中做好支前动员工作，筹集粮食工作。因苏北、江淮地区连年遭灾，存粮基础比较薄弱，贺希明号召华中党政军民紧急筹借公粮，制定了华中各地区筹集粮食的计划，广大人民群众宁肯自己忍饥挨饿，也积极踊跃挤出粮食支援前线。1948年12月26日至29日在徐州参加了华东、中原、冀鲁豫、华中联合支前会议，会议要求华中区负责战场东、南两面的支前工作。贺希明领导华中各级支前组织机构，本着一切为了前线，一切为了战争胜利的原则，克服种种困难，千方百计筹措粮食，圆满完成了支前任务。在淮海战役中，华中地区筹集粮食13700余万斤。

中华人民共和国成立后，任广西省财经委员会副主任、中南行政委员会财经委员会委员、中共中央华南分局常委、广东省副省长、中共广西省委书记处书记、广西省副省长、中共广西壮族自治区区委书记处书记、中共广西壮族自治区区委书记、广西壮族自治区人民委员会常务副主席。

1979年10月30日在北京逝世。

李干臣

华中支前司令部副政委

李干臣（1908—1993），原名李慈，又名李干成。江苏涟水人。1926 年考入上海建设大学，积极参加爱国学生运动。1929 年加入中国共产主义青年团。1930 年加入中国共产党，任上海市闸北区共青团委宣传部长、中共宿迁县委书记、宿迁县行动委员会书记、红十五军第三师管区政委、中共邳县县委书记、共青团徐海蚌特委书记，在苏北组织农民暴动。1931 年 1 月任共青团吴淞区委书记、共青团沪中区委书记、共青团江苏省委巡视员、共青团河南省委书记。1932 年任共青团沪西区区委书记、上海巡委会巡委。

抗日战争中，1938 年参与恢复涟水地区共产党组织和抗日斗争，参与组建涟水县抗日同盟会，并任理事长，后任苏北抗日同盟总会理事。1939 年 3 月参与组建涟水抗日义勇队，并任队长，6 月任八路军陇海南进支队第八团政治部主任。1940 年 9 月任淮海区专员公署民政处处长兼粮食处处长，后任中共泗沭县委书记、中共宿迁县委书记、中共淮海地委组织部部长。

解放战争中，任中共淮海区第二中心县委书记、华中行政办事处民教处处长。1948 年 11 月 22 日任华中支前司令部副政委、华中支前司令部前方办事处副主任。

淮海战役中，参与组织领导苏北、江淮两区全力投入支前工作。共组织支前担架 1.5 万副、大小车 8.25 万辆、牲畜 1.8 万头、船 3400 条，出动民工 175 万人，供应粮食 13700 万斤。

淮海战役结束后，南下参与接管苏州专区，任苏州专区专员。上海战役中，筹粮 5150 多万斤，动员轮船、民船 5800 余条，保障了 30 万解放军主力、9000 余匹战马的后勤供应。

中华人民共和国成立后，任中共常州地委副书记、代理书记，上海市政建设委员会副主任、党组书记，上海市委市政交通工作部部长，上海市基建委员会副主任、党组书记，中共上海市委常委，上海市副市长，上海市政协副主席，上海市委顾问等职。

1993 年 4 月 14 日在上海逝世。

吕镇中

华中支前司令部副司令员

吕镇中（1910—1993），江苏溧阳人。1937年11月进入中国人民抗日军政大学第四期第一支队学习，后任新四军第一支队苏北地方委员会政治处主任、中共高邮县县委书记、中共杭嘉湖工委书记、中共金坛工委书记、淮海分区专员。

淮海战役中，1948年11月22日任华中支前司令部副司令员，参与领导华中地区人民支前工作。后任华东支前司令部副司令员、副秘书长。

中华人民共和国成立后，任上海市政府秘书处处长，上海市政府办公厅主任，上海市政府副秘书长兼上海市农场管理局局长、党委书记，上海市民政局局长，上海市水产公司经理，白茅岭农场场长，上海市农垦局副局长、顾问。

1993年逝世。

万金培

华中支前司令部副司令员

万金培（1910—1981），江苏涟水人。1927年加入中国共产党。1928年2月任中共涟水县县委委员，3月任中共涟水师范学校支部书记、中共涟水城区区委书记，后任共青团涟水县委书记、中共涟水县县委书记。1929年任中共淮阴县县委书记、中共淮安县县委书记。1930年任中共江苏省委巡视员、淮盐地区土地革命行动委员会书记。1931年8月任中共上海沪西区区委委员。1932年任上海工联沪西罢工委员会组织部部长、中共沪西区委组织部部长、中共徐州特委书记。1935年被捕，1936年出狱后，在涟水县做小学教师。

抗日战争中，1938年1月参与创建涟水县抗日同盟会，任常务理事。1939年3月参与组建涟水县常备独立中队，任指导员，12月任八路军苏皖纵队南进支队第三梯队第九团副团长。1940年9月任涟水县抗日民主政府民政科科长，10月任涟东行署主任。1941年任涟东县抗日民主政府县长。1942年7月重新加入中国共产党。1945年8月任苏北行署第二厅副厅长。

抗日战争胜利后，1946年1月任苏皖边区第五专署专员。

解放战争中，1946年11月任华中第五地委书记。1948年4月任中共江淮区委财经委员会书记。

淮海战役中，1948年11月22日任华中支前司令部副司令员、华中支前司令部前方办事处主任，参与领导华中地区人民支前工作。

　　1949 年 4 月任南京军管会经济部副部长，兼任建设、财政、工业等局局长。1950 年 11 月任国家治淮委员会财务部部长。1953 年 4 月任安徽省人民委员会财经委员会副主任，后任安徽省人民委员会财经办公室主任、安徽省人民委员会副秘书长、安徽省人民委员会第四办公室主任。1958 年 11 月任淮南矿务局副主任、经费管理处副处长、财务处副处长。1962 年 8 月任安徽省人民委员会副秘书长。1964 年 1 月任安徽省财经办公室副主任。1978 年后，任安徽省财贸办公室顾问、安徽省会计学会顾问等职。

　　1981 年 1 月 11 日在合肥逝世。

陈国栋

华中支前司令部副司令员

陈国栋（1911—2005），原名吴永和。江西南昌人。1931 年参加革命工作。1932 年 3 月加入中国共产党。历任共青团上海国际电讯局特别支部书记、共青团法南区委宣传部部长、共青团沪东区委组织部部长、共青团沪东区委书记、共青团江苏省委巡视员、共青团江苏省委组织部部长等职。

抗日战争中，任皖东北区泗县县长、苏中区第四分区税务局局长、苏中区贸易局局长、两淮盐务局局长等职。

解放战争中，任中共苏中区区委财经委员会副书记、华中支前司令部副司令员、苏南行署副主任、苏南财经委员会副书记、华东军政委员会财政部部长、华东财经委员会副主任。

淮海战役中，1948 年 11 月 22 日任华中支前司令部副司令，参与领导华中各解放区人民支前工作。

中华人民共和国成立后，任中央人民政府财政部副部长兼交通银行董事长、中央人民政府粮食部副部长、粮食部代部长。1975 年 2 月起任全国供销合作总社主任、国务院财贸小组组长、国家农业委员会副主任、国务院财政经济委员会成员、国务院粮食部部长。1979 年 12 月后，任中共上海市委第二书记、中共上海市委第一书记兼上海警备区第一政委。1985 年 6 月任中共上海市顾问委员会主任。

是中共第十一届、第十二届中央委员，第四届全国政协常委，中共第十二届、第十三届中央顾问委员会委员。

2005 年 6 月 7 日在上海逝世。

黄胜

华中支前司令部参谋长

黄胜（1902—1972），湖南平江人。曾任华东野战军第四纵队第十二师参谋长、第十师副师长、第三野战军第二十三军第六十七师副师长。

淮海战役中，1948年11月22日任华中支前司令部参谋长，参与领导华中各解放区人民支前工作。

中华人民共和国成立后，任华东军政大学第三总队总队长、解放军高级步兵学校队列部部长。

1955年9月被授予大校军衔，荣获二级八一勋章、二级独立自由勋章、二级解放勋章。

1972年逝世。

高克亭

鲁中南支前委员会主任委员

高克亭（1910—1998），陕西府谷人。1927年参加革命。1929年7月加入中国共产党。1931年任山西省互济会中共党团书记。

抗日战争中，1938年8月任苏鲁豫皖边区省委组织部组织科科长。1939年3月任中共鲁东南特委书记、中共山东一区第五地委书记。

解放战争中，任中共鲁中区区委第一副书记兼鲁中军区第一副政委、中共鲁中南区区委第一副书记兼鲁中南军区副政委。

淮海战役中，任鲁中南支前委员会主任委员。第一阶段，参与领导鲁中南区委、行署和各地委抽调300余名干部，组织支前挑子队、小车连、担架团，开赴淮海战场前线，组织各地委、县委建立支前组织机构，组织大量人力、物力参加支前工作。扎实领导民工思想政治工作，开展形势教育和诉苦运动，制定《支前奖惩条例》，提高支前民工思想觉悟，鼓舞民工支前热情。积极组织动员鲁中南人民群众参军，为主力作战部队及时补充新兵员，曾抽调鲁中南军区地方部队4个团参加主力作战。克服鲁中南地区连续灾荒、粮食生产基础薄弱的困难，组织领导筹集28000万斤粮食、近70万斤食油、72万斤盐、100多万双军鞋供应一线作战部队。领导鲁中南人民抢修铁路、公路和桥梁，国民党军撤出徐州时，将徐州北面的茅村铁桥炸毁，陈毅曾亲自给高克亭打电话，要求5天内修复茅村铁桥，确保支前物资运输通畅。高克亭立即召开紧急会议，部署修复铁桥工作，专门派鲁中南军区参谋处处长赵锡纯赴一线指挥抢修工作，要求各地委紧急筹集枕木、铁轨运至茅村，用3天半的时间修复了茅村铁桥。徐州解放后，高克亭经常在徐州和临沂间奔走，指导鲁中南各解放区支前工作，及时与徐州军管会主任傅秋涛沟通，共同做好支前工作，只要作战前方提出的要求，高克亭全部想方设法完成任务。1948年元旦和春节之际，中央军委要求慰劳参战部队，高克亭组织领导鲁中南人民紧急征调猪肉，一面要求各地委完成分配的征调任务，一面组织人力直接到集市上收购。仅用8天时间就完成了猪肉筹集任务，并将猪肉全部运至前线。

淮海战役后，任中共鲁中南区区委书记兼鲁中南军区政委。

中华人民共和国成立后，1958年10月起任青海省副省长、青海省委副书记、青海省委书记等职。1978年后任山东省委委员、常委、书记，山东省政协主席，中共山东省顾问委员会主任等。

1998年3月17日逝世。

张光中

鲁中南支前委员会副主任委员

张光中（1901—1984），又名张心亭、张耀华。江苏沛县人。1931 年 8 月加入中国共产党。1932 年起在丰县、沛县、萧县、铜山、滕县等地开展共产党的秘密工作。1935 年 2 月参与组建中共鲁南临时特委，任特委委员，5 月参与重建中共沛县县委，并任县委书记。

抗日战争中，1938 年 5 月任"苏鲁人民抗日义勇总队"总队长。1939 年任国民党保安第二旅第十九团团长，12 月任八路军第一一五师苏鲁支队支队长。后任鲁南军区司令员，参与巩固和发展鲁南抗日根据地和反日军"扫荡"、"蚕食"斗争。

解放战争时期，任鲁南军区司令员、鲁中南军区副司令员，参加鲁南、孟良崮等战役。

淮海战役中，任鲁中南支前委员会副主任委员，参与领导鲁中南地区人民支前工作。

中华人民共和国成立后，任徐州警备区司令员、徐州市市长、徐州市委副书记、江苏省政法委员会主任、江苏省人民检察院检察长兼党组书记、江苏省政协副主席。

1984 年 6 月 8 日在南京逝世。

李乐平

鲁中南支前委员会委员

李乐平（1906—1971），原名李子升。山东滕州人。1932年5月加入中国共产党，任中共上海法租界华捕地下支部书记、中共江苏省军事委员会常委。1933年被捕，1937年出狱。

抗日战争中，1938年3月参与创建"农民抗日训练班"、"滕县人民抗日义勇队"，9月任鲁南人民抗日义勇队第一总队政委，后任八路军第一一五师苏鲁支队政委。1939年12月起任中共鲁南区区委秘书长、鲁南专署专员。

淮海战役中，任鲁中南支前委员会委员，参与领导鲁中南地区人民支前工作。

1949年后，历任中共南京市委常委、南京市副市长、华东军政委员会交通局局长、江苏省政协副主席等职。

1971年9月19日逝世。

谢辉

鲁中南支前委员会委员

谢辉（1909—1968），原名谢锡章，字焕文，曾用名谢奇。山东莒南人。早年参加农民协会，曾遭国民党当局逮捕，出狱后，多方联系共产党组织，但未能如愿。1937年任涝坡乡乡长。

抗日战争中，1937年8月组建"十字路抗日游击大队"，任大队长，与共产党组织取得联系。1938年任八路军山东人民抗日游击第四支队第三团连长、营长。1938年3月加入中国共产党。1939年任中共鲁东南特别委员会委员兼军事部部长、八路军山东纵队第二支队副司令员。1940年3月任莒县抗日民主政府县长。后任莒、日、临、赣四县联合办事处主任、滨海专署专员、滨海行政公署主任。

解放战争中，任鲁中南支前委员会委员，曾参加济南战役支前工作。

淮海战役中，参与领导鲁中南地区人民支前工作。后任华东支前司令部前方办事处主任、华东支前司令部赣东北办事处主任，参加渡江战役支前工作。

中华人民共和国成立后，任山东省民政厅厅长、山东省政府副秘书长、山东省城市建设局局长、中共山东省委工业部部长。1957年9月任三门峡工程局副局长。1961年起，任中共承德地委第一书记、河北省副省长兼农办主任、河北省海河指挥部副指挥。

1968年6月25日逝世。

王卓如

渤海支前委员会主任

王卓如（1911—1991），河南濮阳人。1927 年加入中国共产主义青年团，同年加入中国共产党。1933 年起，任中共濮阳县县委委员、中共直南特委巡视员、中共直南特委宣传部部长、华北抗日联军第二路军总司令、第二路军政委、中共直中特委书记兼特委宣传部部长。

抗日战争中，1937 年进入中共中央党校学习。1938 年起，任晋南道清游击支队政委、中共晋东南区区委委员、晋东南区党校校长、八路军野战政治部民运部部长。1940 年起，任中共鲁西区区委委员、中共冀鲁豫区区委委员、冀鲁豫区行署秘书长、中共冀鲁边区区委书记、区委组织部部长、冀鲁军区政委、中共渤海区区委组织部长、中共渤海区区委副书记、中共渤海区区委书记、渤海行署主任、渤海军区政委。

淮海战役中，担任渤海支前委员会主任。1948 年 11 月中旬，王卓如接到上级命令，要求渤海地区在 1 个月以内筹集 1 亿斤粮食支援淮海战役。渤海区由于连年战争和鲁南、兖州、济南战役的支前工作，粮食生产基础薄弱、消耗较大，完成筹集粮食的任务困难非常大，王卓如和渤海行署、支前委员会的领导一起深入动员各县组织好粮食筹集工作，全区各级党政军干部齐上阵，广泛宣传淮海战役的重大意义和胜利的大好形势，带领广大人民群众及时完成了筹粮任务。在筹集粮食的同时，扎实做好运送粮食工作，逐级成立了运粮委员会，详细制定运粮方案。推行运粮报告制度，严格规定了各级组织的运粮计划，要求村级日报告、乡级两日报告、区级三日报告，县级五日总调度，确保运粮计划不折不扣地贯彻落实。鼓励党员干部身先士卒，带头参加支前工作，及时开展创模立功活动，提高党员干部和人民群众的支前热情。渤海地区党政军民奋战 16 昼夜，共出动大车 7 万辆、小车 1.9 万辆、木船 1250 艘、民工 17 万人，提前 10 天完成筹集运送 1 亿斤粮食的任务。

中华人民共和国成立后，1950 年 6 月任中共中央山东分局委员、山东分局财经委员会副书记、山东省财经委员会副主任兼商业厅长。1952 年 12 月任山东省人民政府副主席兼中共中央山东分局财经委员会书记、省财经委员会主任。1955 年 3 月任山东省副省长兼计划委员会主任。1958 年因反冒进反浮夸，被打成"右派反党集团首领"，开除党籍，下放劳动。1962 年平反，任全国供销合作总社副主任。1982 年任中华全国供销合作总社理事会副主任。

是第六届、第七届全国政协委员。

1991 年 10 月 19 日在北京逝世。

陈放

渤海支前委员会副主任委员

陈放（1918—1980），原名丛宏滋，又名
陈琳瑚。山东文登人。1935年参加一二·九
运动。1936年6月加入中华民族解放先锋队，
10月加入中国共产党。

抗日战争中，1937年11月进入中国人民
抗日军政大学学习。1938年8月任中共中央
组织部部长陈云的秘书。1939年任中共山东
群众委员会副书记、青年委员会副书记、山东
省青救会会长。1942年2月任中共清河区区
委委员、中共渤海区区委委员、区委宣传部部
长。

解放战争中，1946年任山东禹城工作团团长。

淮海战役中，任渤海支前委员会副主任委员，参与领导渤海地区人民支前工
作。

1949年2月起，任华东革命大学教务处长、上海市委宣传部副部长、上海市
教育局局长、上海市政府文教办公室主任、上海市政府教育卫生办公室顾问。

1980年12月7日逝世。

向明

中共胶东区委员会书记

向明（1909—1969），字景山，原名巨同璞，又名巨任吾、巨荆山，化名王仲和。山东临朐人。1931 年 4 月加入中国共产主义青年团，8 月加入中国共产党。1932 年 2 月任中共沧口区委宣传委员，8 月任中共济南市委书记。1933 年被捕，1937 年出狱。

抗日战争中，1937 年 11 月任中共山西省委党代表。1938 年 12 月任中共豫鄂边区区委委员。1939 年 3 月任中共豫鄂边区区委书记，11 月任豫苏区新四军游击队第二总队政委。1940 年 6 月起，任中共豫皖苏区委民运部部长、区委副书记、中共苏中第四地委书记、苏中军分区政委。1943 年 6 月任中共盐阜地委书记、盐阜军分区政委、新四军第三师第八旅政委。

抗日战争胜利后，1945 年 9 月任中共鲁中区区委书记、鲁中军区政委。

解放战争中，1947 年 1 月任华东野战军第八纵队政委。1948 年 2 月任中共胶东区区委书记、胶东军区政委。

淮海战役中，1948 年 11 月中旬华东支前委员会连续 3 次向胶东区下达支前任务，每次都紧急增加大量物力、人力需求，向明及时组织区党委会研究部署执行任务的计划，动员胶东区党政军民积极参加支前工作。11 月 26 日胶东区党委、行署和胶东军区召开了直属机关干部大会，向明作了《全力支援淮海战役，迎接全国解放》的动员报告，强调支援淮海战役的重大意义，鼓舞全区人民的支前热情。随后，向明亲自赶赴南海地区支前一线指挥部署支前工作。至 12 月 15 日，胶东区开赴淮海战役前线的常备民工达 37693 人、担架 5000 副、挑子 5000 副、马车 800 辆、民工子弟兵团 2400 人。

1949 年 3 月起，任中共中央山东分局组织部部长、山东分局第一副书记、山东分局第二书记、山东分局代理书记、山东省政府副主席、山东省各界人民代表会议协商委员会副主席、山东省军区副政委。1954 年受到错误批判打击，1963 年甄别平反，调河北省委工作。

"文化大革命"中受迫害，1969 年 12 月 18 日逝世。1977 年中共河北省委将其定为叛徒，开除党籍。

1980 年中共中央和河北省委为向明平反昭雪，恢复其党籍，并于 1981 年 4 月在北京八宝山革命公墓礼堂召开了追悼大会。

汪道涵

胶东区行政公署代主任

汪道涵（1915—2005），安徽嘉山人。上海交通大学机械系毕业。1933 年 1 月参加革命工作，并加入中国共产党。1940 年后，任淮南嘉山县县长、中共淮南嘉山县县委书记、淮南行署副主任、淮南津浦路东专员公署专员、中共淮南地委财经部部长、淮南行署副主任。

1945 年后，任苏皖边区政府财政厅副厅长、建设厅副厅长、山东军区军工部部长、胶东区行署代主任。

淮海战役中，任胶东区行政公署代主任。汪道涵高度重视华东支前委员会给胶东区下达的支前工作任务，多次召开行署工作会议贯彻落实支前工作执行计划。先后两次签发下达《胶东行署命令》，具体部署胶东区各地支前工作。结合华东支前委员会陆续下达增加的支前任务，汪道涵及时组织胶东行署各专署分两批组织民工、担架、挑子参加运送支前物资。组织下达《关于组织群众运输和建立接力站的指示》，妥善安排物资运输和民工食宿。在具体任务落实工作中，汪道涵和其他区领导一起分头带领工作队，深入专区、县指导落实支前工作，调动民工支前积极性，建立健全支前组织机构，提高民工队伍的工作凝聚力。

1949 年后，任杭州市军管会副主任兼财经部部长、浙江省财经办副主任、浙江省财政厅厅长兼商业厅厅长、华东军政委员会工业部部长。1952 年后，任第一机械工业部副部长、对外经济联络委员会常务副主任。1978 年后，任对外经济联络部副部长、进出口管理委员会副主任、外国投资管理委员会副主任。1980 年后，任上海市委书记、上海市副市长、上海市代市长、上海市市长。1985年后，任上海市政府顾问、国务院上海经济区规划办公室主任、上海市台湾研究会名誉会长。1991年12月任海峡两岸关系协会会长。1993年4月27—29日，与台湾海峡交流基金会董事长辜振甫在新加坡举行"汪辜会谈"，为两岸关系的发展作出了贡献。

是中共第十二届中央候补委员，中共第十二届中央顾问委员会委员。是北京大学、复旦大学、同济大学等大学的客座教授。

2005年12月24日在上海逝世。

毕占云

豫皖苏后勤司令部司令员

毕占云（1903—1977），原名毕瑞祥。1903 年 10 月出生，四川广安人。1922 年在川军入伍，后转入湘军，曾任排长、连长、营长，参加北伐战争。1928 年 10 月率部起义，所部编入中国工农红军第四军特务营，任营长，并加入中国共产党。1929 年起，任红四军第二纵队第四支队支队长、红十二军第一〇二团团长、红四军第三十五团团长、红十二军参谋长、红十二军代军长、红二十一军第六十一师师长、红七军参谋长、红二十二军参谋长、红一军团第一师参谋长。曾参加中央苏区第一至第五次反"围剿"作战。1933 年起，任中革军委纵队设备营司令员、红八军团参谋长、中央纵队后梯队参谋主任、中央革命军事委员会第二科科长、红四方面军总部第二科科长。参加了长征。1936 年起，任红军西路军第五军参谋长、西路军干部团团长。

抗日战争中，任中共中央军委第一局副局长兼参谋主任、八路军后方留守处参谋处处长、绥德警备司令部参谋长、八路军总部参谋处第二科科长。1941 年 8 月任太岳军区参谋长，曾参与粉碎日军对太岳区的"扫荡"、"封锁"、"蚕食"和"清剿"斗争。

解放战争中，任冀东军区副司令员、豫皖苏军区副司令员。

淮海战役中，任豫皖苏后勤司令部司令员，具体组织领导豫皖苏地区人民支前工作，在作战一线地区参与领导协调中原野战军作战供给工作。在豫皖苏地区组织人民群众筹集粮草、赶制食品，组织担架队及时转运伤员，组织运输队源源不断地向一线战场运送军粮，组织妇女、儿童加工军粮、军服等物资，为中原野战军顽强作战提供了强有力的后勤保障。

淮海战役后，参与组织领导了渡江战役的支前工作。

中华人民共和国成立后，任河南省军区副司令员、司令员。1961 年 10 月任武汉军区副司令员兼河南省军区司令员。1965 年 4 月离职休养。

1955 年被授予中将军衔，获一级八一勋章、一级独立自由勋章、一级解放勋章。

1977 年 2 月 27 日在郑州逝世。

杨一辰

豫皖苏后勤司令部政委

杨一辰（1905—1980），原名杨翼宸，字德如，又名台三。山东金乡人。1927 年 5 月加入中国共产党。1928 年 10 月任中共山东省委秘书兼省赤色救济会党团书记。1930 年 4 月起，任中共抚顺特支书记、中共满洲临时省委组织部长、中共沈阳市委书记、中共哈尔滨市委书记、中共奉天特委书记。

抗日战争中，1942 年 2 月任中共中央山东分局组织科科长。1944 年任山东分局城市工作部部长。1945 年 8 月任中共济南市委书记。

解放战争中，任中共中央华东局城市工作部部长、华东野战军兵站政委、中共中央豫皖苏分局委员、豫皖苏行署副主任等职。

淮海战役中，任豫皖苏后勤司令部政委，参与组织领导豫皖苏地区人民支前工作，积极动员部署豫皖苏人民积极支援前线。后任中共河南省委组织部部长、中共河南省委第二副书记。

中华人民共和国成立后，任中共广州市委第二书记、中共中央华南分局组织部部长、中共中央华南分局第一书记、国务院农产品采购部部长、城市服务部部长、第二商业部部长、商业部部长。1958 年因反对浮夸风被贬任青海省商业厅厅长。1961 年 1 月任河北省省委常委、常务副省长。"文化大革命"中受迫害被关押，1980 年 1 月平反，任河南省副省长。

是中共第八届中央候补委员。

1980 年 10 月 15 日在郑州逝世。

文建武

豫西军区支前司令部司令员

文建武（1911—1950），安徽金寨人。1928年参加皖西农民运动。1929年11月参加六（安）霍（山）起义。1930年参加中国工农红军。1931年加入中国共产党。曾任红十一军三十三师和红一军第二师战士、班长、排长，红四军第十一师连长、营长、团参谋长。曾参与创建皖西革命根据地，参加鄂豫皖苏区第一至第四次反"围剿"作战。1933年7月任红三十军师参谋长。1934年任红三十军参谋主任。1935年10月任红四方面军前方供给部部长。1936年4月任红四方面军兵站部部长，后进入红军大学第二期学习。曾参与创建川陕革命根据地和反"围攻"作战以及红军长征。

抗日战争中，任八路军第一二九师司令部作战科科长。1938年12月任冀南军区参谋长。1940年5月任第一二九师新编第七旅政委。1942年任第一二九师新四旅政委、冀南军区第四军分区政委、中共冀南区第四地委书记。1943年任冀南军区第六军分区政委、中共冀南区第六地委书记。1945年任新四军第五师参谋长、鄂豫皖湘赣军区参谋长，曾参与开辟和发展冀南抗日民主根据地，参加冀南地区抗日游击战争。

抗日战争胜利后，1945年任鄂豫皖野战军司令员，11月任中原军区第二纵队司令员，曾率部参加中原突围作战。

解放战争中，1946年8月任鄂豫陕军区司令员。1947年7月任晋冀鲁豫野战军第十二纵队政委，后任第十二纵队司令员。1948年6月任豫西军区副司令员，9

月兼任豫西军区支前司令部司令员。

淮海战役中，参与领导豫西地区人民支前工作。组织领导建立豫西地区兵站和粮站网络，组织制定颁发支前民工组织、政治、纪律、奖惩和战时转运站组织等制度体系，构建了豫西计划缜密、组织健全、纪律完备的支前网络。豫西地区距离淮海战场较远，文建武等豫西军区支前司令部的领导同志带领广大豫西人民克服路途远、任务重、天气恶劣、山路多交通不便等种种困难，组织民工扛着粮食，集中在就近设立的粮站，然后由村里组织，运送到洛阳、许昌和郑州，再通过公路、铁路运至淮海战场。根据中原局的要求，结合豫西地区的特点，实行包运制，以发价包运的方式组织民工运输，公平合理地支付给民工报酬，激励民工积极性，提高运输效率，有效地杜绝了乱支差乱派差的现象。整个战役中，豫西地区人民共支援前线粮食 2740 万斤、柴草 1200 万斤、军鞋 79 万双、出动民工 16 万人次、担架 1.7 万副、大小车辆 3.4 万辆、牲口 2.5 万头。

1949 年 3 月起，任河南军区副司令员兼参谋长。

1950 年 1 月 15 日在北京逝世。

李一清

豫西军区支前司令部政委

李一清（1908—1996），原名李浴源。山西昔阳人。1927 年加入中国共产党。1930 年考入清华大学经济系，积极参加爱国学生运动。

抗日战争中，1937 年被共产党派往山西新军国民兵军官教导团第五团任政治部主任。1938 年创建晋东游击队，并任司令员。1939 年任山西第三行政公署保安司令部副司令兼副政委、决死第一纵队司令部参谋主任。1940 年后，任山西省第三区行政督察专员公署副专员、太行军政委员会委员、冀南太行太岳联办副主任、晋冀鲁豫边区政府民政厅厅长兼公安总局局长、建设厅厅长。

解放战争中，1946 年 12 月任晋冀鲁豫边区政府太行行署主任。1948 年 6 月任豫西行署主任。1948 年 10 月 23 日任郑州军管会委员。

淮海战役中，任豫西军区支前司令部政委。领导豫西行署颁布了《豫西各级支前组织暂行条例》，参与领导豫西军区支前司令部建立了连接豫西各县的 5 条兵站干线和 4 条粮食运输线。不断加强民工队伍和党政军干部的思想政治教育和纪律性教育，强调支援淮海战役、保证淮海战役胜利的伟大意义，号召广大群众克服一切困难，全力支援前线，掀起了豫西人民积极支前的热潮。

1949 年 3 月任中原临时人民政府副主席。

中华人民共和国成立后，任中南军政委员会委员兼财经委员会副主任。1954 年 11 月任武汉钢铁公司总经理、党委书记。1960 年任中共中央中南局候补书记兼计划委员会主任。1963 年任中共中央中南局书记处书记。1978 年任邮电部党组副书记、第一副部长。

1996 年 3 月 28 日在北京逝世。

李懋之

豫西军区支前司令部参谋长

李懋之（1907—2009），山西襄垣人。1927 年进入西北军士官教育团学习，参加北伐战争。

抗日战争中，1938 年参加革命工作，1943 年加入中国共产党。历任太岳区决死第一纵队参谋、山西青年抗敌决死第一纵队游击大队副大队长、决死第一纵队游击第一团副营长、代营长、决死第一纵队第二一六旅参谋主任、太岳纵队第二十五团参谋长、第三十八团参谋长、中国人民抗日军政大学太岳分校教育长。曾参加百团大战，参与在太岳地区展开的"地雷战"、"麻雀战"、"蜜蜂战"和"交通伏击战"等抗日游击战争。

解放战争中，历任太岳第四纵队司令部参谋处长、陈（赓）谢（富治）兵团参谋处长、豫陕鄂军区参谋长、豫西军区参谋长。

淮海战役中，任豫西军区支前司令部参谋长，参与组织领导豫西地区人民支前工作。

1949 年任河南军区副参谋长。

中华人民共和国成立后，1951 年 3 月任中国人民志愿军第三兵团副参谋长，参加抗美援朝作战。1952 年任军事工程学院筹备委员会副主任。1952 年 9 月后，任军事工程学院副教育长、军事工程学院物资保障部部长、军事工程学院教育长、军事工程学院副院长。1958 年 2 月进入高等军事学院基本系学习。1975 年 8 月任第二炮兵副司令员。

　　1955 年被授予大校军衔，1961 年被授予少将军衔，曾获二级独立自由勋章、一级解放勋章。1988 年 7 月被中央军委授予中国人民解放军独立功勋荣誉章。

　　2009 年 2 月 11 日在北京逝世。

贾一平

豫西军区支前司令部副参谋长

贾一平（1919—2004），河北平山人。1937年11月参加革命，任中共平山县南甸区第六大队指导员，1938年加入中国共产党。历任行唐县武装委员会主任、行唐县党团书记、行唐县议会代表、蔚县武装部部长、宣化县武装委员会主任、察哈尔军区武装部科长。

解放战争中，1948年4月起，任豫西军区第二司令部副参谋长、豫西军区第二司令部参谋长、郑州市人民政府秘书长。

淮海战役中，任豫西军区支前司令部副参谋长，参与领导豫西地区人民支前工作。

1949年任中原公路局局长、武汉市军管会公路接管处处长。

中华人民共和国成立后，任华中公路局副局长、中南公路局副局长、中南公路局局长、华南公路工程指挥部副总指挥、交通部京郊公路指挥部指挥。1958年起，任中共北京市委建筑工程部副部长、北京市房地产管理局局长、北京市建设委员会副主任等职。

2004年5月16日在北京逝世。

刘致远

冀鲁豫战勤总指挥部司令员

刘致远（1904—1955），山东潍县人。曾参加西北军，任西北军第三旅第五团营长、副团长。1933 年加入中国共产党，8 月任察哈尔抗日同盟军第八师副师长，后任第八师师长、第二军军长。1936 年赴延安，后进入中国人民抗日军政大学第一期学习，并任第十一队军事教员。

抗日战争中，1938 年 1 月任鲁西北抗日游击司令部第十支队机枪营营长、第二团团长，11 月任八路军第一二九师先遣纵队参谋长。1939 年任中国人民抗日军政大学第一分校第三支队副支队长。1940 年 4 月起，任鲁西军区第四分区司令员、鲁西区第四分区专署专员、冀鲁豫军区第一分区司令员。

抗日战争胜利后，1945 年 11 月任冀鲁豫军区副司令员。

淮海战役中，任冀鲁豫战勤总指挥部司令员，具体组织领导冀鲁豫区人民支前工作。冀鲁豫战勤总指挥部主要负责在冀鲁豫地区作战的华东野战军第三纵队、两广纵队和冀鲁豫军区两个旅的粮食供应和战勤支援。至 1948 年 12 月，随着战役形势的发展，参战部队调动非常频繁，参战人员也不断增加，后方支援和前线战场的距离不断拉大，支前工作面临运输战线长、供给单位分散的问题，12 月下旬在徐州召开的联合支前会议上，又给冀鲁豫区增加了支前任务。同时，中共中央华北局还要求冀鲁豫区筹运部分粮食，支援平津战役。战勤司令部将淮海战役的支前任务向冀鲁豫区南线各专区倾斜，避免南粮北运，增加民力负担。战勤指挥部对粮食运输作了细致周密的安排,要求各分区必须在一个月至一个半月完成将 1 亿斤小米运至陇海路沿线粮站的任务。冀鲁豫区各分区按照指定的筹粮任务和路线积极踊跃地投入筹粮、运粮的热潮之中。在整个战役中,冀鲁豫区共出动民工 30 余万人、畜工 1243 万余个、担架 1 万余副、大小车辆 15 万余辆、筹运小米 14285 万斤。

1949 年 2 月任冀鲁豫军区司令员,8 月任平原省军区司令员。

中华人民共和国成立后,1952 年 11 月任山西省军区第一副司令员。

1955 年 2 月 6 日在太原逝世。

韩哲一

冀鲁豫战勤总指挥部政委

韩哲一（1914—2011），曾用名韩同臣。1914 年 7 月出生，山东禹城人。1932 年赴苏联学习，1933 年在苏联参加少共组织。

抗日战争中，1938 年加入中国共产党，任八路军冀鲁边支队战地工作团团长、中共高唐、平原、禹城联合县委组织部部长、县委副书记、夏津县抗日民主政府县长。1939 年任中共卫东地委委员、地委统战部部长。1941 年任鲁西濮县抗日民主政府县长。1943 年任冀鲁豫边区政府工商局监察委员。

抗日战争胜利后，任中共冀鲁豫区区委经济部副部长、中共冀鲁豫区区委委员、冀鲁豫行署副主任。

早在淮海战役发起之前，韩哲一就参与领导冀鲁豫行署对淮海战役支前工作所必需的柴粮油盐、被服鞋袜、弹药、车辆、担架、民工进行了准备，对公路和桥梁进行了维护。淮海战役中，任冀鲁豫战勤总指挥部政委，参与具体组织领导冀鲁豫区支前工作。组织领导组建常备民工队，并组织对常备民工进行集中培训，广泛动员冀鲁豫区人民积极参与转运支前物资，加工军粮，保证前线作战部队吃饱穿暖。1948 年 12 月 26 日至 29 日，韩哲一在徐州参加了联合支前会议。在会议上汇报了冀鲁豫区支前工作情况，并表示冀鲁豫区一定保证完成筹运 1 亿斤小米的支前任务。会后，韩哲一又赴华野前方指挥部，华野代司令员代政委粟裕当面向韩哲一部署了战勤支前任务和要求。韩哲一火速赶回冀鲁豫区向冀鲁豫区党委汇报了联合支前会议精神和粟裕的指示精神，并立即向全区各专区组织进行了动员和部署。组织领导各专区行署按照战勤司令部规定的筹粮任务和运粮计划，积极踊跃地参加支前工作，为淮海战役的胜利提供了坚强的战勤物资保障。

1949 年 8 月任中共平原省委委员、平原省人民政府副主席。

中华人民共和国成立后，任平原省人民政府主席。1952 年任华北行政委员会财政局局长、财经委员会副主任。1953 年后，任国家计划委员会副主任、国家经济委员会副主任、中共中央华东局候补书记、华东局书记、国家物资供应总局局长、上海市政府副市长、上海市委副书记、上海市委书记等职。

是第七届全国政协常委。

2011 年 7 月 7 日在上海逝世。

袁子扬

冀鲁豫战勤总指挥部副司令员

　　袁子扬（1911—1992），山东沂水人。1937年4月加入中国共产党。1938年进入中共苏鲁豫皖边区省委干校学习，后任中共莒县大店区委书记兼区动委会指导员、中共鲁东南特委秘书长。1939年9月中共南沂蒙县委书记，12月任中共中央山东分局政府工作部干事。1940年起，任湖西行政督察专员公署民政科科长、秘书处主任。1943年1月任中共巨（野）南工委委员、巨南五县联合办事处主任。

　　抗日战争胜利后，1945年11月任湖西专署副专员、晋冀鲁豫边区参议员。1946年4月任冀鲁豫行署司法处处长。

　　解放战争中，1946年11月任中共冀鲁豫区第七地委副书记兼冀鲁豫区第七行政督察专员公署专员。1947年8月任冀鲁豫区战勤总指挥部副司令员。1948年任冀鲁豫行署秘书长兼财政处处长。

　　淮海战役中，参与组织领导冀鲁豫区人民支前工作。

　　1949年8月任平原省人民政府委员、秘书长兼财政厅厅长、平原省协商委员会委员。1952年12月任山东省人民政府秘书长。1954年1月任中共中央山东分局财政经济委员会副书记，8月任中共山东省委委员，1955年3月兼任山东省人民委员会财粮贸易办公室主任。1955年9月兼任山东省财贸工作部部长。1956年8月任山东省副省长。1957年5月任中共菏泽地委委员、菏泽县委第一书记。1963年10月任中国农业银行副行长。1965年任中国人民银行副行长。1978年任中国人民银行顾问。1982年离休。

　　1992年5月逝世。